KiWi
Paperback

W0086969

KiWi
717

Über das Buch:
Wolf Biermann ist ein öffentlicher Intellektueller im besten Sinne des Wortes: Immer wieder hat er mit großen, mittlerweile oft klassischen Essays in die entscheidenden politischen Debatten der letzten Jahre eingegriffen und mit seiner gedanklichen Schärfe, Formulierungskunst und polemischen Treffsicherheit oft mehr zur Klarheit beigetragen als die vielen Stimmen ewig abwägender Politiker oder Journalisten.

Der Band versammelt die wichtigsten Essays der letzten Jahre, darunter auch Wolf Biermanns leidenschaftlichen SPIEGEL-Aufsatz aus dem Sommer 2002 über die Deutschen und den israelisch-palästinensischen Konflikt, in dem er den aktuellen Konflikt im Lichte historischer Zusammenhänge darstellt.

Der Autor:
Wolf Biermann, geboren 1936 in Hamburg, Liedermacher, Dichter, Übersetzer, Essayist. 1953 ging er in die DDR. 1965 wurde er dort verboten und 1976 ausgebürgert. Lebt seitdem wieder in seiner Vaterstadt. Literaturpreise u. a.: Theodor-Fontane-Preis 1968, Jacques-Offenbach-Preis 1971, Friedrich-Hölderlin-Preis 1989, Georg-Büchner-Preis 1991, Heinrich-Heine-Preis 1993.

Zuletzt erschienen bei K&W:
»Alle Gedichte«, 1995. »Wie man Verse macht und Lieder«, 1997. »Paradies uff Erden«, 1999.

Wolf Biermann

Über Deutschland
Unter Deutschen

Essays

Kiepenheuer & Witsch

Lektorat: Pamela Biermann

1. Auflage 2002

Umschlaggestaltung: Barbara Thoben, Köln
Umschlagfoto © Pamela Biermann, Foto: Irene Vezin
Gesetzt aus der Garamond Stempel (Berthold)
bei Kalle Giese, Overath
Druck und Bindearbeiten: Clausen & Bosse, Leck
ISBN 3-462-03166-X

Inhalt

Vorwort

Reden wir lieber nicht mehr übers leidige Deutschlandlied! Der Titel »Über Deutschland Unter Deutschen« ... das ist – die Kenner wissen es – eine Paraphrase auf Madame de Staëls berühmtes Buch: »De l'Allemagne«. Als unser Heinrich Heine später unter diesem gleichen Titel seine Polemiken im französischen Exil schrieb, hätte er sein Buch noch treffender auch so nennen können: Über Deutschland unter Franzosen.

In der Heimat aber – entre nous – verstellen einem die Deutschen den Blick auf Deutschland. Im quicklebendigen und liebenswerten Altona erleide ich nicht den Dauerschmerz des Exils. Ich stecke ja mitten im teutschen Getümmel, habe nicht die weltmännische Distanz des Emigranten hinter der Grenze, der vielleicht eine geistige Brücke bauen will zwischen dem Land, das er verloren hat, und dem, das er nie gewinnen wird.

Die erste Hälfte des Lebens erlebte ich, seit 1953, im Osten unseres Vaterlands. Die zweite Hälfte, seit 1976, wieder im Westen. Die Perspektiven änderten sich jedesmal radikal – und abermals begann für mich vieles von vorn nach dem Fall der Mauer. So grüble ich denn, polemisiere, bewundere, schreibe wortreich und schweige lapidar. Vor einem weißen Blatt Papier zittere ich auch heute noch mehr als vor tausend Menschen im Konzert, denn mein Publikum in Ost und West füttere ich einigermaßen gelassen mit den fertigen Liedern und Gedichten.

Was auch immer, ich tat es als einer, der die Welt zum Besseren verändern will und dabei, das hoffe ich mit klammem Herzen, nie in der Eile vergaß, sich auch selbst aufrichtig zu verändern. Mein Refrain »Nur wer sich ändert, bleibt sich treu« wurde schon bundesdeutsches Volkseigentum, seit sich eine große Gewerkschaft diese Zeile als Slogan einfach gekrallt hat. Ich wünsche den – wie man heute correct sagt –

Kolleginnen und Kollegen Glück und feste Schuhe auf diesem steinigen Weg.

Mein lebendiger Stoffwechsel mit dem wahrhaft teuren Va-terlande liefert den Stoff für diesen vierten Essay-Band. Und wenn ich selber all das satt habe, dann trällere ich mir – mit einem Augenzwinkern im linken und einer Träne im rechten Auge – ein kleines neues Lied:

In jedem! Ausland isset immer schöner... et is draußen ebn allet ville schauer als zu Hause. Warum, wieso? – Na, weil man dort in der Fremde als flüchtiger Gast eben keine Esel zu kämmen hat.

La Douce France

Im Douce France treibt mich ja nicht
Das harte deutsche Vaterlands-Muß
Mein Weib blüht auf im helleren Licht
Und süßer schmeckt mir hier jeder Kuß
Im Languedoc der Troubadours
KusKus marocain, Lamm im Feigensud
Flamenco, Sardana, Gueuleton catalan
Hier geht mich nix an – hier geht es mir gut
 Du, plag mich nicht und frag mich nicht
 Was wird mit unserm deutschen Land
 Ich find auch im Finstern dein Gesicht
 Mit meinen fünf Augen an der Hand

Weißgott, dies France ist nicht nur
Vin rouge und Freiheit und Chanson
Fraternité, Baguette, l'amour
Ein Scheißkerl ist auch hier ein Con
Mensch! Jedes Vaterland macht krank
Denkt manch Franzose in der Nacht
An Frankreich, schläft auch er so mies
Wie damals der Heine in Paris
 Du, plag mich nicht und frag mich nicht ...

Die Satellitenschüssel holt
Uns Heimat ran von A bis Z
Na dann Gut Nacht: die ESPEDÉ
Geht mit IM NOTAR ins Bett
Mein schmolliget Liebchen zieh keen Jesicht
Warum ick dir liebe, det weeß ick doch nich
Doch wenn wer wie ick dieset Deutschland liebt
Ist klaro warum: weil et dich da jibt
 Du, plag mich nicht und frag mich nicht ...

Ja, diesem harten deutschen Vaterlands-Muß kann keiner so leicht entrinnen. Und ich will ja auch gar nicht! Wenn die schöne Auszeit vorbei ist, dann ruhn wir uns alle wieder aus vom Ausruhn. Dann schmeißen wir uns ohne übertriebene Hoffnungen ins vertraute Kampfgetümmel. Wer solche Erfahrung ein bißchen konkreter haben will, polemischer und political unkorrekter, der sollte sich diese neueren Essays über Deutschland reinziehn. Es geht dabei immer auch um deutsche Einzelexemplare, Menschen im Guten wie im Bösen. Und es geht um unseren menschheitlichen Stoffwechsel mit dem sogenannten Rest der Welt: Israel. Palästina. Der Krieg zwischen den verfeindeten Nachkommen der Halbbrüder Ismael und Isaak im Nahen Osten provoziert in Deutschland manchen Familienkrach.

 Der alliierte Krieg gegen die Taliban-Terroristen hat die verschnarchte deutsche Friedensbewegung aus dem Schlummer gerissen. Und nun demonstriert manch alternaiver West-Pazifist gemeinsam mit den gestandenen SED-Militaristen von gestern gegen den Krieg der Alliierten zur endlichen Befreiung Afghanistans. Flott umgetauft als PDS, sammeln die machtgierigen Kalten und Heißen SED-Krieger aus den Bunkern des Sozialistischen Lagers nun grinsend ein paar blökende Friedensschafe ein beim Wahlstimmenfang. Auch das ist eine Hatz, über die ich nicht indigniert schweigen will.

Unterdessen nimmt der öffentliche Ton in der Berliner Republik an Schärfe eher zu, je mehr wir uns vom Tag des Mauerfalls entfernen. Der Blick in die eigene Vergangenheit ist ja seit je nur die spiegelverkehrte Form, in der auch wir Deutschen über die Zukunft unseres Vaterlandes streiten. Und wenn ein geborener Rebell und schmerzhaft vom kommunistischen Welterrettungsglauben Abgefallener wie ich über die Wintermärchen-Utopie des Heinrich Heine öffentlich nachdenkt, dann gibt es eben nicht mehr Zuckererbsen für jedermann zu futtern, sondern das harte, das bekömmliche Graubrot für Leute mit kräftigen Zähnen. Was Heinrich Heine, der Kommunismusträumer, 1844 auf der Hamburger Reeperbahn im Kacktopf der Göttin Hammonia zu riechen kriegte, das kriegten wir inzwischen in echt zu sehn. Wer heute sich im ewigen Freiheitskrieg der Menschheit (ein geflügeltes Wort aus Heines Gedicht »Enfant perdu«) nach all dem also immer noch einen Kommunisten nennt, mensch! der war doch nie Kommunist.

In Görlitz, in der Grenzstadt zu Polen, hatte ich Gelegenheit, öffentlich über meinen Freund Arno Lustiger zu sprechen, ein polnischer Jude in Frankfurt am Main. Dieser Mann hat Auschwitz, Buchenwald und dann bei Kriegsende sogar das grauenhafte Lager Langenstein im Harz überlebt. Der Leser wird bei dieser Gelegenheit erfahren, wieso dieser Mensch inzwischen mein Vater wurde, ich aber sein Großvater.

Wo war das eigentlich in Unna, für wen habe ich da 1996 diese Rede gehalten? Ich weiß nur noch genau: am Ende waren wir alle sehr ratlos auf hohem Niveau. Da saßen vor mir in einem großen Zirkuszelt Leute und erlebten meine Raubtiernummer unter dem Slogan: »Wenn die Kultur geht, kommt die Gewalt.« Gibt es auch zivile Gewalt zugunsten der Kultur? Wer kann und was tun gegen den Terror von gewaltbesoffenen

Skins, wenn die mit dem Baseballschläger in der Rechten und der Bierdose in der linken Hand den kulturellen Verkehr in Deutschland regeln. Was soll bloß werden mit den NBZ, den so genannten »National-Befreiten Zonen« – das sind nicht judenreine – sondern überhaupt: fremdenreine Zonen, und nicht nebenbei gesagt: die fast ausschließlich in der ehemaligen »Ostzone« vom rechtsradikalen Pack eingerichtet und lachendbrutal verteidigt werden.

Ein ehrgeiziger Wahlkämpfer der CDU bereicherte uns vor zwei Jahren unversehens mit dem aufreizenden Kampfbegriff »Deutsche Leitkultur« Das war für mich eine prima Möglichkeit, öffentlich in der WELT darüber nachzudenken, was nun eigentlich deutsch ist an dieser Kultur und was denn Kultur sein könnte an diesem Nach-Wende-Deutschtum.

Am Ende dieses Buches steht ein Appell an die führenden Politiker im Bundesrat, ohne deren demokratische Einsicht zukünftig die Möglichkeiten zur Einsicht von Opfern, Historikern und Journalisten in Akten des MfS bei der Birthler-Behörde verunmöglicht worden wäre. Zwei Tage nach der Veröffentlichung dieses Plädoyers für einen freien Zugang zu den Akten beschloß unser Parlament, das bewährte Stasi-Unterlagengesetz nun doch nicht feige abzuwürgen. Damit habe ich, das wäre zu wünschen, einiger Leute unerschütterliche Gewißheiten erschüttert.

Mit Gedichten und Liedern hatte ich den Zusammenbruch des totalitären Regimes in der DDR fast dreißig Jahre lang treu befördert, das weiß in Deutschland jedes Kind. Nach der historischen Niederlage meiner treuen alten stalinistischen Feinde begann auch für mich eine neue Lebenssituation. Ich entdeckte nun im Getümmel der Wendezeit die Chance, mich gelegentlich mit Prosa in den Lauf der Dinge einzumischen. Ich versuchte mich mehr und mehr an Versuchen, schrieb nun also Essays. So veröffentlichte ich in den folgenden Jahren etliche dieser prosaischen Texte zum Zeitgeschehen in der Zeitung DIE ZEIT. Dann wechselte ich zur alteingespielten Konkurrenz und schrieb fortan eine Serie von Essays für den SPIEGEL.

Meine prosaischen Versuche erschienen dann, in drei Büchern gebündelt, unter diesen Titeln:

Klartexte im Getümmel
Über das Geld und andere Herzensdinge
Der Sturz des Dädalus

Genau zehn Jahre nach dem Fall der Mauer veröffentlichte ich im FOCUS einen Versuch über die heikle Frage, wie da und was da eigentlich zusammengewachsen ist in Deutschland. Auch für die Berliner Zeitung schrieb ich einiges, als dieses ideologische Bezirksblatt der SED den Versuch machte, eine Zeitung zu werden. Im Jahre 2000 bot mir Springers Tageszeitung DIE WELT an, mich gelegentlich mit Essays in den Streit einzumischen. Mit der Welt hatte sich auch Springers WELT geändert. Und so habe ich gern für diese konservativ-liberale Zeitung geschrieben, die ja, wie wir alle, auf allen Vieren aus den modrigen Schützengräben des Kalten Krieges ins Offene sich herausgearbeitet hat.

Ach, und Israel. Wir alle sind in der Gefahr, abzustumpfen, wenn tagtäglich neu rekrutierte palästinensische Selbstmordmörder sich auf die ersten Plätze in der deutschen Tagesschau bomben. Nun konnten die Spiegel-Leser meine kritische Sicht auf den blutigen Bruderkrieg zwischen Juden und Arabern kritisch betrachten. Bei diesem Essay hatte Augsteins Wochenblatt natürlich nicht den kompletten, den überlangen Text abdrucken können. Hier im Buch aber findet der Leser die ungekürzte Version, in der immerhin das heikle Problem mit den 72 Jungfrauen im Paradies der moslemischen Märtyrer geklärt ist. Auch ein Gedicht über die Propaganda-Legende vom Massaker in der Stadt Djenin ist in diesen Prosatext eingebaut.

Die Grenzen zwischen Prosa und Poesie sind insofern fließender geworden, als seit dem prägenden Beispiel des Meisters Brecht die Poesie noch um einen Schwierigkeitsgrad hochgeschraubt wurde. Die Dichtkunst auferlegte sich eine zusätzliche Form-Fessel: Seit Brecht darf gerade die dichteste Dichtung in Deutschland nicht mehr diese altmodische Todsünde begehen: sie darf, egal mit oder ohne Reim, egal mit oder ohne festen Rhythmus – nie mehr darf in unserem Spiel mit Worten der Poet die Gesetze guter Prosa verletzen. In der reziproken Entsprechung ist dafür die modernere deutsche Prosa immer dichter geworden, ja, oft bis über den Rand des Gedichts. So ist es gewiß kein Fehlgriff, wenn ich diesen Prosaband mit einem neuen Gedicht beschließe, für das ich mir inzwischen auch eine Musik komponierte. Also kann ich die Verse im Herbst, wenn dieses Buch bei meinem treuen alten Verlag in Köln erscheint, auch als Lied meinen Kunden in den Konzerten liefern.

Ein Wort noch zu »Moses Rosenkranz – Vier Fußnoten zu einem Gedicht«. Das ist ein langer Text geworden, es ist mein inzwischen vierstufiger Versuch über ein kurzes Gedicht mit dem Titel »Des Bauern Tod«, über Verse, die im Jahre 1925 geschrieben wurden. Ich spreche von einem deutschen Dichter, den kaum einer kennt: Moses Rosenkranz. Von diesem bukowinischen Verseschmied, wie auch von einem ebenfalls vergessenen Immanuel Weißglas aus Czernowitz stammen fast alle wichtigen poetischen Elemente in dem Jahrhundertgedicht »Todesfuge«, das wir alle von dem Lyriker Paul Celan aus Czernowitz scharf im Kopfe haben. Dabei hatte ich einen Fauxpas mir geleistet: Ich glaubte zu wissen, daß dieser Moses Rosenkranz, geboren im Jahre 1904, längst gestorben sei. Die WELT veröffentlichte das Gedicht und dazu meine erste Fußnote. Aber dann kam prompt ein hochnotpeinlicher Anruf: Lieber Herr Biermann ... der Moses Rosenkranz ... er lebt ja noch. Wie ich im Folgenden mit dieser Peinlichkeit fertig wurde, erwies sich Schritt für Schritt als eine willkommene Gelegenheit, über das Problem im Spannungsfeld zwischen Poesie und Politik und über das pikante Problem des Plagiats schärfer nachzudenken.

Im Essay spielt es keine Rolle, aber hier im Vorwort sei es dem interessierten Leser gesteckt: Ich bewundere noch einen andren Poeten, der auch einst in diesem Dichternest Bukowina ausgebrütet wurde. Sein Name: Dan Pagis. Geboren 1930, starb er schon 1984. Auch dieser Dan Pagis geriet ins Nazi-Lager. Er überlebte und kam 1946 nach Palästina. Von ihm gibt es ein kurzes Gedicht über eine Inschrift im Viehwaggon eines Eisenbahnzuges, der in ein Vernichtungslager rollt. In Israel lernt jedes Kind in der Schule diese Zeilen auswendig. Dieser Dichter hat es mit diesen Zeilen geschafft, das Unaussprechliche doch auszusprechen. Ihm gelang das mit einem Kunstgriff, er wagte den Abbruch der Sprache genau an der dramatischen Stelle:

In einem verplombten Waggon
mit Bleistift geschrieben:

Hier in diesem Transport
bin ich, Eva
mit meinem Sohn Abel

wenn ihr meinen Großen
den anderen Sohn seht
Kain Ben Adam
sagt ihm, daß ich

Von diesem Dan Pagis will ich ablernen, daß auch extreme
Kargheit ihren Reichtum haben kann: Tausend verschiedene
Möglichkeiten werden offengelassen, damit der Leser diese
brutal abgebrochenen Zeilen vollendet. Das! ist für mich voll-
endete Dichtung. Warum ich gerade diese paar Zeilen dermaßen pathetisch lobe? Menschenskind: weil sie fast das
Gegenteil von dem liefern, was meinen manchmal allzu de-
tailbesessenen Furor ausmacht, meinen sinneversessenen Stil.

Das soll der Leser ruhig wissen: Ich habe es meiner Frau
Pamela aufgeladen, aus all den veröffentlichten Wortmeldun-
gen dieser Jahre nach eigenem Gusto die Texte auszuwählen,
die sie selbst gerne, als handliches Taschenbuch gebündelt, in
der Hand hätte. Und weil ich meine Frau nach zwanzig Jahren
allmählich etwas besser kenne, habe ich ihr dabei nicht etwa
fahrlässig, sondern lässig freie Hand gelassen. Will sagen: Ich
wollte bei dieser Auswählerei lieber gar nicht mitmachen.
Warum sie unbedingt mein Plädoyer als Verteidiger unseres
grünen Außenministers Joschka Fischer mit zwischen die beiden Buchdeckel haben wollte, danach habe ich meine Güte-
kontrolleurin nicht gefragt. Vielleicht imponiert ihr die ermu-
tigende, die authentische Wandlung eines Menschen vom
linksradikalen Jüngling zum radikaldemokratischen Mann.
Bei einigen der Artikel hatte ich den Text auf Wunsch der
Zeitungsredakteure gekürzt. Hier im Buch sind die kompletten Fassungen abgedruckt.

Wolf Biermann
Altona am 20. Juni 2002

Heinrich Heine – Zuckererbsen für jedermann

*Rede zur Eröffnung des Internationalen Heine-Kongresses
zum 200. Geburtstag des Dichters in Düsseldorf,
25. Mai 1997*

Gegen diesen Heinrich Heine wütet nicht etwa mein liebender Verstand, aber doch ein vernunftgeprügeltes Herz. Ich neide dem Dichter das bezaubernde Gutmenschmärchen aus der Kinderzeit des Kommunismus, und dies Märchen heißt: Zuckererbsen für jedermann.

Wir Nachgeborenen mußten diese geniale Illusion ausbaden. Wir sind schändlich gescheitert und müssen mit dem Absturz der Utopie weiterleben. So wimmelt es denn von dädalisierten Ikarussen unter dem Sternbild des lahmflügeligen Rebhuhns. Die Gewißheiten sind verelendet oder, wie es mein Freund Horst Sagert, der wahre Dichter im Prenzlauer Berg, irrer und tiefer sagt: »In sich besiegt, täuscht keiner mehr den andern – mit einer eigenen Meinung.«

So'ne kleine Eröffnungsrede für den Kongreß schüttelt sich doch aus'm Ärmel, dachte ich mir übermütig. So gut wie der Kanzler Kohl in Hölderlin bin ich in Heine allemal. Also versprach ich, zum 200. Geburtstag des Dichters im Dorf an der Düssel zu reden, so ließ ich mir von meinem Kaiser unter den Germanisten leichtsinnig auch diese Rute über den Rücken binden.

Ja, eine Rute und schmerzhaft, denn ein Gespräch über Heine, wenn es denn kein Verbrechen werden soll wie ein Gespräch über Brechts Bäume, muß ja von dem handeln, was etlichen hier, mir sowieso, am meisten wehe tut. Wer über Heine nachdenkt, muß Rede und Antwort stehn für das, was manchem schon stinkt: der historische Kadaver des Kommunismus und die verdorrten Zuckererbsen der kommunistischen Heilserwartung aus dem 19. Jahrhundert. Heine markiert wie kein anderer Dichter jene Wunde in unserem Rippenkäfig, wo wir uns das falsche Hoffen auf ein Narrenparadies aus dem Herzen rissen.

In seinem »Deutschland. Ein Wintermärchen« formulierte Heine 1844 die glänzendste Idee jener Zeit: den Kommunismus. Er dichtete seinen Lesern – und gleich am Anfang – das irdische Paradies in gediegenen Vierzeilern herbei. Heinrich Heine, der Spötter, verkniff sich an dieser Stelle des Poems mal das melancholische Witzereißen und reimte uns in fast pathetischer Tonart das hedonische Himmelreich herunter auf die platte Erde.

Jeder Kenner hier im Saal könnte zumindest die ersten Verse des Wintermärchens auswendig hersagen. Darin formuliert Heine nach einigen narrativen Strophen ja das, was Marx kurz danach der Menschheit in deutscher Prosa lieferte: die kommunistische Prophetie:

Im traurigen Monat November war's,
Die Tage wurden trüber,
Der Wind riß von den Bäumen das Laub,
Da reist' ich nach Deutschland hinüber.

Und als ich an die Grenze kam,
Da fühlt ich ein stärkeres Klopfen
In meiner Brust, ich glaube sogar
Die Augen begunnen zu tropfen.

Und als ich die deutsche Sprache vernahm,
Da ward mir seltsam zumute;
Ich meinte nicht anders als ob das Herz
Recht angenehm verblute.

Ein kleines Harfenmädchen sang.
Sie sang mit wahrem Gefühle
Und falscher Stimme, doch ward ich sehr
Gerühret von ihrem Spiele ...

Sie sang das alte Entsagungslied,
Das Eyapopeya vom Himmel,
Womit man einlullt, wenn es greint,
Das Volk, den großen Lümmel.

Ich kenne die Weise, ich kenne den Text,
Ich kenn' auch die Herren Verfasser;
Ich weiß, sie tranken heimlich Wein
Und predigten öffentlich Wasser ...

Tja, dann kommt eben die geniale, die gute Prophetie, die
reale Zukunftsvision, die kommunistische Utopie. Und ich
habe mir auf diese gewaltigen Worte eine wundersame Melodei gemacht:

Ein neues Lied, ein bessres Lied,
O Freunde will ich euch dichten!
Wir wollen hier auf Erden schon
Das Himmelreich errichten.

Wir wollen auf Erden glücklich seyn,
Und wollen nicht mehr darben;
Verschlemmen soll nicht der faule Bauch
Was fleißige Hände erwarben.

Es wächst hienieden Brod genug
Für alle Menschenkinder,
Auch Rosen und Myrthen, Schönheit und Lust,
Und Zuckererbsen nicht minder.

Ja, Zuckererbsen für jedermann,
Sobald die Schoten platzen!

Den Himmel überlassen wir
Den Engeln und den Spatzen.

Und wachsen uns Flügel nach dem Tod,
So wollen wir Euch besuchen
Dort oben, und wir, wir essen mit Euch
Die seligsten Torten und Kuchen.

Ein neues Lied, ein bessres Lied,
Es klingt wie Flöten und Geigen!
Das Miserere ist vorbey,
Die Sterbeglocken schweigen.

Himmelreich auf Erden. Das entsprach dem Geiste jener Zeit. Der halbe Sozialist Saint-Simon, der ganze Sozialutopist Etienne Cabet mit seinem Roman »Voyage en Icarie«, fast alle guten Geister dachten damals so. Karl Marx und Friedrich Engels dichteten eine grandiose Dichtung: Das Kommunistische Manifest, profane Paralipómena der Heiligen Schrift.

All diese tapferen Religionszertrümmerer jener Jahre waren aber, zumindest aus heutiger Sicht, nichts anderes als säkularisierte fromme Propheten, die letzten Ausrufer der diskreditierten religiösen Heilsversprechung.

Ach, und die Ideologie – sie wurde nun endlich als falsches Bewußtsein durchschaut. Daß aber die Lehre vom Ende jeglicher Ideologie notwendig selbst wieder Ideologie ist, das kam dem wissenschaftsgläubigen Marx nicht in den Sinn. Der Poet Heine hat diesen Denkfehler immerhin düster geahnt. Das war's, was ihm nicht aus dem Sinn ging. Und darum reimte er so melancholisch: Ich weiß nicht, wie traurig ich bin. Denn Ideologie ist nun mal nichts anderes als das für jede Epoche jeweils richtige falsche Bewußtsein. Marx und Engels, die fortschrittsbeseelten Ideologiezertrümmerer, hatten nur mal wieder den allerneuesten Schrei eben dieses falschen Bewußtseins kreiert.

Mit solchen Illusionen frohlockte der Zeitgeist vor hundertfünfzig Jahren: Eine endgültige Lösung des Menschheitsproblemes schien zum Greifen nahe: ein glückseliges Leben hienieden, ohne Ausbeutung und Unterdrückung – alle Menschen werden Brüder – technischer Fortschritt ohne Grenzen, blühende Schornsteinwälder, glänzende Adolf-Menzelsche Fabrikpaläste mit tausendfachem Treibriemengeschlinge, wunderbar wie Lianen im Dschungel – Überflußproduktion – der Löwe frißt Gras – jeder nach seinen Fähigkeiten – jedem nach seinen Bedürfnissen – die Gesellschaft ohne Ungerechtigkeit und Blutvergießen, ohne Kriege und Klassenkämpfe. Eine industrielle Idylle, ein Paradies also, wie es die lebensklugen Christen den Menschen erst für die Zeit nach dem Tode versprochen hatten, sollte nun schon vor dem Tode erreichbar sein.

Und weil Heine und die zeitgenössischen Menschheitsretter seiner Art die absolute Erlösung von allem Elend so überschwenglich herbeisehnten, die klassenlose Gesellschaft, verführte das endzeitliche Erlösungsdenken Karl Marx' zu einer eklatanten Fehldiagnose: Er interpretierte das tatsächliche Elend der ausgebeuteten Proletarier seiner Zeit als die schiefe Ebene in die totale Armut. Marx formulierte, so wie Newton das physikalische Fallgesetz, ein soziales Fallgesetz von der absoluten Verelendung der arbeitenden Menschen im Kapitalismus. Der kommende Kommunismus sollte also das passende, das totale Gegenstück dazu werden: die totalitäre Erlösung, das Heil … das Ende der blutigen Vorgeschichte von der Affenzeit bis heilig zur letzten Schlacht. Völker hört die Signale: la lutte finale …

Gegen Schluß des Wintermärchens aber, Sie kennen auch diese Stelle, liefert der skeptische Dichter dem Leser wie eine letzte Warnung vor dem falschen Weg in den Abgrund die spiegelbildlich schlechte, die bedrohliche Alternative zur zukkererbslichen Heilsversprechung aus dem 1. Kapitel.

Heine plaudert in munteren Versen, wie er sich am Tisch der Mutter in Hamburg den Bauch vollgeschlagen und das Kinderherzchen gewärmt hat, wie ihn dann aber sein gut gemästetes Männerherz weiberfleischgierig in Richtung Jungfernstieg treibt, wo ihn zur Nacht am Ufer der Alster ein üppiges Straßenmädchen an Land zieht. Die Bordsteinschwalbe nimmt ihn mit nach oben. Sie steigt vor ihm die steile Treppe hoch, er sieht ihr göttliches Hinterteil. Und da erahnt der Dichter das überirdische Wesen der käuflichen Schönen. Und tatsächlich: sie ist keine gewöhnliche Straßendirne, sondern Karls des Großen und der Schellfischkönigin Tochter, es ist also meine alte Freundin Hammonia, die üppige Schutzgöttin der Hansestadt Hamburg.

Für Heinrich Heine, den aus der französischen Fremde heimgekehrten Juden, für diesen so deutschen Dichter, macht im Poem die hanseatische Schöne aber nicht nur gratis dies und das, sondern sie gewährt ihrem exilierten Herzenspoeten ein perverses Extra, das er für kein Geld bei keinem welschen Freudenmädchen sich hätte kaufen können: Die Göttin läßt ihren Liebling das machen, was wir alle gern täten ... sie läßt ihren Freier einen Blick in die Zukunft tun. Sie kennen die Szene: Er darf zu diesem Zwecke in ihren Kacktopf schaun. Und weil der Dichter der Dame vorher hatte versprechen müssen, daß er nichts von alldem ausplaudert, was sie ihn da erschauen läßt, verrät Heine uns in seinen Versen immerhin alles, was er dort gerochen hat: die Miasmen aus Blut und Heuchelei, den Pesthauch der kommenden Zeiten, die Gerüche des Völkermordes, den Gestank der zukünftigen Massengräber.

Wir Nachgeborenen haben aber diese grauenhafte Zukunftsvision als banale Erfahrung längst hinter uns, und wir sind mitten drin im modernsten Gemetzel. Was wir an Elend im dritten Jahrtausend noch vor uns haben, weiß der Teufel des technischen Details.

Die übliche Interpretation dieser beiden einander ausschließenden Zukunftsbilder aus dem Wintermärchen ist Ihnen
geläufig – und so traditionell hatte auch ich die Heineschen
Metaphern immer verstanden: Entweder so oder so: entweder wir Menschen errichten uns ein Himmelreich auf Erden,
oder wir geraten in eine irdische Hölle, also der biblische
Scheideweg. Das vielzitierte Marxwort dazu heißt: Sozialismus oder Barbarei.

Ich sang in diesem Sinne zwei Tage vor meiner Ausbürgerung in Köln: »So oder so, die Erde wird rot – entweder leben-
rot oder todrot«, in klares Deutsch gebracht: entweder Kommunismus oder Weltuntergang. Inzwischen mußten wir
begreifen, daß ausgerechnet der Weg in solche Himmel uns in
Höllen führte, an denen gemessen die Höllen des Dante, mit
denen Heine seinen Feinden am Schluß des Wintermärchens
droht, eine drollige Kneippkur sind.

Heines Wintermärchen-Alternative entpuppte sich uns als
eine Scheinalternative. Der Kommunismus erwies sich nicht
als des Rätsels Lösung, wie Brecht noch schwärmte. Nein,
diese Menschheitsretterei ist selbst der sichere Weg in das Verderben. Soweit war ich mit meinen Überlegungen schon. In
meiner Rede vor vier Jahren in Düsseldorf habe ich diesen
schmerzhaften Gedanken ausgebreitet, und das reicht.

Im Jahre des XX. Parteitages der KPdSU, als Chruschtschow
seine Geheimrede über die Verbrechen der Stalinära wagte,
also 1956, feierten wir in Ostberlin Heines 100. Todestag.

Ich erinnere mich gut. Im Propaganda-Jargon der DDR-Sta-
linisten hieß es über Heine: »Denn er ist unser!« Auch wir bei
der 200. Geburtstagsfete könnten in Abwandlung eines
Mielke-Wortes tönen: Wir lieben ihn doch alle ... unseren
Heinrich Heine. Meine Frage aber: Wer von uns liebt eigentlich welchen Heine?

Ich möchte heute den Fachleuten und den Kiebitzen hier auf dem Kongreß nicht nur mit der Gretchenfrage nach dem Glauben an den Kommunismus kommen, sondern mit ein paar Fallstudien kleineren Kalibers, dazu einige Nebenfragen, auf die ich von profunden Heinekennern wie Michael Werner und Jean-Pierre Lefebvre aus Paris, von Jan-Christoph Hauschild und Joseph Kruse aus Düsseldorf, oder von Walter Grab aus Tel Aviv oder von Klaus Briegleb aus Hamburg so gern eine gediegene Antwort hätte.

Für meinen Privatgebrauch ist Heine das: der politische Dichter, der verzweifelte Ermutiger im Streit der Welt. Seine polemischen Zeitgedichte aus den 40er Jahren, seine ironischen Pamphlete, seine skeptischen Pasquille sind für uns, die ja auch im endlosen »Freiheitskrieg der Menschheit« zerrissen sind, je nach Lage und Gemütslage immer wieder Waffe gewesen, Stachel oder Trostpflaster, seine Verse sind uns Seelenproviant, rebellisches Elixier und waren uns in der Verzagtheit zwischen den Schlachten radikaldemokratisches Wurstbrot und revolutionärer Fusel.

Wir alle hier könnten, wie aus der Maschinenpistole geschossen, solche Heineschen Wortsalven loslassen:

»Ich bin das Schwert! Ich bin die Flamme!

Ich habe euch erleuchtet in der Dunkelheit, und als die Schlacht begann, focht ich voran, in der ersten Reihe.

Rund um mich her liegen die Leichen meiner Freunde, aber wir haben gesiegt. Wir haben gesiegt, aber rund umher liegen die Leichen meiner Freunde. In die jauchzenden Triumphgesänge tönen die Choräle der Totenfeier. Wir haben aber weder Zeit zur Freude noch zur Trauer. Aufs neue erklingen die Drommeten, es gilt neuen Kampf –

Ich bin das Schwert, ich bin die Flamme.

...Verlorner Posten in dem Freiheitskriege hielt ich seit dreißig Jahren treulich aus ... / Ja, wachsam stand ich, das

Gewehr im Arme, / Und nahte irgendein verdächt'ger Gauch, / So schoß ich gut und jagt ihm eine warme, / Brühwarme Kugel in den schnöden Bauch ... / Ein Posten ist vakant! – Die Wunden klaffen – / Der eine fällt, die andern rücken nach – / Doch fall ich unbesiegt, und meine Waffen / Sind ungebrochen – Nur mein Herze brach. ... Denk ich an Deutschland in der Nacht ... Im düstern Auge keine Träne, / Sie sitzen am Webstuhl und fletschen die Zähne: / Deutschland wir weben dein Leichentuch ... Laß dich nicht kirren, laß dich nicht wirren / Durch goldene Äpfel in deinem Lauf! / Die Schwerter klirren, die Pfeile schwirren / Doch halten sie nicht den Helden auf ... Nimm ruhig dein Gewehr zur Hand – / Den Hahn gespannt – / Und ziele gut – wenn Leute fallen / Mag auch dein Herz vor Freude knallen ...«

Wie ist es aber mit kleineren, unbekannten Soldaten, die in den Schützengräben dieses Freiheitskrieges in den vordersten Schützengräben lagen, so wie der Zufalls-Anarchist George Orwell im Spanischen Bürgerkrieg im wirklichen katalonischen Dreck, zerfressen von wirklichen Läusen und wirklich zerfetzt von Kugeln, die wirklich von hinten kamen, aus den Pistolen der eigenen Genossen.

Und ich denke an eine Militante wie meine Mutter Emma, eine Industriearbeiterin, Mitglied der KPD von Anfang an, Kombattantin im Hamburger Aufstand 1921, illegale Widerstandskämpferin in der Nazizeit. Ausgerechnet diese politische Aktivistin liebte nicht etwa Heines politische Verse, sie bevorzugte deutlich Heines Liebesgedichte. Und diese Vorliebe teilte sie offenbar mit vielen kommunistischen Proletariern ihrer Generation.

Wenn ich nun noch daneben halte, daß auch Fürst Metternich Heines Ironie in den Liebesversen genoß wie Champagner, wenn ich an den abtrünnigen Friedrich von Gentz denke – (Brecht schrieb mal: kein schlimmerer Feind der wil-

den Elefanten bei der Elefantenjagd als der gezähmte Elefant) –
wenn ich bedenke, daß auch allerhand preußische Zensoren
und anderes feinsinnige Hofgesindel – also des verbotenen
Dichters politische Gegner in Deutschland – seine Liebesgedichte hochschätzten, dann wird's verwirrend und peinlich,
also womöglich interessant. Der romantische König Ludwig
von Bayern ... und Emma Biermann aus Hamburg-Ham-
merbrook, ein grotesk gemischter Fan-Club!

Heine spottete über die perverse Zuneigung der Reaktionäre, die die Verbreitung seiner Schriften ab 1835 in den deutschen Ländern unter Strafe stellten:

»Selbst entschiedene Gegner unter den deutschen Staats-
männern haben mich wissen lassen, daß die Strenge des
erwähnten Bundestagsbeschlusses nicht den ganzen Schriftsteller treffen sollte, sondern nur den politischen und religiösen Teil desselben, der poetische Teil desselben dürfe sich
unverhindert aussprechen, in Gedichten, Dramen, Novellen,
in jenen schönen Spielen der Phantasie, für welche ich soviel
Genie besitze ... Gott lob! ich werde mit Gendarmen auf den
besseren Weg geleitet, und bald werde ich bei Euch sein, Ihr
Kinder der schwäbischen Schule, und wenn ich nicht auf der
Reise den Schnupfen bekomme, so sollt Ihr Euch freuen, wie
fein meine Stimme, wenn ich mit Euch das schöne Wetter
besinge, die Frühlingssonne, die Maienwonne, die Gelbveig-
lein, die Quetschenbäume ...«

Ich weiß aus eigener Anschauung, wie abgeschmackt die
alberne Zweiteilung eines politischen Dichters in den Politiker
und in den Dichter ist. Aber grade am Beispiel solcher Verse
wie: Du bist wie eine Blume ... oder Wie schändlich du ge-
handelt ... oder Leise zieht durch mein Gemüt ... möchte
ich durchschauen und genießen. Was ist eigentlich an diesen
frühen romantischen Liebesliedern des Poeten Heine schon
so aufreizend politisch, so modern, so großstädtisch und so

frivol und anstößig, so hinreißend radikal, was ist an ihnen anders als am abgekupferten Goethejargon der schwäbischen Dichterschule?

Und umgekehrt wüßte ich gern genauer: Was ist an Heines politischen Pasquillen und polemischen Kampfgedichten dermaßen poetisch, daß sie nicht zur tagespolitischen Tendenzpoesie verkamen? Heine war offenbar mehr Eisen und mehr Lerche als seine Zeitgenossen – aber halt nie eine »eiserne Lerche«.

Ich bin leider kein Historiker und kann Ihnen nicht Geschichte als Geschichte liefern. Aber Individualgeschichten, ohne die kein Geschichtsprozeß begreifbar ist, kann ich wohl erzählen. Von wem sonst, wenn nicht vom Beispiel Heine, lernten wir die Chuzpe ab, Weltgeschichte und Individualgeschichte keck zu kreuzen. Denken Sie an Heines Buch »Le Grand«: Erst da, wo Napoleon in Düsseldorf als Weltgeist auf einem weißen Pferd an dem jüdischen Knaben Harry vorbeireitet, sieht man den Welterlöser – und in echt!

Meine Eltern fanden sich im Hamburger KJVD, im Kommunistischen Jugendverband. Mein Vater kannte und liebte diesen Heinrich Heine und legte dessen Verse aus ... wie einen Liebesköder. Alles ging in der grad gegründeten Kommunistischen Partei wunderbar lebendig durcheinander und ineinander: Wedekinds Frühlingserwachen und Lenins Weltrevolution. Sie liebt mich – Rot Front! – sie liebt mich nicht – Selbstkritik in der Parteiversammlung. Der Affenfels als Barrikade im Krieg der Klassen. Und die wirkliche Straßenbarrikade beim Kapp-Putsch als Affenfels im Spiel der Geschlechter.

Und wenn die Familienstory wahr ist, die ich hundertmal hörte, dann hatte dieser junge Schlosser-Maschinenbauer von der Hamburger Werft »Blohm & Voss« seine vielbegehrte Genossin raffiniert angelockt ... mit diesem BUCH DER LIE-

DER. Er hatte zu diesem Zweck Heines Gedichte in rotes Leder binden lassen. Das Geld für den Buchbinder nahm er vom abgesparten Wurstgeld zweier Monate. Sie müssen zugeben, ein erbauliches politisches Sittenbildchen aus der Zeit kurz vor den Massenmorden der Stalinepoche.

Wenn also diese junge Klassenkämpferin, die meine Mutter werden sollte, in der Fabrik, wo sie als Maschinenstrickerin im Akkord Pullover und feine Wolljacken strickte, ihre Mittagspause hatte, verkroch sie sich die freie halbe Stunde mit zwei Büchern hinter ihre Maschine: Hauptspeise Marx: die billige Broschüre LOHNARBEIT UND KAPITAL – und dann als Nachtisch Heineverse im fahnenroten Saffian.

Und wenn Sie, verehrte Heinekenner, bei dieser anrührenden Geschichte an das manifeste Grauen des Heinrich Heine vor dem Kommunismus denken, dann ist diese Nutzanwendung des BUCHES DER LIEDER immerhin sympathischer als Heines melancholische Grübeleien über die alten Weiber der Zukunft, die sich aus den rausgerissenen Seiten seines Buches Gewürztüten drehen würden.

Mein Vater geriet 1937, kurz nach meiner Geburt, als Kommunist abermals ins Gefängnis. Die Mutter fütterte mir in all den elenden Jahren mit jedem Schluck Milch und mit jedem Löffel Brei kleine Geschichten über meinen Vater ein. Ich lauschte ihren Worten, die ich halb gar nicht und halb falsch verstand, und gelegentlich flocht sie mir Verse ihres Heinrich Heine ein, die ich noch weniger erfassen konnte. Die Investition, Sie sehen es, hat sich ausgezahlt. Auswendig konnte ich mit fünf Jahren singen, als wäre es Hänschen-klein-ging-allein:

Die Loreley (1823)

Ich weiß nicht, was soll es bedeuten,
Daß ich so traurig bin;
Ein Märchen aus alten Zeiten,
Das kommt mir nicht aus dem Sinn.
Die Luft ist kühl und es dunkelt,
Und ruhig fließt der Rhein;
Der Gipfel des Berges funkelt
Im Abendsonnenschein.

Die schönste Jungfrau sitzet
Dort oben wunderbar;
Ihr goldnes Geschmeide blitzet,
Sie kämmt ihr goldenes Haar.
Sie kämmt es mit goldenem Kamme
Und singt ein Lied dabei;
Das hat eine wundersame,
Gewaltige Melodei.

Den Schiffer im kleinen Schiffe
Ergreift es mit wildem Weh;
Er schaut nicht die Felsenriffe,
Er schaut nur hinauf in die Höh.
Ich glaube, die Wellen verschlingen
Am Ende Schiffer und Kahn;
Und das hat mit ihrem Singen
Die Lore-Ley getan.

Ich wuchs also in diesen finsteren Zeiten im Hamburger Hafenviertel Hammerbrook auf. Die allermeisten deutschen Arbeiter hatten damals alles mit Hitler am Hut, aber nichts mit Heine unter der Mütze. Der Dichter und seine Loreley – ach, alle beide wären in der Nazizeit elend krepiert: Die Loreley als blondes BDM-Mädchen benzinübergossen im Führerbunker unter der Reichskanzlei – und der kränkliche

Monsieur Heine wahrscheinlich schon vor dem Erreichen der Gaskammer, auf der Reise von Drancy bei Paris im Viehwaggon nach Auschwitz.

So sah es, als ich Heines verfemte Verse zum ersten Mal hörte, in Hamburg aus: breite Kanäle, schmale Fleete, Kopfsteinpflaster, Schotschekarren, fünfstöckige Mietskasernen gemischt mit diversen Fabriken und Lagerhäusern. Fliegeralarm, Luftschutzkeller, Güterzüge, Schuppen, Schleusen. Das Tuten der Schlepper. Wenn sie unter die niedrigen Brücken fuhren, mußte ein Decksmann den Schornstein nach hinten runterknicken. Beiboote, Hanftampen, Barkassen und Schuten, Ewerführer, Schauerleute, Hinterhof dritter Stock, Hausdurchsuchung durch die Gestapo, das BUCH DER LIEDER unterm Stiefel und beschlagnahmt. Tritt in den Hintern meiner Mutter, Arm hochgerissen: Heil Hitler! heißt der deutsche Gruß, du Judenhure!

Was fand eine kommunistische Arbeiterfrau in dieser hochpolitischen Landschaft ausgerechnet an »Leise zieht durch mein Gemüt ...«? Und warum mußte sie dies Zeug in meinen Kinderschädel trichtern?

Sie saßen und tranken am Teetisch,
Und sprachen von Liebe viel.
Die Herren waren ästhetisch,
Die Damen von zartem Gefühl.

Die Liebe muß sein platonisch,
Der dürre Hofrat sprach.
Die Hofrätin lächelt ironisch,
Und dennoch seufzet sie: Ach!

Der Domherr öffnet den Mund weit:
Die Liebe sei nicht zu roh,

Sie schadet sonst der Gesundheit.
Das Fräulein lispelt: Wieso?

Die Gräfin spricht wehmütig:
Die Liebe ist eine Passion!
Und präsentieret gütig
Die Tasse dem Herrn Baron.

Am Tische war noch ein Plätzchen;
Mein Liebchen, da hast du gefehlt.
Du hättest so hübsch, mein Schätzchen,
Von deiner Liebe erzählt.

Ich konnte damals nicht das schöne Reimwort »ästhetisch«
auf Teetisch würdigen. Wir hausten da zwischen Heringsfäs-
sern und Giebelkränen, Hakenkreuzfahnen, Jutesäcken und
geteerten Planken. Aus dem Fenster unseres Schlafzimmers
spuckte ich runter in das schwarze Wasser im fauligen Fleet
neben der Därme-Fabrik am Gustav-Kanal. Ich begriff in
Heines Gedicht nicht die Buchstabenbündel »Hofrat« und
»Hofrätin«, kannte aber gut die Wörter Hinterhof und Ratte.
Ich wußte nicht, was ein Domherr ist, kannte keine Gräfin,
weder das Wort Passion noch das Reimwort: Baron. Und was
platonische Liebe sei, wußte vielleicht nicht einmal meine hei-
nebegeisterte Mutter.

Ich möchte, respektierte Kenner vom Fach, Ihre Neugier
auf diesen Punkt locken: Was könnte der politische Nutzen
solch einer Vorliebe für unpolitische Gedichte und Lieder
sein? Warum klammert sich eine antifaschistische Fabrik-
arbeiterin in der Nazizeit an diesen romantischen Heine? Es
kann nicht nur der banale Grund gewesen sein, daß halt alle
Reichen und Armen, alle Klugen und Dummen sich am liebsten Liebesgeschichten reinziehn, sei es als Kitsch oder als
Kunst. Es war bei meiner Mutter ja auch kein Fluchtreflex aus

der Misere raus, kein Sichverkriechen vor den Konflikten der Zeit. Und es muß einen interessanten Grund haben, warum grade umgekehrt viele linke Intellektuelle der Stalinzeit, ich eingeschlossen, so eine Scheu, so ein Mißtrauen hatten gegen das Allerprivateste und spotteten über den jungen Heine aus dem BUCH DER LIEDER.

Ich biete Ihnen auf der Suche nach den Gründen zum Vergleich zwei Gedichte an, die ich auch singen kann: das 66. Sonett von Shakespeare und dagegengesetzt einen Text von Brecht aus dessen Stück DIE MUTTER.

Das Sonett 66 ist deshalb so besonders beliebt, weil Shakespeare in den ersten 12 von 14 Zeilen die politische Verkommenheit der gesellschaftlichen Verhältnisse so treffsicher anprangert als wäre er unser Zeitgenosse. Zwölf Mal formuliert der rabiatraffinierte Elisabethaner immer dasselbe mit neuen Worten: Ich möchte am liebsten tot sein, denn die Welt ist erstens schlecht, die Welt ist zweitens zum Weinen, drittens ist diese Welt zum Kotzen – und viertens und fünftens, bis eben zwölftens: schlecht schlecht schlecht. Aber in den letzten beiden Zeilen kommt der verblüffende Break: Nur weil ich dich, o du mein allerliebstes Menschenkind, nicht allein, nicht im Stich lassen will, schon gar nicht in dieser miserablen Welt, nur deshalb kralle ich mich trotz alledem ans Weiterleben. Es ist also die Liebe zu einem einzigen Exemplar der Gattung Mensch, die hier den, der an der Misere leidet, davon abhält, sich in den Tod zu retten. Ich habe dieses Sonett in mein Deutsch gebracht und mir eine Musik dazu geschrieben:

Shakespeare, das 66. Sonett

Müd müd von all dem schrei ich nach dem Schlaf im Tod
Weil ich ja seh: Verdienst geht betteln hier im Staat
Seh Nichtigkeit getrimmt auf Frohsinn in der Not
Und reinster Glaube landet elend im Verrat

Und Ehre ist ein goldnes Wort, das nichts mehr gilt
Und einer Jungfrau Tugend wird verkauft wie 'n Schwein
Und weil Vollkommenheit man einen Krüppel schilt
Und weil die Kraft dahinkriecht auf dem Humpelbein

Gelehrte Narrn bestimmen, was als Weisheit gilt
Und Kunst seh ich geknebelt von der Obrigkeit
Und simple Wahrheit, die man simpel Einfalt schilt
Und Güte, die in Ketten unterm Stiefel schreit

Von all dem müde, wär ich lieber tot, ließ ich
In dieser Welt dabei mein Liebchen nicht im Stich

Und nun gibt es ein anschauliches Gegenstück zu dieser Haltung: Brecht schrieb in seinem revolutionären Lehrstück frei nach Gorkis Roman DIE MUTTER den Song STEH AUF, DIE PARTEI IST IN GEFAHR!

Gegen Ende des Stücks kommt eine Szene vor, wo die alte Revolutionärin Pelagea Wlassowa, also die Mutter, todkrank im Bett liegt. Die alte Frau ist erschöpft und kann nicht mehr, und sie will endlich sterben.

So sah ich es auf der Bühne des Berliner Ensembles: Die große Schauspielerin Helene Weigel liegt gekrümmt unter kunstvoll imitierten Edel-Proletarier-Lumpen im proletarisch kargen Bühnenbild. Hanns Eisler, der geniale Komponist, lieferte dem Brecht die MUTTER-Musiken. So singt von der Seite, an der typischen Brechtgardine, der die Handlung verfremdend kommentierende Proletarierchor mit dem populären Arbeitersänger Ernst Busch an der Spitze, sie hämmern der todkranken Genossin dieses Lied ins Gewissen:

Steh auf, die Partei ist in Gefahr!
Steh schnell auf
Du hast gezweifelt an uns
Zweifle nicht länger:
Wir sind am Ende.
Du hast auf die Partei gescholten
Schilt nicht mehr auf die Partei
Sie wird vernichtet.

Steh auf! die Partei ist in Gefahr!
Du bist krank, aber wir brauchen dich.
Stirb nicht, du mußt uns helfen.
Bleibe nicht weg, wir gehen in den Kampf.
Steh auf! die Partei ist in Gefahr, steh auf!

Und die Alte reißt sich zusammen, die Bach-Trompeten im Eislerschen $^4/_4$-Takt blasen zum Kampf ... die todmüde Streiterin für das kommunistische Himmelreich auf Erden rappelt sich auf und zieht wieder los, in den Krieg der Klassen, wie sie soll ...

Soweit die Szene bei Brecht, der, als er dieses kommunistische Lehrstück schrieb, grade vom avantgardistischen Bürgerschreck zum Genossen ohne Parteibuch konvertiert war, also im Honeymoon mit dem Kommunismus. (Rein sportlich gesehn, ist es unfair, diese kargen Agitprop-Verse von Brecht neben das vielleicht bedeutendste Sonett des bedeutendsten Dichters der Menschheit zu stellen. Dabei weiß ich wohl, daß Brecht genug Gedichte geschrieben hat, die sich mit dem Besten von Shakespeare messen können. Aber wir machen hier keine Sportsendung über die Kletterkünste verschiedener

Poeten auf dem Parnaß, sondern ich will Ihnen eine interessante Differenz in der ideologischen Haltung deutlich machen.)

Zehn Jahre später nämlich, im amerikanischen Exil, schrieb derselbe Hanns Eisler eine Musik zum berühmten 66. Sonett des Shakespeare. Reden wir heute nicht über die Qualität der deutschen Nachdichtung, die Eisler da verwendete. Es war nämlich eine expressionistelnde Zerdeutschung von Stefan George, die Feuchtwanger sich für seinen Roman »Exil« sogar noch verschlechtbessert hatte. Dieser Wortekrüppel ist es dann auch, den Eisler am 3. November 1939 in New York komponierte. Das Lied findet sich in des Komponisten Werkausgabe. Viel aufregender aber und atemberaubend blöde: Feuchtwanger und Eisler ließen einfach den letzten Teil weg, sie strichen Shakespeares frappierenden Bruch ins Private. Sowas passierte weder Feuchtwanger noch Eisler aus edler Einfalt. Diese Amputation entsprach, vermute ich, dem Denken und Fühlen jener marxistisch geprägten Menschheitsretter.

Sie wollten nicht hinnehmen, daß die Liebe zu einem einzelnen, einem nicht austauschbaren geliebten Menschen am Ende der einzige Grund sei, in dieser miserablen Welt zu leben und ... zu kämpfen für eine bessere. Nicht die Liebe zu einem Menschlein also – es mußte die Liebe zur Menschheit sein, der atheistische Glaube an den Sieg der Vernunft, die Treue zur Arbeiterklasse, die Parteidisziplin oder sonst eine messianische Weltrevolution. Das Kappen der letzten beiden Zeilen des Sonetts ist erwähnenswert, weil diese Verstümmelung des Originals etwas über den Zeitgeist sagt, er wirkte selbst in diesen brillianten und souveränen Köpfen.

Ich nenne den Verzicht dieser hochgebildeten Linken auf die Pointe des 66. Sonetts »blöde« – weil ich darauf baue, daß Sie hier wohl wissen, daß die eigentliche und ältere Bedeutung des Worte »blöde« nicht etwa dumm heißt, sondern nichts anderes als: »scheu«. Ja, wir linken Weltverbesserer kannten alle diese dumme Scheu vor der Liebe.

Brecht schrieb mal den vermarxelten Satz: Die Liebe ist eine Produktivkraft. Im heutigen Jargon könnte das heißen: Die Liebe ist eine subversive Waffe. Für meine Mutter galt das allemal. Als sie mit 90 Jahren zum Tode kam, war sie am Ende fast blind, halb taub, war verwirrt – oder liebevoller im plattdeutschen Jargon gesagt: Se weer all 'n beeten tüddelich. Sie vergaß die Namen ihrer Enkelkinder. Emma Biermann, die tüddelig gewordene Tochter meiner Oma Meume, mümmelte mir im Sterben etwas zu – und kicherte dabei: »Mein Wölflein, ich will jetzt wieder zurück in dein' Bauch.« Jedoch die wirklich letzten verständlichen Worte aus ihrem zahnlosen Mund hatten nichts mit Marx oder Thälmann oder Gott zu tun, nichts mit meinem Vater, nichts mit mir. Nein, verblüffend, aber wahr, so hab ich es gehört, wie ein seliges Gebet:

Am Tische war noch ein Plätzchen;
Mein Liebchen, da hast du gefehlt.
Du hättest so hübsch, mein Schätzchen
Von u n s e r e r Liebe erzählt.

Hier schließt sich der Kreis meiner Überlegungen. Der schmerzliche Abschied von der kommunistischen Illusion, wir könnten und sollten ein irdisches Himmelreich errichten, bedeutet ganz und gar nicht, daß wir uns abfinden mit der Welt, wie sie grade ist. Und auch die Hofschranzen der grade eben zusammengebrochenen totalitären Tyrannei im Osten müssen uns keine Vorträge darüber halten, daß diese Welt verbessert werden muß und kann.

Was Heine den Freiheitskrieg der Menschheit nannte, ist mindestens eine Million Jahre älter als die Liaison der

Madame Aufklärung mit dem Monsieur Humanismus und ist allemal älter als deren verkrüppeltes Kind, das schon im Mutterleib so elend abgefault ist: die Totgeburt mit dem hoffnungsbeseelten Namen Kommunismus. Nein, der Krieg zwischen Freiheit und Notwendigkeit fing an – schon auf dem Affenfelsen – und er wird dauern, solange wir dauern.

Ob wir als Pithecanthropus erectus in der Horde hungrig herumstreifen oder ob wir am Computer kontakthungrig durchs Internet surfen – der Widerspruch, wie Hegel es auf den Begriff brachte, wird immer wieder neu gesetzt. Wir werden uns einmischen in unsere eigenen Angelegenheiten, wir werden den Streit wagen, gegen immer neue Variationen der Unterdrückung und Bevormundung und Heuchelei. Nichts Neues also. Und in diesem Sinne kann kein Fortschritt je ein Fortschritt sein. Neu ist nur: Wir werden nach den Erfahrungen des kommunistischen Tierversuches am lebendigen Menschen all diese Kämpfe führen müssen ohne das falsche Hoffen auf ein irdisches Paradies.

Wie es im Liedchen heißt: Wer sich nicht in Gefahr begibt, der kommt drin um – das haben wir längst begriffen. Und wir vergessen auch nie bei aller Weltveränderei, uns treu zu bleiben, indem wir auch uns selber noch verändern. Ja, wir werden uns in immer neue Gefahren begeben müssen, aber ohne den albernen Kinderglauben, es gäbe eine Endlösung der Menschenfrage, egal, ob in irgendwelchen Himmeln oder auf der kleinen Erde.

Also sehe ich keinen Grund zur apokalyptischen Verzweiflung, aber auch keinen Grund, seinen faulen Frieden mit der rasenden Welt zu machen.

Liebe allein ist weiß Gott nicht hinreichend. Was denn sonst – wer sich in die Liebe verkriecht wie ins Mauseloch, der lebt eben ein Mauseleben im Loch. Wer aber den politischen Streit endlich wagt, den Heine meinte, der zieht dann allerdings seine Kraft und seinen Mut nicht etwa aus politischen Überzeugungen, sondern paradoxerweise nur aus dem Allerprivatesten: aus Freundschaften, aus der Liebe.

Liebe Liebe Liebe – man kann's schon nicht mehr hören, denn es riecht nach Menschelei und klingelt nach Klischee. Aber keine Bange vor dem Banalen, ihr coolen Athleten vom gehobenen Geschmack! Wir wissen bei alldem klar und kühl, daß das Bezaubernde an Heines frühen Liebesgedichten ja grade auch darin liegt, daß der Heine, like a bridge over troubled water rüber zur Moderne, die Liebe nicht mehr naiv wie ein Knabe sang, der Goethes Röslein auf der Heiden blühen sieht. Bei Heine wächst die Rose schon wie eine Blume des Bösen aus dem Straßenpflaster der Großstadt. Und dennoch: die Rose ist Rose ist die Rose … und Liebe ist eben Liebe.

Die professionellen Menschenfeinde im Spitzelapparat des MfS der DDR ahnten dasselbe übrigens auch. Ach, sie wußten schon lange vor mir, aus welcher Quelle die Unterdrückten schöpfen, wenn sie Mut und Motivation brauchen, sich als Zoon politicon in die eigenen Angelegenheiten einzumischen.

Im Band Nr. 55 meines Aktenberges fand ich einen Plan, in dem diverse Maßnahmen aufgelistet sind, die mich, wie es im offiziellen Jargon des MfS hieß, »zersetzen« sollten. Andere Menschen im Realsozialismus wurden einfach zusammengeschossen, totgeprügelt, sie verfaulten im VEB-Knast, und was von ihnen übrig blieb, wurde an den Klassenfeind nach Westen verkauft. War es wirklich und allen Ernstes mein ehemaliger Freund, der besserwisserische Schlechterwessi, dem zu all dem nichts Treffenderes einfiel als das süffisante Unwort: »Eine kommode Diktatur«? Ich will das nicht wahrhaben.

Auch meine Akten in der Gauck-Behörde sind nichts anderes als grauenhaft lehrreiche Dokumente aus diesem uraltewigen Freiheitskrieg der Menschheit. In der damaligen Bundesrepublik, also im sogenannten »Operationsgebiet«, sollten gegen den verbotenen Biermann, ich zitiere wörtlich: »geeignete westdeutsche Journalisten-IM eingesetzt werden, um sinnentstellende Äußerungen usw. in Presse oder anderen Massenmedien zu veröffentlichen«.

Das wurde erfolgreich gemacht, und manche dieser seit 1989 verwaisten Kämpfer an der unsichtbaren Front schmieren noch heute im eingeübten Stil ihre Artikelchen. Und daß sie es nun, nach dem Zusammenbruch der »Firma«, auf eigene Faust und ohne doppeltes Honorar machen müssen – damit beweisen sie sich im nachhinein, daß sie wirklich immer nur idealische Gesinnungstäter waren.

In der DDR selbst wurden von den hohen Offizieren des Ministeriums für Staatssicherheit folgende Maßnahmen gegen mich aufgelistet, wörtlich:

»Manuskriptdiebstähle, Unbrauchbarmachung von technischen Hilfsmitteln, Tonbandgeräte und andere Geräte zerstören bzw. durch nicht gleich zu erkennende Eingriffe funktionsuntüchtig machen, Filme belichten, Bänder löschen ... Verbreitung sinnentstellender Verfälschungen – Nachahmung von Texten und Musik ... Verdächtigung von Einzelpersonen über Zusammenarbeit mit MfS (kann auch auf eigene Person angewendet werden) ... Maßnahmen gegen Familienangehörige ... anonyme Anrufe ... durch »Lob« bei anderen Haß erzeugen (Spaltung, Entfernung voneinander) ... Festnahmen (Schaffung von Bedingungen, die zu kriminellen Handlungen führen, z. B. Trunkenheit am Steuer usw.) ... zum Alkoholmißbrauch veranlassen ... zu sexuellen Ausschweifungen (Minderjährige) veranlassen ... ständige ideologische Auseinandersetzung dosiert, daß er selbst zu zweifeln beginnt ... falsche ärztliche Behandlung ...«

Aber die mit Abstand wichtigste Maßnahme zur Zersetzung, ich zitiere auch dies korrekt:

»Liebesverhältnisse, die bestehen, zerstören«

Die Bonzen des Apparats versuchten es bei mir 25 Jahre lang, und sie haben es natürlich auch gelegentlich geschafft. Und ich könnte Ihnen mehr als ein Lied davon singen. Die alte BIBEL-BALLADE, meines Freundes Heinrich Böll Lieblingslied, mag reichen als Beispiel.

Die Liebe ist genau der Punkt, wo nicht ein Universum, aber doch ein Mensch aus allen Angeln gehebelt werden kann. Und die Liebe ist allein die Kraft, aus der man jenen Haß entwickeln kann, den man leider auch braucht, um sich im Streit zu behaupten. Liebe, die ich meine, ist kein süßliches Gewinsel.

Als wir Verbotenen noch in unserer revolutionspathetischen Spießigkeit darüber nachdachten, ob die Liebe nicht doch nur eine spießige kleinbürgerliche Schwäche sei, da wußten unsere ausgepichten Todfeinde längst und genau, daß diese Liebe die Basis ist, von der aus man überhaupt sich erst ins Getümmel der Welt werfen kann.

Genug, und mehr davon weiß ich nicht.

Lassen Sie mich zum wirklichen Schluß an Heines wundersames Loreley-Gedicht anknüpfen. In den Liederbüchern zur Zeit des Tausendjährigen Reichs, das weiß wohl jeder hier, stand unter dem volkstümlichen Loreley-Text als Autor nicht mehr Heinrich Heine, sondern: Dichter unbekannt.

Das scheint freilich eine erfundene Legende zu sein. Der Jude und Germanist Behrendsohn hatte diese Nachricht 1935 in die Welt gesetzt, als er im schwedischen Exil über Nazideutschland referierte. Und Adorno muß es ungeprüft übernommen haben und hat so diese Falschmeldung in unseren Schädeln als verbürgte Tatsache festgeklopft.

Dabei findet sich, das weiß ich von dem Forscher Bernd Kortländer im Düsseldorfer Heine-Institut, bis heute kein einziges gedrucktes Exemplar aus der Nazizeit, wo der populäre

Loreley-Text mit diesem entlarvenden Zusatz »Dichter unbekannt« erschien. Nein, der Text war zwölf Jahre lang einfach nicht da, einfach ausgemerzt.

Was aber mancher hier womöglich noch nie hörte: Zur gleichen Zeit, als Heines Loreley in Deutschland verbrannt wurde, bewies unterm Hakenkreuz ein strammer Literaturwissenschaftler vorzüglich an diesem allerdeutschesten Gedicht, wie raffiniert dieser Jude Heine die deutsche Sprache verjudet.

Ich weiß nicht, was soll es bedeuten ...

das sei, schrieb der Heil-Hitler-Germanist, keine korrekte Grammatik. In richtigem Deutsch hätte es doch heißen müssen:

Ich weiß nicht, was es bedeuten soll ...

Die Heine-Zeile aber: Ich weiß nicht ... mit dem nachgestellten: ... was soll es bedeuten – das sei der ostisch-jüdische Satzbau. Man sehe dabei gradezu das typisch jüdische »Redn mit die Händ ...«, das Gestikulieren mit den nach oben gedrehten Handflächen.

Wie sieht es aber mit Heinrich Heines Reimpaar: »... was soll es bedeuten ... uralte Zeiten« aus? Genau dies war aus deutschnationaler Sicht ein weiteres Indiz für die Verjudung der deutschen Sprache. Der unreine Reim »bedeuten ...« auf: »... Zeiten« entpuppt sich nämlich als ein reiner Reim, wenn man das Wort »bedeuten« nur schmutzig genug, das heißt: ostjüdisch ausspricht: »badajtn« – also in der »mameloschn« der Jidden: Ich weis nischt, wos sol dos badeiten.

Damit sei evident, daß es im tieferliegenden Reimlexikon des deutschesten aller deutschen Dichter nach Knoblauch roch. Der stinkende Jude war also unter die Deutschen gekommen, wie die Pest, und hatte sich mal wieder raffiniert arisch parfümiert.

Die Rheinfahrt

> *Ich weiß nicht, was soll es bedeuten,*
> *Daß ich so traurig bin;*
> *Ein Märchen aus alten Zeiten,*
> *Das kommt mir nicht aus dem Sinn.*
>
> Heinrich Heine

Verzeih mir, verzeih, beloved Loreley
– was für ein dummes Mißgeschick –
Ich hab dich im Zuge verschlafen

Ab Bonn drückte ich mir die Nase platt
Ja, winken wollte ich, einen Blick
Erhaschen von dir, einen Augenkuß
Ich sah mich an Lastkähnen müdesatt
Sah in der scharfen Biegung im Fluß
Und gut in Farbe die Schlappen voll Sand
Die Schubprähme, lustige Fahrgastschiffe
Die Spietboote längsseits am steinigen Strand
Sah blitzblanke Tankstellen, Weinberge, schön
Die mörderischen, die lieblichen Riffe
Am anderen Ufer da drüben ein Kahn

– Lo! – Lo – reley – relay – lo – lo –

ça pisse pas loin! et ça pète haut:
Du hast doch dem Mann gar nichts angetan
Sweet Loreley, in dem Lied auf dich
Kann so die Pointe nie stimmen!

Das schrieb Heinrich, als er noch Harry hieß
Du bist gar nicht schuld an des Schiffers Tod
Der arme Kerl konnt nicht schwimmen.

Ach mit dem Strom fahrn die Schiffe so schnell
Auf dem Rhein dahin, dahin
Und gegen den Strom geht es langsam zurück
Ich weiß nicht, wie traurig ich bin

Die Burgruinen auf stolzer Bastei
Der Berg schluckt die Spielzeugeisenbahn
Vom Fenster aus wollte ich Bacharach sehn
Den Rabbi auf seiner Flucht – vorbei!

– vorbei – vorbei – vorbei – vorbei –

Durch breitere Ebenen gleitet der Zug
Hier wächst schon der Wein so elend flach
Nun rasen wir Richtung Mainz im Flug
Ach, nimmermehr seh ich dich, Schöne, ach
Dein goldenes Haar. Dein goldener Kamm
Und nix da! mit tümlichem Tandaradei
Du, frag nicht, warum ich so traurig bin
Warum mich die Kitsch-Bilder freuten
Warum grad mein Auge in Tränen schwamm
Doch deine liebliche Melodei
Die weiß ich und kann sie auch deuten:

Der Rhein fließt unter die Brücken hin
Das Wasser voll Öl und voll Ruß
Die Loreley stürzt in den Rhein
Damit sie nicht singen muß

– dahin – dahin – dahin – dahin –

Die Zugräder rattern durchs Weichengewirr
An putzigen Bahnhöfen flog ich vorbei
Paar Tunnelchen piercen die Felsnasen durch
Nach jeder Kurve kam Postkartenkunst
In Hülle und Fülle Idylle, Idylle
– ein Meisterwerk Gottes! Es schmiegt da das Gleis
Am krummen Rücken sich vom Vater Rheine

Mein IC-Waggon ist kein Viehwaggon
Mit Stacheldrahtgitter vorm Luftlukenloch
Ich weiß ja, Du weißt was ich meine:
Bewacht von SS und Hilfsmördern aus
Weißrussland und aus der Ukraine
Ich döste im Erster-Klasse-Abteil
Im Warmen schön weich, schön alleine

– und doch – und doch – und doch – und doch –

Ich hörte die Schreie im Schienenschlag:
Ribojno schel ojlom!
                oj wehj!
                        helf uns schojn!
Und denk an den jiddelnden Reim dabei
Das reimt sich so rein auf ... alte Zeiten:

– badei ... badei ... badei ... badei ...

Ich weis nischt, wos sol dos badeiten
So sang Heinrich Heine, der Jude vom Rhein
Und das freut die Siegmundfreud'schen:
Der vaterlandslose Gesell in Paris
War jüdischer als mancher Jud, überdies

– viel deu ... viel deu ... viel deu ... viel deu ...

Viel deutscher als all diese Deutschen

Wolf Biermann – Verräter in Wildbad Kreuth

Über das Treffen mit Politikern der CSU 1998

Es war das erste Mal in meinem Leben, daß ich mich gleich mit einer ganzen Bande Politiker treffe. Und zum allerersten Mal hatte mich am Abend vorher meine Frau Pamela allen Ernstes gefragt, was ich denn zu solcher Gelegenheit Passendes anziehen könnte.

Wir spielten ein paar Kostümvarianten durch. Und natürlich kam uns erstmal die blödeste Idee: krachlederne Seppelhosen – aus Höflichkeit vor der Landessitte. Andrerseits bin ich ein hanseatischer Fischkopf und eingeborener Bürger der Hansestadt Hamburg – aber im Matrosenanzug wollte ich denn doch nicht bei den Bayern erscheinen. Tja, wenn ich eine Wehrmachtsuniform im Kleiderschrank hängen hätte, wäre das ein gutes Kostüm gewesen, schon um die angebräunten Gemüter zu besänftigen, die sich in München so erhitzt haben, als Hannes Heers Wehrmachtsausstellung dort gezeigt wurde. Aber das wäre alles alberner Mummenschanz gewesen, mit dem man auch nur die Bürger schreckt. Also ging ich in der gewohnten Verkleidung als Mann mit Gitarre. Und mich überraschte die unverkrampfte, die freundschaftliche Atmosphäre beim verketzerten Klassenfeind, mit dem einer wie ich nie und nimmer reden darf. Ein feiner Nachteil solcher Streitgespräche am Kamin liegt freilich darin, daß auch die ehrlichen und klugen Journalisten so ganz und gar ausgeschlossen sind. Dies hat aber auch einen Vorteil: Die Kontrahenten reden offener. Die Politiker schielen beim Sprechblasenblasen nicht feige nach Wählerstimmen, und der eingeladene Gast kümmert sich nicht allzu affig um sein Image. So konnte ich denn ohne Furcht vor dem totalitären Tadel linksgetünchter Tartüffs am

Kamin ungeniert nachdenken. Und so machte ich an diesem Abend aus meinem Herzen keine Mördergrube. Auch die christlich-sozialen Platzhirsche kamen aus dem Dickicht ohne Scheu auf die Waldlichtung ins Offene. Allein schon der gewitzte Theo Weigel mit dem modifizierten Geweih über den Augen war eine angenehme Ent-Täuschung für mich. Er erzählte mir nämlich, wie er als Bonner Finanzminister im Frühjahr 1990 auf eigene Faust kalt und herzlos verhindert hatte, daß der erste frei gewählte DDR-Ministerpräsident und IM »Czerny« alias de Maizière die 15 Milliarden Westmark kriegte, die er von den westdeutschen Brüdern hatte abzocken wollen, um die DDR endgültig zu sanieren und vor dem Untergang zu retten. Vor unseren ausgelöffelten Gulaschsuppen schimmerte plötzlich ein schaurig weltgeschichtliches Wetterleuchten über Wildbad Kreuth auf. Nicht auszudenken: De Maizière hätte die DDR mit dieser gewaltigen Finanzspritze 1990 gerettet! Markus Wolf hätte seine neue Karriere als Romancier aufgegeben und wäre Chef eines gesäuberten Geheimdienstes geworden. Gregor Gysi und seine reformierte SED-PDS hätten sich die Macht in Sachsen und Brandenburg und Mecklenburg gesichert, sie wäre ein Gegenstück zur CSU geworden, die seit Ewigkeiten im königlichen Freistaat Bayern herrscht.

Als wir drei: die Weißgerbergitarre, meine Frau und ich von Herrn Glos' Fahrer Schultz im Dienst-BMW am Morgen danach von Wildbad Kreuth am idyllischen Tegernsee entlang wieder zurückgekutscht wurden, dachte ich: Wenn jetzt in dieser Gebrüder-Grimmschen Märchenlandschaft auch noch eine kolossale Fettkugel mit frischen Morgenbrötchen im Beutel die Uferstraße quert und zu einer dieser Villen hier rüberschlendert, dann wäre die Reise komplett: der große DDR-Devisenpate Schalck-Golodkowski, untergetaucht im bayrischen Exil, bei den Nachfahren seines Partners, mit dem er 1983 das Milliardending gedreht hat.

Ich war stillvergnügt über das gestrige Gespräch am Kamin, es hatte etliche doktrinäre Schablonen in meinem Koordinatensystem zerbrochen. Und ich hatte es schon gefürchtet: Diese falschen Feinde werden mir mehr gefallen als ich will und könnten sich mir in falsche Freunde verwandeln.

Auf dem Franz-Josef-Strauß-Airport schob ich im Airbus 300 meinen Gitarrenkasten oben in die Handgepäckablage. Aber ein Mann, der nun hätte höflich aufstehn müssen, damit wir zum Fensterplatz durchrutschen, blieb stur sitzen und brummte auf bayrisch: »Für Sie, Herr Biermann, stehe ich nur auf, wenn Sie mir sagen, ob Sie diese CSU-Lackeln wenigstens fix und fertig gemacht haben bei diesem Kamingespräch in Kreuth! Ich bin in der SPD, ein Achtundsechziger.« – Ich sagte: »Genosse Politkommissar, Sie dürfen aufstehn! Denn Sie glauben doch wohl nicht, daß ich ein Verräter der Arbeiterklasse bin! In meinem schwarzen Kasten hier liegt keine Gitarre! Ihnen, einem treuen Erben der Partei Bebels und radikalen Kampfgefährten Rudi Dutschkes und Parteigenosse des Spitzels Stolpe kann ich es ja anvertrauen: Ich habe die ganze blauweiße Bande gleich zu Beginn des Streitgesprächs vom Kamin aus mit meiner Kalaschnikow zusammengeschossen«. »Oho!« lachte der Mann und machte uns Platz, »dann kriegen Sie bei mir mildernde Umstände.«

Über den Wolken auf dem Weg nach Berlin fragte mich der Nachbar auf dem Sitz am Gang: »Und wie ging es dann weiter bei der CSU?« – »Munter! Es machte großen Spaß, mit den Schwarzen zu reden. Ich mußte in Bad Kreuth an einen Spruch meines Freundes Robert Havemann denken, der mir bei einem Glas Cognac in Grünheide am Möllensee mal sagte: Weißte Wolf, wenn man im Dunkeln rumballert, trifft man immer ins Schwarze ...!

Meine MP, Herr Nachbar, blieb natürlich als Argumentationshilfe auf dem Tisch. Ich habe den Schreckverstummten erstmal im ganzen die Welt erklärt und verklart, wie man das verwahrloste Deutschland resozialisieren muß. Ich schoß nun Argumente ab wie Salven. Auch gegen die aufhaltsame Fallsucht unserer Gesellschaft in die Arbeitslosigkeit verriet ich den erledigten Politikern eine probate Rettungsmethode: Verteilung der vorhandenen Arbeit auf alle Schultern – und natürlich ohne Lohnausgleich.

Und weil von den Überrumpelten keine Gegenargumente kommen konnten, empfahl ich einen radikalen Abbau der bürokratischen Parasiten in den Behörden, die ja alleine schon drei Viertel der Mittel auffressen, die sie eigentlich verteilen sollen. Ich forderte (das war ein dringender Nebenauftrag meiner neun Kinder) auch die sofortige Ent-Verbeamtung der Lehrer, damit man schlechte Lehrer feuern und bessere anheuern kann. Liedermacher reimt sich ja auf Niedermacher, will sagen: ich habe den hingeschlachteten Klassenfeinden auch klargemacht, was mit den elenden Kurden geschehen soll, die jetzt von Italien hoch zu den großdeutschen Fleischtöpfen wandern. Ich sagte meinen besiegten Gastgebern: Ich denke, wir alle hier sind der Meinung, daß dieses riesige Anwesen Wildbad Kreuth nun ein Flüchtlingslager werden muß für die ersten zehntausend Flüchtlinge, die sich hier in lieblicher Berglandschaft am rauschenden Bach erholen sollen von den Strapazen der Flucht. Und weil Theo Weigel und seine Mannen alle mausetot waren (nur Weigels Widersacher Edmund Stoiber fehlte), stimmten sie ohne Zögern und Murren zu.

Dann verklickerte ich den Niedergemachten, daß die faschistoiden Eskapaden in der Bundeswehr nichts als die giftigen Früchte einer Ernte sind, die schon lange vorher in den Elternhäusern gepflanzt und dann in den Schulen kultiviert worden sei. Mein Mitgast, der wieder aufgerappelte Verteidigungsminister Rühe, nickte mir dankbar zu für diese pfiffige Entlastung seiner ins Gerede gekommenen Firma.

Sie sehen, lieber Genosse ... es war ein unvergeßlicher Abend am Kamin, in dem übrigens kein Feuer brannte – wozu auch, das Feuer hatte ja ich eröffnet.«

»Gut gut! aber dieser Glos! dieser ausländerfeindliche Gloooos! ...« schimpfte mein Nachbar, »... was der für brutale Sprüche klopft gegen Asylanten, mit so einem kann ein Biermann doch nicht an einem Tisch sitzen!« – – »Es war, da kann ich Sie beruhigen, Herr Nachbar, kein runder Tisch am Kamin, er hatte Ecken und Kanten. Wir haben uns nicht in falsche Verbrüderungen hereinsalbadert oder hereingesoffen. Dabei weiß ich so gut wie Sie: Die katholischen CSU-Bayern sind nicht anders als alle anderen, sie sagen gelegentlich nur schamloser, was andere Bundesländer mit evangelischer Heuchelei genauso brutal gegen unerwünschte Ausländer praktizieren. Und ganz nebenbei: Die Bundesrepublik, Bayern vor allem, hat immerhin 60% aller Bosnienflüchtlinge aufgenommen. Und wenn meine Freundin Bärbel Bohley mir keinen Bären aufgebunden hat, dann ist es so: Sie könnte seit einem Jahr ihre Arbeit in Bosnien nicht machen, wenn nicht auch die deutschen Soldaten der IFOR in Sarajewo ihr helfen würden. Bärbel Bohley sorgt mit einem minimalen Aufwand an Geldmitteln und mit absolut keiner Bürokratie dafür, daß über den zerschossenen Häusern der muslimischen, kroatischen und serbischen Todfeinde erstmal ein neues Dach errichtet wird. Unter dessen Schutz können die Menschen nun Stück für Stück Fenster und Türen einbauen, so daß geflüchtete Familien aus Deutschland überhaupt wieder zurückkehren können. An die dreitausend solide Dächer für einen Stückpreis von billigen 2600,- Mark hat sie auf diese Weise auf die ruinierten Häuser setzen lassen.

Freilich, darüber habe ich dort deutlich genug auch gesprochen: Die Bundesrepublik Deutschland braucht endlich ein verfassungskonformes Einwanderungsgesetz, so wie es die Franzosen haben, oder die Schweizer, oder die Engländer und die USA. Egal: nach Blut oder nach Boden, nach Wirtschaftswunderinteressen oder schlechtem Gewissen nach dem Holocaust, das Problem der deutschen Staatsbürgerschaft für jeden Menschen, der in Deutschland geboren wurde, muß geregelt werden. Sobald wir auf diesem Gebiet endlich einen Zustand der überprüfbaren Gesetzlichkeit haben, wird sich zeigen, daß selbst unvollkommene Gesetze immer noch besser sind als diese populistischen Eskapaden vor und nach den Wahlen, diese parteipolitische Taktiererei irgendwelcher Landesfürsten.

Ansonsten, lieber Herr ...« – »Ach! Name tut nichts zur Sache ...«, winkte er schnell ab – »O.K.«, sagte ich, »ansonsten fand ich es herzerfrischend, wie fröhlich diese CSU-Leute miteinander umgehen. Ja, ich empfand fast sowas wie Bewunderung dafür, daß diese ewig hinterwäldlerischen Urbayern, über die wir so billig unsere urbanen Witzchen reißen, eigentlich durch die Gunst der Epoche jetzt besser dastehn als wir Deutschen. Es liegt doch offensichtlich in der dialektischen Logik unserer galoppierenden Globalisierung: Je mehr die Menschheit ein großes Ganzes wird und je mehr Grenzen fallen, um so mehr werden die Menschen sich auf das Regionale konzentrieren. Und sie müssen es wohl auch, damit sie nicht verkommen und zerbröseln und verblöden. Ich glaube allen Ernstes: Wir alle werden auf dem Weg zur Menschheit und als Bürger des Planeten Erde nur überleben können, wenn wir die so aufgesparten Kräfte fürs Kleine verbrauchen, für den überschaubaren Lebenskreis, in dem wir unser kurzes Leben wirklich lebendig leben. Und da sind uns die Bayern, weil sie so schön hintendran blieben, ein gutes und beneidenswertes Stück voraus. Wie es in der Bibel steht: Die Letzten werden die Ersten sein.«

»Mag sein, Herr Biermann, aber eins sage ich Ihnen als gelernter Bayer: die CSU zittert davor, bei den nächsten Wahlen zum allerersten Mal die absolute Mehrheit zu verlieren – und die werden jede! wirklich jede Untat begehen, um das zu verhindern.« – Ich sagte: »Da kann ich Sie beruhigen, nach dieser Erfahrung am Kamin: jede nicht!«

Wenn die Kultur geht, kommt die Gewalt

1996

Was haben die da in Unna, dachte ich, sich gedacht, als sie sich dieses Thema ausdachten. WENN DIE KULTUR GEHT, KOMMT DIE GEWALT. Ja, ja, ich verstand: die behaupten schon im Titel, daß Gewalt kommt, wenn Kultur geht, weil sie den Politikern einen Wink geben wollen mit dem Zaunpfahl. In klarem Deutsch sollte das wohl heißen: Kürzt nicht noch mehr die Finanzmittel für Kultur, sonst wächst eine Gewalt in Deutschland, deren Bekämpfung euch dann noch viel viel mehr kosten würde.

Also gut: Gewalt und Kultur. Gewaltkultur. Kulturgewalt. Kultur oder Gewalt. Es gibt kein intelligentes Thema, über das ein starker Rhetoriker nicht irgendwelchen Schwachsinn zusammenstoppeln könnte. Es gibt aber auch umgekehrt kein blödsinniges Thema, über das ein Wissender nicht doch etwas womöglich Brauchbares sagen könnte, ja, wenn er es nur schafft, solch ein Thema gründlich mißzuverstehn.

Kultur – Gewalt? Da fällt mir ohne viel Nachdenken erstmal ein berüchtigter Satz von Goebbels ein. Der paraphrasierte eine Formulierung aus einem Stück des Dramatikers Johst: »Wenn ich Kultur höre, entsichere ich meinen Browning.« Und mir fiel bei Gelegenheit dazu die Replik ein: Wenn ich das Wort Revolver höre, dann entsichere ich meine Kultur. Aber das sind flotte Bonmots ohne viel Beweiskraft. Das vorgegebene Motto reizt vorzüglich zum Widerspruch, und darin mag sein versteckter Vorzug liegen.

Also packe ich das Wortpärchen über Gewalt und Kultur erstmal mit der Faust, und anschließend nehmen wir es zwischen Daumen und Zeigefinger.

WENN DIE KULTUR GEHT, KOMMT DIE GEWALT

Wer behauptet das? Wer kann das beweisen? Ist es nicht genau andersrum? Vielleicht kommt gar nicht Gewalt, wenn Kultur geht, sondern es geht womöglich die Kultur, wenn die Gewalt kommt! Und noch eine kleine Frage sei erlaubt: Welche Gewalt? Wessen Gewalt? Gibt es nur schlechte Gewalt? Und wer kontrolliert das gute Gewaltmonopol des Staates? Und was ist in diesem Zusammenhang hier in Mitteleuropa, in Deutschland eigentlich Kultur? Goethe, Schiller, Bach, Mozart, Hölderlin, Heine? Oder nennen wir garantierte Meinungsvielfalt, eingebürgerte Toleranz, nennen wir Rechtssicherheit und Liberalität Kultur? Es gibt also offenbar neben der literarischen Hochkultur, neben Musik und Malerei und Philosophie und Religion auch noch politische Kultur: unabhängige Richter und Gerichte, Kontrolle der Regierung durch das Parlament und natürlich wirklich freie Wahlen. Und nebenbei das vielleicht Wichtigste, es gibt auch noch eine materielle Kultur: Handwerkzeuge, Techniken des Brotbackens, Methoden des Hausbaus. Und es gibt eine soziale Kultur: Recht auf Arbeit und Arbeitslosengeld, gesicherte Altersrenten. Kultur ist aber genausogut Kulturtasche, Zahnbürste, Badewanne, Bidet, Präservativ, Babypille, Nacktbadestrand, weißer Kragen, kunstvoll zerrissene Jeans, Mülltrennung, Goldplombe im Gebiß und Katalysator im Auto.

Gewiß spüre ich, was mit dem vorgegebenen Thema von denen gemeint ist, die es sich ausdachten: Ich soll hier und heute gegen die wachsende Gewalt besonders unter Jugendlichen in Deutschland anreden und dabei, so gut es geht, die schwindende Kultur als Wunderwaffe gegen Gewalt ins Feld führen.

Eines ist wahr und offensichtlich: Gewalt in unserer demokratischen Gesellschaft nimmt zu, und das erfüllt auch mich mit Sorge. Das wußte schon der griechische Denker Plato: Die Demokratie krankt an sich selbst, sie wird müde und faul und wehrlos und bereitet so das Bett für die nächste Diktatur. Da wir aber in Deutschland in diesem Jahrhundert den totalitären Tierversuch an lebendigen Menschen schon zweimal durchgemacht haben, reicht es nach meinem Gefühl erstmal für die nächsten tausend Jahre.

Es gab immer wieder gesellschaftliche Kräfte, die mit Hilfe der Demokratie die Demokratie abschaffen wollten, so wie Hitler es 1933 tat und sich lachend damit brüstete. Er ließ sich vom deutschen Volk wählen und schaffte die Wahlen ab. Die uralte Frage stellt sich uns immer wieder in neuem Gewand: Wieweit gilt demokratisches Recht auch für Menschenfeinde, die irgendeine Tyrannei errichten wollen.

Unser Wohlstand inmitten einer verelendeten Welt macht zudem kleinmütig und ein schlechtes Gewissen. Sobald der Reichtum auch nur in Gefahr gerät, wuchert der Neid. Ausländerfeindlichkeit wie Krätze. Die wachsende Armut innerhalb unserer superreichen Gesellschaft macht aggressiv. Alimentierte Jugendliche ohne Arbeit prügeln und vandalieren, sie versaufen und verdröhnen ihren Frust. Die sündhaft teure Lagerung siecher Menschen im Altersheim leert die Sozialkassen. Das Wort Generationenvertrag ist eine Münze ohne Wert geworden. Brandstiftungen gegen Asylanten brennen um die Wette mit rührenden Lichterketten. Hakenkreuz und Baseballschläger. Fremdenhaß tobt sich blutig aus. Politisch verbrämte Gewalttaten korrespondieren mit der Polizeigewalt staatlicher Übergriffe.

Ist das alles etwa so, weil die Kultur geht oder schon gegangen ist? Nein. Das ist die Schnapsidee stocknüchterner Alternaiver. Kurz gesagt: Kultur kann nach meiner Meinung kein Hilfsmittel gegen Gewalt sein. Warum nicht? Ich weiß es nicht, will sagen: nicht genau genug. Ich weiß nur, daß der Philosoph Heidegger Griechenland liebte und die Jüdin Hannah Arendt. Aber alle Kultur hinderte ihn nicht, auch mit den Nazis ins Bett zu gehn. Wie soll man da von Zahnärzten, Apothekern, Mathematiklehrern und Frisören mehr verlangen? Sie haben, verehrte Zuhörer, bestimmt die Szene aus dem Film »Schindlers Liste« im Kopf. Spielberg schuf da, das ist Ihnen bekannt, einen Spielfilm auf der Basis von Dokumenten. Der Chef des Lagers, dieser SS-Offizier Göth, spielt in einer geräumten Judenwohnung auf dem Klavier – es kommt ein Wehrmachtssoldat rein und fragt bewundernd: Mozart? – Nein, sagt der Killer Göth, Bach.

Der polnische Komponist und Klaviervirtuose Wladyslaw Szpilman, ein Überlebender des Warschauer Ghettos, ein alter Mann, der aber immer noch fassungslos wie ein Kind spricht, er sagte mir noch 50 Jahre nach all dem: Ich kann es nicht glauben, daß die Deutschen meine ganze Familie ausgerottet haben, die Deutschen haben doch die göttlichste Musik der Menschheit geschaffen: Bach, Beethoven, Mozart ... die haben doch Kultur ... Ja, sinnierte ich weiter, und diese Kulturbarbaren hatten schon damals Wasserspülung im Klosett, saubere Fingernägel und aßen mit Messer und Gabel. SS-Mann Göth und seinesgleichen putzten sich sicher regelmäßig die Zähne, und in manchem deutschen Tornister lag die Frontausgabe mit den Gedichten von Friedrich Hölderlin. Da finde ich auf Seite 14, auf schlechtem Kriegspapier gedruckt, die Ode »Der Tod fürs Vaterland«:

Du kömmst, o Schlacht! schon wogen die Jünglinge
  Hinab von ihren Hügeln, hinab ins Tal,
    Wo keck herauf die Würger dringen, ...

Und Siegesboten kommen herab: Die Schlacht
  Ist unser! Lebe droben, o Vaterland,
    Und zähle die Toten nicht! Dir ist,
      Liebes! nicht Einer zu viel gefallen.

Gräßlich! und ein wunderbares Gedicht. Wie hätte Hölderlin über die Landung der Alliierten in der Normandie geschrieben? Wenn die GIs im Kugelhagel der verschanzten Deutschen aus ihren Landungsbooten springen und am Strand für die verdammte Befreiung Europas sterben. Auch sowas gehörte, hätten wir genug Muße, zu diesem diffusen Thema Gewalt und Kultur.

Fast alle Akademiker Deutschlands, zum Teil hochkultivierte Menschen, auf deren Bildung man viel Mühe verwandt hatte, Philosophieprofessoren, Ärzte, die den Eid des Hippokrates geschworen hatten, Lateinlehrer, die Ovids Metamorphosen im Original lesen konnten, die allermeisten dieser kulturellen Elite wurden willfährige Mörder am Schreibtisch oder im Rock der Wehrmacht, im Dienste der Gestapo, in der Uniform der SS. Solche hochkultivierten Kretins organisierten den Massenmord an Deutschlands Geisteskranken, die Euthanasie. Auch ein Doktor Mengele war kein Trottel, und Goebbels kannte seinen Schiller. Solche Schlächter waren mindestens so »gut in Hölderlin« wie unser Herkules aus Oggersheim, und sie kannten Goethes Faust gewiß auswendiger als das blitzgescheite PDS-Fräulein Wagenknecht. Darüber gibt es tausend Geschichten: Aufseher in den Konzentrationslagern bastelten ihren Kindern allerliebstes Spielzeug, sie waren treue Kameraden und empfindsame Liebhaber. Sobald sich aber ein SS-Mann in eine Jüdin verliebte, trieb er Rassenschande. In dieser germanischen Nazi-Kultur, die gemacht war aus »Meine Ehre heißt Treue« und aus »Gott mit uns« und arischem Blut und »Morgen die ganze Welt« – da waren Juden halt Ungeziefer.

Nein, nein und nein. Was immer Kultur genannt wird, sie konnte noch nie ein Hilfsmittel gegen die Gewalt sein. Weder in dem Sinne, daß ihre hohe Kultur irgendwelche Täter davon abhielt, zu rauben und zu schänden und zu morden, noch auch in dem anderen Sinne, daß es die verschiedensten Opfer vor Verfolgung schützte, wenn sie nur genügend Kultur hatten. Ist der ethnische Massenmörder Karazic nicht ein Dichter, war der georgische Schlächter Gamsachurdia nicht ein hochgebildeter Literat?

Nicht einmal akkulturierte assimilierte Hitlerfans wie der jüdische Professor Schoeps, der Vater eines dummen Sohnes, der jetzt Professor in Stolpes Potsdam ist, fanden, als Hitler an die Macht kam, Gnade vor dem radikalen Antisemitismus der Nazis. Es gab deutschnational gesinnte Juden, die am liebsten loyal mit dafür gesorgt hätten, daß am deutschen Wesen die Welt genesen würde. Nein, Hitler blieb darin fundamentalistisch und konsequent. In die Gaskammern gerieten ungebildete jüdische Hilfsarbeiter zusammen mit jüdischen Gelehrten von Weltruf. Ostjude oder Westjude, in den falschen Duschräumen von Auschwitz schichteten sich die Menschen nach anderen Regeln. So lagen die Leichen ineinander verkrallt, wenn Funktionshäftlinge die Gaskammern wieder öffnen und leeren mußten: unten auf dem Boden die schwachen Kinder, darüber die Frauen, und ganz oben, wo man noch am längsten hatte Luft holen können, die stärkeren Männer.

Wir gebrauchen nun schon viele Male das Wörtchen Kultur und haben noch gar keinen Gedanken darauf verwendet, was das denn sein könnte. Auf den ersten Blick muß Kultur ja das sein, was am Menschen nicht Natur ist, also das, womit er sich von der Natur unterscheidet, und zwar durch eigene Anstrengung und Leistung.

Und grade weil Kultur kein Begriff ist, der den Menschen als Naturwesen definiert, ist Kultur auch immer eine Wertung. Da mögen antichauvinistische Menschenfreunde noch so oft beteuern, daß ja im Grunde alle Kulturen gleichwertig seien, im Grunde gibt es im Denken jedes Menschen eben doch eine Hierarchie kultureller Werte. Die Chinesen halten sich für das Zentrum der Menschheit und halten uns in Europa für civilisierte Affen und gar die US-Amerikaner für geschichtslose Primitivlinge. Wenn wir aber ehrlich sind, fühlen auch wir uns trotz aller Beteuerungen als der Maßstab fürs Menschliche. Es muß also etwas geben, was den Begriff des Menschseins präziser faßt als Kultur, aber zugleich weiter reicht: Es ist das schöne lateinische Wort civitas, das sich vom urbanen Bürger ableitet: Civilisation. Da die Menschen sich von Anfang an in sehr verschiedenen Regionen des Planeten aus dem Tierreich herausarbeiteten, geriet das, was an ihnen Kultur war, sehr verschieden. Verschieden ihre Werkzeuge, ihre Kleidung, ihre Behausungen, ihre Techniken des Ackerbaus, ihre Sitten, ihre Gedanken über Sonne, Mond und Sterne, über Geburt und Krankheit und Tod, über Geister und Götter, also auch die Kultur ihrer Kulte – all das ist sehr sehr verschieden. Zur Kultur der frühen Menschheit gehörte zum Beispiel auch die Sitte, Menschenopfer zu bringen. Noch im alten Rom war der pater familiae Herr über Leben und Tod seiner Kinder und Sklaven. Der griechische Tragödienschreiber Sophokles denkt in seinem Stück »Ödipus rex« keinen Moment darüber nach, ob es unsittlich ist, ein leicht verkrüppeltes Königskind mit seinem Klumpfuß auszusetzen, den Geiern zum Fraße, und all das nur, um einem vagen Orakelspruch zu entkommen.

In der alten Kultur galt es als sinnvoll und sittlich, unerwünschte Kinder zu töten, hilflose Gefangene niederzumetzeln. Selbst der Gott der Christen liefert seinen Sohn dem Kreuztod aus – und das ist – nebenbei gesagt – der tiefere Grund, warum Juden und Christen, die ja eigentlich an denselben Gott im Himmel glauben, auf Erden so himmelweit auseinander sind.

Kultur und Gewalt schließen einander nicht aus. Es gab immer auch eine Kultur der Gewalt. So steht die Geschichte in der Bibel: Abraham, der Ahnherr Israels, war grade drauf und dran, seinen eigenen geliebten Sohn, wie üblich, seinem Gott als Opfer zu schlachten: Isaak. Gott hatte es sich aber inzwischen anders überlegt: Er befahl nun seinem gehorsamen Knecht Abraham, den kleinen Sohn doch lieber zu verschonen. Da liefert uns die Bibel einen schönen Beweis für Gottes Drang, sich zu humanisieren. Und zudem haben wir damit ein rührendes Beispiel für den Mut des Menschen zum Bruch mit endlich überholten Riten. Seitdem ist die Kindestötung bei den Juden verboten. Deshalb war bei Moses das berühmte fünfte Gebot, das ja korrekt übersetzt nicht heißt: Du sollst nicht töten …, sondern: Du sollst nicht morden …, keineswegs eine Ermahnung zur Moral, sondern eine unerhört neumodische Forderung, eine radikal neue Kultur also. Nun ist es aber so, daß sehr verschiedene Kulturen nebeneinanderher existierten und seit Anbeginn. Ein Menschheitsproblem ergibt sich daraus erst, seitdem die so verschieden lebenden Menschen so leicht zueinanderkommen, egal ob als Völkerwanderer, als Händler, als Gegner im Kriege oder als Kolonialisten, als Touristen oder als Konsumenten weltweiter TV-Programme via Satellit.

Dabei gibt es neben all dem religiös fanatischen Blutvergießen auch harmlos rührende und drollige Konfrontationen verschiedener Kultur. Das schönste Beispiel dafür sah ich mal in einem dokumentarischen Film über eine junge Lehrerin in Polen nach dem Zweiten Weltkrieg. Sie war von der Schulbehörde ihrer Stadt in ein weit abgelegenes Dorf geschickt worden, das hinter Seen und Wäldern versteckt in Sümpfen liegt. Dieses Dorf war dermaßen aus der Welt, daß sogar der ganze Zweite Weltkrieg an diesem Dorf vorbeigegangen war. Durch die Sümpfe hatten eben keine gepanzerten Armeefahrzeuge fahren können. Der Film zeigt die Bauern dort, sie leben wie vor vielleicht 400 Jahren, genau so, wie der niederländische Maler Pieter Breughel d. Ältere sie in Polen gemalt hätte: Kühe und Schafe, Strohdach, aber kein elektrischer Strom, kein Radio. Gewiß, ein paar einzelne

Werkzeuge aus der Stadt, ein einschaariger Eisenpflug, eine neue Sense, ein verzinkter Blecheimer – aber sonst halt nichts Neues.

Die junge Lehrerin kommt also dorthin, um den Kindern und vielleicht auch manchen Erwachsenen das Alphabet beizubringen, das Einmaleins. Einquartiert hat sie sich bei einer jungen Bauernfamilie, und alles geht soweit gut mit der neuen Schule. Dann kommen die ersten Ferien, die Lehrerin fährt auf Urlaub nach Hause in die Stadt und kehrt dann auch wieder zurück ins Dorf. Nun hat sie aber der jungen Bauersfrau sechs schöne Suppenteller als Geschenk mitgebracht. Die Bäuerin ist begeistert. Am Abend kommt der Bauer vom Feld, die Kinder sitzen schon auf ihren Plätzen, und auf dem Tisch leuchten die sechs neuen Teller. Der Bauer sieht diese Teller, und in einem Wutanfall fegt er die Teller vom Tisch und brüllt: »Sind wir Tiere?! Nein, wir sind Menschen!! Ja, Tiere, die müssen jeder eine Kumme für sich haben, damit sie sich nicht gegenseitig alles wegfressen und sich nicht vor lauter Freßgier gegenseitig zu Tode beißen! Aber wir – wir sind Menschen! und haben eine höhere Kultur, wir können aus einer Schüssel gemeinsam essen, wir brauchen nicht solche primitiven Teller aus der Stadt!«

Wenn es aber nicht um Teller geht, sondern um Gott oder um Götter, um miteinander unvereinbare Sitten, na dann ist die Lösung des Problems nicht so harmlos und sympathisch wie am Bauerntisch hinter den masurischen Sümpfen. Gegen Gewalt, gegen Massenmord und Unterdrückung hilft nicht Kultur – genauer: helfen nicht die vielen verschiedenen Kulturen – sondern da hilft, das denke ich allen Ernstes: nur Zivilisation. Die Kulturen mögen so verschieden sein und bleiben und werden, wie wir es uns aus einer eurozentristischen Perspektive kaum vorstellen können – egal, es muß darüber hinaus universale Normen geben, die für alle Menschen gelten.

Besonders seit dem Zusammenbruch des Sozialismus und dem Tod der kommunistischen Heilserwartungen geistert bei alten Linken und interessanterweise zugleich bei neuen Rechten ein Zauberwort durch den Diskurs: Multikulturalismus. Bazon Brock hat darüber vor einem Jahr einen glänzenden Essay im SPIEGEL geschrieben, treffende Worte, die ich mir hinter den Spiegel gesteckt habe. Der Professor schreibt:

»Selbst bei großzügigster Interpretation aller vorliegenden Veröffentlichungen zum Multikulturalismus läßt sich aber leider nur feststellen, daß es überhaupt keine konkreten Vorstellungen davon gibt, wie eine multikulturelle Gesellschaft funktionieren soll. Denn was Links und Rechts unter Multikultur als Lösung des Problems halbwegs friedfertigen Zusammenlebens von unterschiedlichen Ethnien, Sprach- und Kulturgemeinschaften, Wirtschafts- und Gesellschaftsformen ausgeben, ist bestenfalls die Benennung oder Beschreibung eines Problems, aber nicht seine Lösung.

Die Rechten verstehen Multikultur als die Sicherung der homogenen Kulturen nach dem Motto: jeder Gemeinschaft ihr Territorium, ihren Kompetenzbereich – aber bitte auf Abstand, unter strikter Wahrung der Autonomie. Die Linken berufen sich auf das Hirngespinst der kulturellen Identität von lauter Minderheiten, die alle das Recht erhalten sollen, ihre kulturelle Eigenart nach innen zu wahren und nach außen zur Geltung zu bringen.

In der Berufung auf die je eigene kulturelle Identität mit Sprachgemeinschaft, Religionsgemeinschaft und Überlebensgemeinschaft liegt der Kern für neue Konflikte, die bereits überall auf der Welt im Namen der Durchsetzung autonomer kultureller Identität zu blutigen Auseinandersetzungen führen: zwischen Kaukasusvölkern, zwischen den Völkern Jugoslawiens, Sri Lankas, Burundis und in über 40 anderen Regionen der Welt.«

Bazon Brocks Worte leuchten mir ein. Ich halte nichts von solchen windelweichen Menschenfreunden, die sagen: Wenn der schwarze Kaiser Bokassa die Herzen seiner zu Tode gefolterten Feinde frißt, soll er doch, dort herrschen eben andere Sitten. Solange er genügend Panzer und Düsenflugzeuge in Frankreich kauft, soll er fressen, was er mag.

Solche Unterschiede der Kulturen sind phantastische Gegensätze. Welten treffen aufeinander. Es ist eben und leider nicht immer so ulkig wie in dem Witz von dem afrikanischen Medizinmann, Geisterbeschwörer und Regenmacher, der von einem ersten Besuch nach London zurück in sein verdorrtes Dorf kommt und seinen schwarzen Schwestern und Brüdern von einem Fußballspiel berichtet: »Es war eine wunderbare Reise. London! Ich sah in diesem größten Dorf der Welt den größten Medizinmann der Welt. Ich will euch nicht viel erzählen von dem herrlichen Vogel aus Metall, der mich durch den Himmel bis nach London brachte, ohne dabei einmal mit den Flügeln zu schlagen. Ich kam in London auf einen riesigen leeren ovalen Dorfplatz, da wuchs kurz abgefressenes, aber wunderbar grünes Gras. Alle Dorfbewohner waren rundherum versammelt, mehr Menschen als Sterne am Himmel. Und plötzlich kamen elf Priester auf der linken Seite in weißen Hosen und roten Hemden angelaufen. Und dann kamen elf Priester in gelben Hosen und blauen Hemden auf der rechten Seite. Und dazu kam ein Medizinmann, ganz in Schwarz. Und der hielt eine Kugel in den Händen. Genau in der Mitte des Platzes legte er diese Kugel auf den Boden. Und dann nahm er eine Trillerpfeife und pfiff. Und genau in diesem Moment fing es wunderbar an zu regnen.«

Auch die Rassisten in Südafrika verfochten diese aparte Theorie: Jede Rasse solle mit ihrer Kultur ungestört leben: die Schwarzen isoliert in den schwarzen Homelands, die schwarzen Arbeiter abgeschirmt in den schwarzen Townships, die farbigen Inder und Mischlinge gesondert – aber die Weißen in strenger Rassentrennung unter sich in ihrem europäisch gelebten Leben – und, das versteht sich – auf den Knochen der schwarzen Sklavenarbeit in den Gold- und Diamantbergwerken und mit Hilfe der schwarzen Arbeitstiere in den Latifundien der Buren.

Andre Länder – andre Sitten? Das sind so Sprüche, die wir noch mal durchdenken sollten. Ich bin nicht der Meinung, daß chinesische Machthaber das kulturell verbrämte Recht haben, Millionen Menschen in KZ zu halten und zu töten, egal, ob sie dabei von Konfutse reden oder Mao Tse-tung. Ich finde nicht, daß schwarze Menschen in Afrika das Recht haben, Millionen jungen Frauen die Klitoris wegzuschnibbeln. Und ich möchte nicht von Multikulturalisten darüber breitärschig belehrt werden, daß fanatische Muslims das Menschenrecht haben, einen Ungläubigen abzuschlachten.

Ja, Kultur ist immer ein Bündel von Haltungen, Gefühlen, Sitten aus einer Region, einem Land, einem Landstrich, einer Sprache, einem Dialekt. Insofern ist Kultur immer ein geistiger Ausdruck für Provinz, und in diesem Sinne ist auch das Riesenreich China nur eine Provinz der Menschheit. Da aber der ganze Planet für die zusammenwachsende Menschheit eine einzige Provinz wird, eine Provinz im Weltall, weil wir durch globale Medien auch mehr und mehr voneinander wissen, werden die universal gültigen Zivilisationskriterien immer lebenswichtiger für die Menschheit: allgemeine Menschen- und Bürgerrechte.

Nein, nicht die Kultur und schon gar nicht die verschiedenen Kulturen können in unserem Land der Gewalt Einhalt gebieten. Es sind die universalen humanen Regeln, wie sie in der amerikanischen Verfassung formuliert sind, die uns vor dem Terror individueller Gewalt oder auch vor staatlicher Willkür schützen: das Recht auf Leben, auf eine eigene Meinung, die Gleichheit aller Menschen vor dem Gesetz, das Menschenrecht auf Glück und Freiheit. Wir wissen, daß diese universalen Normen kein Narrenparadies herbeizaubern können, kein Schlaraffenland garantieren, in dem uns die gebratenen Tauben in den Mund fliegen. Unter uns – und ganz nebenbei: wir verachten solche utopistischen Sehnsüchte nach einer solchen Idylle.

Wir haben in Deutschland eine Verfassung, die diese allgemeingültige Sittlichkeit anerkennt und mit Gesetzen verteidigt. Ja, jeder und jedes Volk soll nach seiner Fasson selig werden, aber das wird ihm nur möglich sein, wenn man die Seligkeiten seiner Nachbarn und die Gesetze, die für alle gelten, respektiert.

Wenn ich die Entwicklung Deutschlands nach der Wiedervereinigung bedenke, dann kommt es mir so vor, als ob immer mehr nostalgische Untertanen der SED-Diktatur die Mauer gern wiederhätten. Grauenhaft viele sehnen sich nach der guten alten schlechten Zeit zurück. Sie pochen auf ihre kulturelle Identität als gelernte Untertanen einer Diktatur, sie verteidigen die kulturellen Werte aus den Zeiten der Unterdrückung. Was in den DDR-Zeiten an kostbaren kulturellen Werten geschaffen wurde, muß nicht verteidigt werden, denn es wird geachtet und geliebt und bewundert von allen Menschen, die genügend Urteilskraft haben, egal ob sie sogenannte Wessis oder Ossis sind. Aber die Kultur der Feigheit und der Anbiederung und Kriecherei, die Kultur der ästhetischen Schleimscheißer und reimenden Arschkriecher muß nicht verteidigt werden.

Es bleibt ein Absurdum, daß sogar Leute, die in den Zeiten, als die DDR noch ewig stand, unter Zensur und Bevormundung und etliche sogar unter Verfolgungen litten, daß solche gezeichneten Menschen jetzt die DDR-Geschichte verklären. Sie merken womöglich, daß die lang ersehnte Freiheit weh tut. Mancher DDR-Bürger spürt mit Schrecken, daß die korrekte Übersetzung des Wortes Freiheit ins Deutsche heißt: Verantwortung tragen, Verantwortung für sich selbst und – für das Gemeinwesen. Diese politische Kultur haben viele im Osten nie lernen können.

Vorausgesetzt, die alten Bundesländer stellen ihre Zahlungen nicht ein, würden allerhand heldenmütige Feiglinge mit ihrer rotgetünchten Denunziantenkultur, mit ihrer Kultur aus Duckmäusertum und Privilegien am liebsten wieder ein eigenes Deutschland gründen. In Stolpes Bundesland fühlen sie sich diesem Ziel schon viel viel näher als in Sachsen oder Thüringen. Konsequente Multikulturalisten könnten ja in Potsdam fordern, daß zumindest in Brandenburg die souveränen Rechte von alten Kadern der Nomenklatura, von Spitzeln und MfS-Offizieren und Kaisergeburtstagsdichtern der Partei wiederhergestellt werden. Stolpe als Präsident, Gysi als Innenminister, de Maizière als Justizminister, Schalck als Wirtschaftsminister, Hermann Kant als Kulturminister, Markus Wolf als Chef des Geheimdienstes und Bisky als Mädchen für alles. Die Gewalt, die von diesem gut organisierten und kapitalkräftigen Pack ausgeht, halte ich für mindestens so bedrohlich wie die mordbrennerischen Haßausbrüche angesoffener Skinheads. Auch diese Leute betrachten ihre nostalgische Nazikultur als Gegenkultur gegen die verrottete Demokratie. Ich habe in den letzten Jahren ein Poem des polnischen Juden Jizchak Katzenelson aus dem Jiddischen in mein Deutsch gebracht. Titel: Großer Gesang vom ausgerotteten jüdischen Volk. Das sind fünfzehn Gesänge, die in der jiddischen Originalsprache so heißen:

Dos lied vunem ojsgehargetn jidischn volk.

Ich bilde mir nicht ein, daß dieses Monument unserer Kultur irgendeinen rechten Gewaltverbrecher so rühren könnte, daß er die Brandflasche und den Knüppel aus der Hand legt.

Nein, die Gewalt kommt mit und ohne Kultur. Gegen Gewalt hilft nur die gelassene Gegengewalt der universalen Menschenrechte. Diese humane Grundhaltung wünsche ich mir für alle Völker in allen Kulturen. Il faut cultiver notre jardin. Ja, wir sollen jeder unseren Garten bestellen und uns an den Früchten freuen. Und sollen dabei tolerieren, daß andere Menschen anders ackern, anders ernten, anders essen.

In Brechts Kinderhymne ist die Haltung manifest. Ich wünschte mir ein Deutschland, das gut genug wäre, um sich dieses Lied als Nationalhymne zu leisten. Weg mit dem verdorbenen Deutschland-Deutschland-über-alles, auch Bechers DDR-Hymne kann mir gestohlen bleiben. Mir gefällt das Lied mit der Zeile: »Und nicht über und nicht unter andern Völkern wolln wir sein ...« – ja, wohlgemerkt: auch nicht unter. Es gibt nämlich eine Art Afterchauvinismus von Leuten, die sagen: Wenn wir schon nicht die Besten sein dürfen, dann wolln wir wenigstens die Schlechtesten sein. Immer was Besondres und immer auf Kosten andrer. Nein, die Kulturen müssen zivilisiert werden.

Kinderhymne

Anmut sparet nicht noch Mühe
Leidenschaft nicht noch Verstand
Daß ein gutes Deutschland blühe
Wie ein andres gutes Land
Daß die Völker nicht erbleichen
Wie vor einer Räuberin
Sondern ihre Hände reichen
Uns wie andern Völkern hin.

Und nicht über und nicht unter
Andern Völkern wolln wir sein
Von der See bis zu den Alpen

Von der Oder bis zum Rhein
Und weil wir dies Land verbessern
Lieben und beschirmen wirs
Und das Liebste mags uns scheinen
So wie andern Völkern ihrs.

Robert Havemann –
Freispruch als Schuldspruch

Anmerkung zum Urteil im Havemann-Prozeß
in Frankfurt/Oder, 1997

Dreimal stand Robert Havemann in Deutschland vor Gericht: 1943 verhängte Freislers Volksgerichtshof über ihn ein Todesurteil. In der DDR-Zeit wurde er zu jahrelangem Arrest in seinem Haus in Grünheide verurteilt, wo er dann auch elend starb. Havemanns dritte Verurteilung aber erleben wir jetzt, 15 Jahre nach seinem Tode, in einer absurden Provinzposse am Landgericht Frankfurt/Oder: Freispruch für die Mauerschützen der Justiz.

1976 hatte Robert Havemann einen Artikel gegen meine Ausbürgerung in den Westen schmuggeln lassen, der im SPIEGEL veröffentlicht worden war. Dies und behauptete Devisenvergehen waren Vorwände gewesen, meinen Freund vor die Schranken einer schrankenlosen Willkür zu zerren. Havemann hatte in dieser Situation einen DDR-Rechtsanwalt: Dr. Götz Berger. Um unseren vertrauten Freund als Rechtsbeistand auszuschalten, wurde diesem alten Kommunisten, Juden und Spanienkämpfer kurzerhand die Rechtsanwaltslizenz entzogen. Ersatzweise für diesen einen alten drückte die Staatsmacht Havemann zwei junge kecke Anwälte aufs Auge: den miesen Spitzel IM »Notar« und den ehrlichen Anwalt Dr. Gregor Gysi. Beide haben dann auch nach den Anweisungen der Firma ihren Part in diesem zynischen Affentheater gespielt. Die Hamburger Gerichte denken immer noch über das Mysterium nach, daß die beiden Anwälte einander nie kennenlernten.

Nun aber basiert der jüngste Gerichtsbeschluß auf der Annahme, es sei nicht erwiesen, daß die angeklagten Staatsdiener vom MfS gelenkt wurden. Dabei weiß jedes Kind, daß wiederum das MfS vom Politbüro der SED streng dirigiert wurde.

Viele aufrichtige Leute in Ost und West unseres wiederver-einigten Vaterlandes sind entsetzt über diesen Freispruch, denn er suggeriert ja, daß die Terrorurteile nach DDR-Recht zu Recht ergingen. Über die juristische Problematik wurde viel geredet und geschrieben: Es ist in der Tat eine unverzichtbare Errun-genschaft der Menschheit, daß Menschen nur nach Gesetzen verurteilt werden dürfen, die dort grade galten, als das Verbre-chen geschah. Wenn aber in einer Partei-Tyrannei gar kein Recht gilt, wenn die Gesetze dort nur ein Paravent sind, hinter dem munter gequält und vernichtet und moderat gemordet wurde, dann kommen wir beim Zusammenbruch eines sol-chen Regimes in die Bredouille: Wo keine Gesetze herrschen, kann es auch keine Rechtsbrüche geben. Das Parlament, die Volkskammer, war kein Parlament. Die Blockparteien waren keine Parteien. Die Wahlen waren keine Wahlen. Rechtsanwäl-te, die für politische Prozesse zugelassen waren, waren keine Anwälte des Rechts, geschweige denn der Angeklagten. Das politische Strafrecht wurde nach Gummi-Paragraphen abge-wickelt, die alles und nichts bedeuteten. Ein Witz über Ulbricht kostete in den Fünfzigern und Sechzigern ein paar Jahre Knast.

Es ist das alte traurige Lied: Nach dem Zusammenbruch solch einer Schreckensherrschaft ist nie keiner nicht schuld gewesen: die Oberen nicht, weil sie ja alles nur von oben sahn, die Mittleren nicht, weil sie nicht durchsahn, und die kleinen Lumpen nicht, weil sie im Befehlsnotstand waren.

Der Havemannprozeß war für mich Anlaß, immer auch an DDR-Bürger zu denken, die nicht so »glimpflich« davon-kamen.

In diesen Tagen traf ich einen Ronald Hepner, der Anfang der 80er Jahre bei Potsdam durchs eiskalte Wasser der Havel in den Westen geflohen war. Er hatte schon alle Hindernisse und 450 Meter überwunden, wurde dann aber doch, 50 Meter vom Ufer, völlig entkräftet und ausgekühlt von zwei DDR-Grenzbooten, also schon im Westberliner Gebiet, aufgebracht. Er ergab sich, wollte sich festnehmen lassen. Als er aber auf die Leiter zuschwamm, die die Grenzer ihm ins Wasser gelassen hatten, wurde er mit einer Kalaschnikow durchlöchert. Nach insgesamt vier Jahren Knast wurde der zerschossene Werkzeugmacher von dem Menschengroßhändler Vogel an den Westen verkauft. Er tröstete sich damals mit dem verzweifelt sarkastischen Gedanken, daß dieser schießwütige Grenzer lebenslänglich DDR-Bürger bleiben muß. Inzwischen aber wurde der »Republikflüchtling« von 1980 zum zweiten Mal zerschossen: Der Schütze, ein Frank Göllner, wurde nun, nach dem Ende der DDR, vor Gericht gestellt und freigesprochen.

Das ist so ein Beispiel für den Alltag der Menschenrechte in der DDR. Die Fährnisse meines Freundes Robert, der ja »nur« einen Hausarrest und andere Schikanen hatte erleiden müssen, weil er berühmt war, weil die Weltöffentlichkeit ihn schützte, sind für den naiven Betrachter fast irreführend, denn mit den unbekannten, den sogenannten kleinen Leuten wurde eben ganz anders umgesprungen.

Nun, im Landgericht Frankfurt, wurde der neue Richter aus dem Westen mit dem interessanten Namen Dönitz von den gewitzten Verteidigern der Angeklagten elegant mit der Nase in die Problematik der Nürnberger Prozesse gestoßen: dort sei es ja schließlich auch schier unmöglich gewesen, mit demokratischen Rechtsgrundsätzen die Rechtsverstöße eines totalitären Staates zu beurteilen. Ich vermute, daß Herr Dönitz den kaltschnäuzigen Wink mit dem sippenhaftlichen Zaunpfahl auf seinen Onkel gut verstanden hat. Die Fragwürdigkeit des ganzen Prozesses scheint ihn immer mehr gelähmt zu haben. So fragte er Havemanns Witwe sage und schreibe zweimal im Verlaufe des Prozesses suggestiv, ob ihr Mann nicht doch so ein rechthaberischer Querulant, ein verbohrter Kohlhaas gewesen sei ...

Bei der Urteilsverkündung vor ein paar Tagen überraschte der Richter die Zuhörer im Gerichtssaal mit einer tollkühnen Eskapade, die mitteilenswert ist: er verteidigte in einer persönlichen Erklärung den feigen Freispruch mit dem nachahmenswerten Mut der Wahrheitskommissionen in Südafrika. Dieser Weg zum Rechtsfrieden, mutmaßte der Richter, wäre sicher auch im Sinne von Robert Havemann gewesen. Die Infamie dieser südafrikanischen Pose liegt in einer deutschen Augenauswischerei. Die Wahrheitskommissionen haben nämlich exekutive Gewalt und können schuldbeladene Leugner und mörderische Verschweiger verhaften lassen. Von den Wahrheitskommissionen, wenn sie Verbrechen aus den Zeiten der Apartheid untersuchen, werden nur diejenigen Angeklagten freigesprochen, die ihre Verbrechen ohne Tricks und Winkelzüge zugeben und vor allem die strukturellen Hintergründe aufklären.

In der Tat ist es für eine Gesellschaft, die den demokratischen Neuanfang wagt, viel wichtiger, daß sie mit der schmerzlichen Wahrheit über die vergangenen Verbrechen in die neue bessere Zeit geht, als daß ein paar Mörder, Folterer und Schreibtischlumpen in einer Zelle verfaulen. Die Angeklagten in Frankfurt aber spreizten sich – genau wie Krenz & Co – als Opfer der Siegerjustiz.

Das Urteil von Frankfurt ist also ein Signal der dumpfen Feigheit gegenüber unserer Vergangenheit. Und weil die Großkopferten der alten westlichen Bundesrepublik ja mit den Betonköpfen der DDR jahrzehntelang inniger verbunden waren, als sie es heute wahrhaben wollen, haben allerhand ordengebeugte Veteranen des Kalten Krieges ein Interesse daran, daß nun endlich Schluß sei mit dem Suchen nach unbequemen Wahrheiten. Hört doch endlich auf – schreien mal wieder die, die davon leben, daß besser gar nicht erst angefangen wird.

Eines finde ich dennoch gut: das Urteil ist immerhin konsequent schlecht. Eine Bewährungsstrafe hätte die Schändlichkeit nur verschleiert.

Um Deutschland ist mir gar nicht bang

1999

Aus lauter Angst davor, von verbiesterten Ostalgikern ein »Besserwessi« geschimpft zu werden, spielten bald schon manche eingeschüchterten Wessis, die sich patriotisch beseelt nach Osten ins Getümmel geworfen hatten, nun den überbescheidenen »Schlechterwessi«. Aber mancher, der solche demütigen Verrenkungen nicht erträgt, zog sich desillusioniert in seine vertraute Idylle in den saturierten Westen zurück.

Es gibt einen fast vergessenen deutschen Sturm- und Drang-Romancier, der als allererster das schillernde Allerweltswort Weltanschauung in die Welt geblasen hat. Dieser Johann Carl Wezel ließ 1776 in seinem Roman »Belphegor oder Die wahrscheinlichste Geschichte unter der Sonne« eine handfeste Faustregel drucken: »Einer von beiden Wegen muß dich zur Glückseligkeit führen: Du mußt entweder mit der Welt rasen, oder dich von ihr trennen!« Ich selbst aber, im Drang und Sturm der Wiedervereinigung, irre immer noch zwischen diesen beiden gewiesenen Wegen im Unwegsamen. Wenn ich mich nämlich rasend einmischte in den Streit der rasenden Welt und dann das rasende Feedback nicht mehr ertrug, flüchtete ich in Richtung Weltentsagung. Aber wer langweilt sich schon gern zu Tode! Also mischte ich mich dann doch wieder ein, obwohl ich weiß, wie heillos das immer sein wird. Es ist fatal: unsere Geschichte war und bleibt ein chronisch menschgemachter Naturprozeß. Man mäkelt also besser nicht an Ebbe und Flut unter dem Monde und schon gar nicht über 20 Prozent Stimmen für die PDS in Sachsen. Ein paar Jahre nach dem Ende der Nazizeit gab es im freieren Westen Deutschlands eine repräsentative und zuverlässig anonyme Umfrage, die ans Licht brachte, daß etwa 20 Prozent der Deutschen die NSDAP hätten wiederwählen wollen, wenn sie es nur hätten wollen dürfen.

Ich freue mich also daran, daß nach zwei Diktaturen immerhin schon die bessere Hälfte der gelernten Untertanen freiwillig zu einer demokratischen Wahl gehen. Und dann rechne ich mir aus: Diese 20 PDS-Prozente sind dann ja »in echt« nur 10 Prozent der einstmaligen DDR-Bevölkerung. Demnach votieren die allermeisten Ossis gegen ihre Unterdrücker von gestern, mehr kann man von der Weltgeschichte nicht verlangen.

Bei manchem Dumpfdeutschen hat sich die Illusion eingenistet, die beiden Teile unseres zerrissenen Vaterlands hätten nach dem Zusammenbruch des Ostblocks gleichberechtigt verschmelzen müssen wie etwa zwei Metalle zu einer brauchbaren Legierung, hart wie Kruppstahl oder haltbar wie Leninkopf-Bronze. Dieselbe romantische Weltsicht französisch formuliert, hieße: Westdeutschland stand für das politische Ideal der LIBERTÉ und Ostdeutschland als Garant für die sozialen Werte der ÉGALITÉ. Geheimrat Goethe hatte da den richtigen Riecher. Er merkte hellsichtig an: Wer dem Volke Freiheit und Gleichheit zugleich verspricht, der ist ein Scharlatan oder ein Dummkopf. Den Franzosen der Revolutionszeit schien das auch zu dämmern, und so verwandelten sie das paradoxe Begriffspärchen in ein Dreierpack, sie fügten als drittes Elixier die Brüderlichkeit hinzu, sie nämlich sollte das ethische Kunststück vollbringen, die einander ausschließenden Elemente miteinander zu versöhnen.

Wie Sie an meiner gallischen Rhetorik längst merken: Nein, ich halte von solchen trügerischen Weltbildern gar nichts. In grobianischer Prosa gesagt: Heilfroh bin ich, daß der Westen den Kalten Krieg kalt gewonnen hat. Und ich finde es ein Glück, daß nun alle guten und damit freilich auch alle schlechten Seiten der bürgerlichen Demokratie triumphierten und fürs ganze Deutschland übernommen wurden. Die Wiedervereinigung war zu unserem Glück in Wahrheit – horribile dictu! – ein Anschluß.

Die anstrengenden Annehmlichkeiten der Demokratie lassen sich nun mal nicht vereinigen mit den grauenhaften Bequemlichkeiten der Diktatur.

Das Schicksal der Kolonien zeigt, wie die Kolonialherren arme Länder ausgesaugt haben bis aufs Blut und ihre Kulturen verwüstet. Dennoch gibt es auch im Westen linksalternaive Menschheitsretter, bei denen »grassiert« die Vorstellung, der Osten Deutschlands sei vom kapitalistischen Westen wortwörtlich: »kolonisiert« worden. Das wäre nun aber ein absurder Idiotenkolonialismus: Die Kolonie saugt das verhaßte Mutterland aus. Weit über tausend Milliarden Mark sind in den letzten zehn Jahren vom deutschen Westen in den deutschen Osten gepumpt worden. Ich kann nicht ermessen, ob das zuviel oder viel zuwenig ist. Aber jedermann weiß: ein dermaßen andauernder und harter Geldregen ist noch niemals auf irgendeine Region unseres Erdballs herabgeregnet. Gegen diese Sintflut war der Marshallplan der USA für den Wiederaufbau in Westdeutschland nach 1945 ein kurzer, kleiner Regenschauer.

Was Wunder, wenn nun allerhand Großgauner, geldgeile Glücksritter und gestandene Bankrotteure seit der Wende aus dem Westen nach Sachsen und Mecklenburg und Brandenburg eindrangen, um dort mit dem umgekehrt aufgespannten Regenschirm diesen Goldregen aus Steuergeldern aufzufangen. Und wichtig zu wissen: Solche parfümierten Goldsucher konnten und können das nur, wenn ihnen dabei vor Ort die flott in den Kapitalismus desertierten Stinker der DDR-

Nomenklatura die Claims zeigen und absichern. So wurde der Parteisekretär nun Geschäftsführer, der Stasioffizier Firmenchef, der Spitzel unter den Lehrern wurde Schulrat, und der Ex-Kaderleiter leitet jetzt das Arbeitsamt, und der OIBE (Offizier im besonderen Einsatz) serviert die Sahnestücke der Treuhand an seine alten Spezis, der »Bolschewik ohne Parteibuch« aus der ehemaligen Blockpartei schiebt als Politiker nun die lukrativen Groß-Aufträge der Kommunen an die Firmen im Netzwerk der alten Seilschaften. Nichts Neues unter der Sonne: Die gestürzte Elite liefert das Personal auch für die neuaufsteigende Klasse. Die miefigen Funktionäre gehen, die piefigen Manager kommen? Ja, so sieht es aus. Aber nein: Die Menschenverwalter von gestern haben sich schwuppdiwupp in die Sachwalter von heute umkostümiert. Die menschelnde Kledage der unmenschlichen SED-Bürokraten hat sich in das coole Outfit eines demokratelnden Beamten verwandelt. Aber in der Unterhose schlägt immer noch das gleiche deutsche Herz im Rhythmus der jeweiligen Macht. Wenn es stimmt, was die Fachleute raunen, dann ist ungefähr die Hälfte der in den Osten gepumpten Milliarden einfach unauffindbar futsch, verschwunden, zweckentfremdet, umgeleitet in dunkle Kanäle, zurückgeflossen in westliche Zisternen, gebunkert bei der russischen Mafia, versickert im Schlamm einer überforderten Bürokratie, also: irgendwie nicht mehr da ... Und sowas goldgräberhaft Anarchisches passiert im verbeamteten überordentlichen Deutschland, wo doch sonst jedes Radieschen numeriert an seinem Platze steht.

Aber die wirklichen Verluste und Verwüstungen bei diesem bombastischen Milliardenspiel liegen gar nicht im Ökonomischen. Den tieferen Schaden erleiden dabei die Menschen ohne Arbeitsplatz. Das deutsche Arbeitslosengeld ist zwar höher als der Arbeiterlohn in Tschechien oder Polen, aber es ist ein demoralisierender Segen, und die Sozialhilfe ist eine chronische Demütigung. So gerieten viele östliche Landeskinder unverschuldet aus dem sozialistischen Erziehungsheim in die luxuriöse Armenfütterung ihres reichen Bruders aus dem Westen. Und das seelische Elend der Arbeitslosigkeit beschädigt die Menschen nicht weniger als vorher der Maulkorb und die sozialistische Zwangsarbeit. Das ist wohl der tiefere Grund, warum es den vergleichsweise ärmeren Polen und Tschechen im selben System der globalen Marktwirtschaft im Gemüte besser geht als den alimentierten Brüdern und Schwestern in den neuen Bundesländern. Und in solchen Landschaften, in denen die Blumen nur noch marktwirtschaftlich begossen werden, da blüht auch der Köhlerglaube an das Märchen vom realsozialistischen Sozialstaat DDR. So wird es den Landeskindern erzählt: Unter Honecker und Ulbricht herrschte zwar eine »kommode« politische Unterdrückung, aber da gab es wenigstens mehr soziale Gerechtigkeit, Kindergärten! und einen Arbeitsplatz hatte jeder. Wer so etwas behauptet, der verbreitet genau die kesse Geschichtslüge, mit der die PDS jetzt so erfolgreich auf Dummenfang bei den Wahlen ging. In der DDR-Verfassung gab es gewiß ein festgeschriebenes »Recht auf Arbeit« – ein Menschenrecht, das aber im politischen Ernstfall im Staat der Arbeiter und Bauern für keinen Menschen galt.

Wer sich als DDR-Bürger etwa auf die Verfassung berief und seine kritische Meinung sagte oder wer gar das politische Recht der freien Versammlung wahrnehmen wollte, der wanderte in den VEB-Knast. Dort konnte er dann unter mörderischen Bedingungen sein sogenanntes Recht auf Arbeit jahrelang genießen: Sklavenarbeit hinter Gefängnismauern. Das Betonwerk im Rummelsburger Knast: eine Menschenbrechmaschine. Das Zementwerk Rüdersdorf, mit lebenslänglich zerfressener Lunge kamen die Häftlinge nach drei Jahren wieder. Uranbergbau, Steinbruch, Chemiehölle Leuna.

Und das ist für die allermeisten Westmenschen immer noch eine Neuigkeit: Es galt in der DDR auch eine scharfe »Pflicht zur Arbeit«. Dieser Gummiparagraph war ein grausamer Gummiknüppel der Obrigkeit besonders gegen junge aufsässige Geister, die wegen sogenannter »Arbeitsbummelei« zu zwei bis fünf Jahren Arbeitslager hinter Stacheldraht abgeurteilt wurden. Dabei lag es dann im Ermessen der Gefängniswärter, ob diese sogenannte Erziehung »nur« zwei Jahre dauerte oder halt fünf. Ansonsten gab es in der DDR – wie in allen Ländern des Ostblocks – eine Millionenarmee verdeckter Arbeitsloser, eine sozialistisch verschleierte Arbeitslosigkeit. In der volkseigenen Wirtschaft war es so, daß sich oft zwei Leute einen Arbeitsplatz teilten. Diese systematische Schildbürgerei wirkte übrigens dermaßen demoralisierend, daß dabei von zweien dieser Halbarbeiter zumeist nicht mal die Leistung für einen abgeliefert wurde. Man ruhte sich aus fürs freie Wochenende, wo dann auf eigene Rechnung rangeklotzt wurde. Da die Arbeiter keine wirkliche Partei hatten und keine Gewerkschaft, die ihre Interessen vertrat, war dieser chronische Bummelstreik die einzige Möglichkeit, sich im realsozialistischen Verteilungskampf wenigstens ein bißchen gegen den rotgetünchten Staatskapitalismus zu wehren.

Für das miefige Luxusleben der Nomenklatura mit all ihren monströsen Privilegien reichte ein dermaßen uneffektiv produzierter Reichtum dennoch dicke aus. Nirgendwo wurde das arbeitende Volk dermaßen brutal ausgebeutet und betrogen wie unter der roten Fahne. Warum ich das hier ausbreite? – Nach seinem Ostberliner Wahlsieg bei den gesamtberliner Wahlen triumphierte und drohte Gregor Gysi vor der Fernsehkamera: »Wir werden das Thema soziale Gerechtigkeit besetzen!« Da hatte ich gut lachen: Besetzen – das ist endlich mal ein unfreiwillig ehrliches Wort aus diesem Schiefmaul: ja, BESETZEN wie die CSSR im August 1968! Beim Gebrauch des schönen Schlagworts »soziale Gerechtigkeit« sollte jedesmal ein bösfröhliches Pfeifkonzert diese professionellen Parasiten des gestürzten DDR-Regimes in den Orkus fegen. Solch eine dämliche Apologie ist nämlich genauso zynisch, als wenn die alten und neuen Rechtsradikalen auf Stimmenfang gehen mit dem großen Wort »Deutschland!« Den Skinheads sei es getrommelt und gepfiffen: Niemand hat unser Land so in Schande und Verbrechen getrieben, niemand hat zuerst die Welt und am Ende das eigene Land dermaßen verwüstet und ... nota bene: verkleinert! ... wie die Nazis.

Man muß seit fünf, sechs Jahren kein Prophet sein, um vorauszusehen, daß die PDS in den fünf neuen Bundesländern die östlichen Sozialdemokraten Stück für Stück fressen wird. Ja, genau das ist die wahrscheinlichste Geschichte unter der Sonne. Ich habe den Eindruck, daß die Ost-SPD von ihren Chefköchen systematisch als Fraß für die PDS hergerichtet wurde. Der Stasispitzel »Ibrahim« Böhme gründete im Auftrag des MfS die Ost-SPD. Diese Taktik ist alt wie die Menschheit: Man setzt sich gleich mal an die Spitze, damit man sie dann besser abbrechen kann. Manfred Stolpe ist ein Landesvater, von dem wir Landeskinder mit höchstrichterlicher Genehmigung (BGH-Urteil) sagen, daß er zwanzig Jahre im Dienste des Staatssicherheitsdienstes der DDR stand. Nun bin ich gespannt darauf, wann dieser Mann in Brandenburg seine ruinierte Rest-SPD mit der PDS (Partei Der Spitzel) fusioniert. So wird wohl Gregor Gysis Firma zum potenten Geschäftspartner für die wieder aufgerappelte West-SPD heranwachsen. Und wie es eine natürliche Nord-Süd-Achse zwischen der CDU und der schwärzeren CSU gibt, so wird es wohl bald eine feste West-Ost-Achse geben, die dann von der Journaille mit tagespolitischer Laxheit »rot« genannt werden wird, obwohl doch jeder weiß: Das Rot der SPD ist Schminke, und das Rot der PDS ist Blut. So könnten wir denn in Bälde ein Kreuz über die Karte des wiedervereinigten Deutschlands malen: ein Strich mit roter Farbe – den anderen in Schwarz. Aber das wäre dann überhaupt kein Todeskreuz für unsere Demokratie. Nicht mal die vielen Nazis, die nach 1945 wieder in Führungspositionen und Parlamente kamen, konnten den Aufbau einer demokratischen Zivilisation verderben.

Krenz und Schalck und Markus Wolf verkaufen jetzt ihre zusammengestoppelten Memoiren und töten darin etliche historische Wahrheiten. Aber das ist doch viel besser, als daß sie Landeskinder aus dem Gefängnis an den Klassenfeind verkaufen oder Menschen wie Karnickel im Todesstreifen an der Mauer abschießen lassen. Ich genieße diesen historischen Fortschritt. Und ich freue mich schon auf die gesammelten Lebenslügen von Gregor Gysi, die ich auch nicht lesen werde. Eine wichtige Wahrheit könnte man darin womöglich doch finden: Es macht dem Genossen Gregor Gysi mehr Spaß, als alimentierter Parlamentarier den Abgeordneten im Bundestag süffisant zu erklären, was Völkerrecht und Menschenrechte sind, als in einem abgeschotteten muffigen Büro einem Führungsoffizier des MfS zu rapportieren, wie der schwerkranke Dissident Robert Havemann auf die neuesten Schikanen seiner Obrigkeit reagiert hat.

Trotz alledem und alledem – nicht nur den gestürzten Funktionären des alten Machtapparates, die jetzt ohne die lähmende Angst vor den eigenen Genossen ihre Rente und die Demokratie genießen, uns allen geht es besser als vorher. Ist es etwa nicht schön, wenn der Schmerz nachläßt? Eine schlechte Regierung kann jetzt abgewählt werden. Und es redet sich nicht nur, es schweigt sich auch angenehmer ohne Maulkorb. Und eine total verrottete Halbruine aus den Zeiten des Kalten Krieges – mit außen ohne Putz und innen mit fließend Wasser (die Wände runter!) – solch ein gradezu symbolisches Dreckloch gefällt uns Menschentieren als Höhle halt nicht so gut wie ein komfortabel renoviertes Haus mit einem soliden Dach.

»Um Deutschland ist mir gar nicht bang . . .« – so singe ich in einem neuen Lied aus meinem Berliner Bilderbogen. Mein Publikum kennt mich lange genug und lächelt, weil es weiß: Der da irrt immer noch im Unwegsamen, und er singt uns zum Glück nur eine halbe Lüge.

Freiheitliche Deutsche Leit-Kultur

2000

»Wenn ich Kultur höre, entsichere ich meinen Browning.«
Joseph Goebbels zitierte gelegentlich diesen Satz von Johst
aus dem Stück »Schlageter«. Hanns Johst hatte als Expres-
sionist und Dramatiker mit Anti-Kriegs-Stücken und Gedich-
ten angefangen, konvertierte dann zum Nationalsozialisten
und avancierte unter Hitler zum Präsidenten der Reichs-
schrifttumskammer. Er widmete übrigens sein ideologisches
Rühr-Stück über den rechtsradikalen Mörder und Märtyrer
Leo Schlageter »in liebender Verehrung und unwandelbarer
Treue« seinem Führer. Na klar: Die blonde Bestie aus dem
Bauch der arischen Heldenmutter sollte im Tausendjährigen
Reich von Kultur nicht verweichlicht werden.

Und dennoch: Was heute an uns bundesrepublikanischen
Nachkriegsaffen Kultur genannt werden kann, ist nun mal
deutsch. Wir haben keine Wahl. Also können wir gar nicht
deutsch genug sein!
   Der Düsseldorfer Jude Heinrich Heine im Pariser Exil war
der deutscheste Dichter seiner Zeit. Und zugleich war er der
undeutscheste Deutsche: elegant wie Giacomo Leopardi,
selbstironisch wie Lord Byron, geistreich wie Yehuda ben Ha-
levi, also ein zivilisiertes Weltkind.
   Kultur ist das selbstgemacht Menschliche an uns Menschentieren, allerdings in Form der extremsten Besonderhei-
ten, wie sie historisch auf einem eingegrenzten Lebensgebiet
wachsen. Voltaire liefert uns als finale Lebensweisheit: Il faut
cultiver notre jardin. Aber mit welcher Technik beim Pflanzen
der Boden gelockert wird, damit fängt's an. Und: Wem gehört
der Garten. Und: Wer bestimmt über die Früchte?

Ob beim Fegen im Haus der Schmutz aus der Tür rausgefegt wird, oder im Inneren zusammengefegt und dann herausgetragen – auch das ist Kultur, familiäre Kultur, die darüber entscheidet, ob ein Jude nach 1492 in Spanien bleiben darf oder von der Inquisition verbrannt wird.

Und auch das ist Kultur: wie geschlachtet, wie gegessen wird und was. Kultur: Das Spiel der Geschlechter. Die sich wandelnden Machtverhältnisse zwischen Männern und Frauen und Kindern, Jungen und Alten – das alles ist Kultur. Lieder, die jeder kennt und zudem weiß, warum sie nicht gesungen werden dürfen – das ist Kultur in der totalitären Diktatur. Kultur, das ist auch die Raffinesse der verdeckten Sklavensprache im Sozialismus.

Wo und wann welche Götter wie Menschen – wann und wo welche Menschen wie Götter angebetet werden: Kultur. Was in den verschiedenen Ländern das Allerweltswort Bildung konkret bedeutet: Aufzucht, Zucht oder Züchtigung. Die wechselnden Formen der Ausbeutung und Unterdrückung. Sogar eine Gefängniskultur gibt's: sehr verschieden nämlich eine Zelle in Schweden oder in Rußland. Bürgerliche Rechtssicherheit oder stalinistische Willkür im feudalen Monopolsozialismus der DDR – das sind halt sehr verschiedene Kulturen, die jahrzehntelang auf deutschem Boden in friedlicher Koexistenz funktionierten.

Kennen Sie diesen Nach-Wende-Witz? – Frage: Was ist der Unterschied zwischen einem Türken in Köln und einem Sachsen in Leipzig? Antwort: Der Türke kann Deutsch und hat Arbeit.

Warum mir dieser witzarme Unsinn grade jetzt in den Sinn kommt? – Weil wir eben über Leitkultur rumstreiten: Zumindest hat der Edeltürke in dieser Witzelei die sogenannte »freiheitliche deutsche Leitkultur« offenbar brav gefressen, verdaut und verinnerlicht: er ist wie ein Musterdeutscher fleißig. Und zudem spricht er fleißig deutsch. Der wird also nicht abgeschoben. Der soll sogar in unserem wiedervereinigten Vaterland bleiben dürfen.

»Freiheitliche deutsche Leit-Kultur« – damit bescherte uns nun die Opposition im Kampf um die Rückkehr an die Regierungsmacht womöglich ein Wahl-Kampagne-Wort, das günstige Aussichten hat, zum Unwort des Jahres gekürt zu werden. Diesen Gipfel verbaler Schande wird es aber nur dann erreichen, wenn nun auch ein paar eingeborene Köpfe mit scharfer deutscher Zunge das peinliche Wort seiner aura popularis – pardon! – zu deutsch: seiner flüchtigen Volksgunst entkleiden.

Und damit es im Geiste der Aufklärung in seiner ganzen geistlosen Häßlichkeit demnächst auch schön zur Erscheinung komme, empfehle ich ein demokratisches Verdikt: Schluß mit dieser Pseudo-Debatte! Politiker in Deutschland sollten über dieses Reizwort öffentlich fürs nächste keine Sprechblase mehr ablassen dürfen.

Nur freie Geister sollten sich noch zu Wort melden. Also keine Talkshows mehr mit Parteiapologeten über Leitkultur, keine Artikel von professionellen Wahlkampfstrategen. Warum ich so undemokratisch ein Redeverbot möchte? Weil Leute, die gewählt werden müssen, mehr nach den Wählern schielen als nach der Wahrheit suchen.

Freiheitliche deutsche Leitkultur. Werweiß – irgendwelche schwarzen Rattenfänger schielen womöglich mit solch einer deutschtümelnden Phrase nach den Stimmen des braunen Packs. Und wenn sich gegen rechte Bauernfängerei dann Rote entrüsten, werben sie dabei um die Stimmen der Blauäugigen. Die Gelben halten sich an die Regel: »Gott und die Kleinbürger sind immer auf seiten der stärkeren Bataillone.« Die

Grünen sind – zumindest beim Thema Ausländerpolitik – weniger in der Bredouille als bei den fundamental grünen Themen.

Aber was soll's – die Schwarzen sind nicht zuverlässig schwarz, die Roten so gar nicht rot. Der politische Farbkasten taugt nicht mehr für das Ausmalen des großen Sittenbildes der Gesellschaft.

Ich fange wortwörtlich erst mal mit dem fatalen Vier-Wörter-Wort an, denn werweiß, vielleicht ist es gar nicht so fatal! Mag sein, wir sehen schon im deutschen Wald rechtsradikale Gespenster!

Ich lege die Sprachelemente unter meinen kleinen linguistischen Röntgenapparat: »Leit-Kultur« – klingt das nicht wie ein Zwitterwort? Ich weiß nicht, was soll es bedeuten. Leiten kann man eine Hammelherde oder eine Parteiversammlung. Kultur, die sich nicht im wirklichen Lebensprozeß durchgesetzt hat und alle Lebensbereiche noch nicht wie die allgemeine Atemluft durchdringt, von der Zahnbürste über die Hölderlin-Ode bis zur Gleichberechtigung der Geschlechter, also: Kultur, die nicht schon selbstverständlich funktioniert, ist doch noch gar keine Kultur. Und Kultur, die gar von oben geleitet werden muß, ist nichts als ein eingebimster Regelkatalog, ist bürokratisierte Barbarei.

Aber: Halt! Falsch! Haben die westlichen Alliierten den Nazideutschen etwa nicht die demokratische Kultur des Rechtsstaates und die Achtung der Menschenrechte eingebombt und nach dem Krieg als Besatzungsmacht mit der Entnazifizierung eingeprügelt? Ja, die westliche Zivilisation war für die meisten Deutschen 1945 eine oktroyierte Leitkultur, allerbeste alliierte Siegerkultur gegen die Praxis des Rassenwahns, des Massenmords und der Kriegsverbrechen.

Als man Herrn Merz und Frau Merkel auf den deutschen Leitkultur-Zahn fühlte, zogen sie sich zurück auf das Grundgesetz. Dies heißt aber auf deutsch, daß grade das Wörtchen »deutsch« gefährlich in die Irre führt. Bei genauerem Nachfragen flüchten sich die Erfinder unseres Unworts in die allgemeingültigen Normen der westlichen Zivilisation.

Es grassiert die dumpfe Angst vor den aggressiven moslemischen Ghettos in deutschen Großstädten. Dürfen strenggläubige Moslems in Deutschland, so, wie sie es im Irak tun, eine Frau steinigen, weil sie womöglich ihrem Ehemann untreu war? Wenn in Köln ein Mädchen von ihrem türkischem Vater gezwungen wird, einen Mann in Ankara zu heiraten, ist dann unser Respekt vor der Multikulti-Kultur vonnöten? Ist die afrikanische Kultur, den jungen Mädchen die Klitoris auszuschneiden, ein Verbrechen? Ist der Kampf um die weltweite Gültigkeit der Menschenrechte ein westlicher Kultur-Kolonialismus?

Und weiter gefragt: Haben wir das Schlagwort Leitkultur harmlos als einen Ausdruck für die vorherrschende Kultur zu verstehen oder polemisch: als die unterdrückerische Kultur der Herrschenden?

Ist Leitkultur ein normativer Regelkatalog, etwa eine strenge Heimordnung für die geschlossene Erziehungsanstalt Großdeutschland?

Was ist mit der Kokain-Kultur der Spaßgesellschaft? Über alles und jeden Menschen zynische Witze reißen – ist das light-Kultur? Und sich über die banale Big-Brother-Blödelei ärgern – ist das lächerliche Leid-Kultur? Und welcher ideologische Heimleiter sollte in so einer Leitkultur herrschen? Der Bundeskanzler? Der Innenminister? Das Parlament? Das Prinzip der Einschaltquoten? Die verquaste Quersumme aller Stammtische? Die ökonomische Strategie der globalen Konzerne?

Ich fürchte, das Wort Leitkultur ist eine begriffliche Mißgeburt aus dummer Schlauheit und schlauer Dummheit. So weit – so harmlos.

Wie aber kam das kaputte Unwort in unsre keineswegs heile deutsche Wiedervereinigungswelt? Als ein naiver Lapsus linguae? Oder startete der smarte christdemokratische Fraktionschef nur eine Provokation, um eine längst fällige Diskussion loszutreten? Ist es womöglich ein wohlpräparierter Beißbalg für die journalistische Meute? Immerhin stürzte sich die Medienmeute auf dieses Buchstabenbündel mit einer Wut, die nach echtem Fleisch und nach frischem Blut riecht. Und das Blut fließt ja auch bei rechtsradikalen Mordanschlägen. Die Molotowcocktails gegen Asylantenheime, das Lynchen dunkelhäutiger Menschen, die dumpfe Pogromstimmung in den »national befreiten Gebieten« der Ex-DDR. Und schlimmer noch: die feixende Gleichgültigkeit des Zuschauerpacks. Sie liefert die eigentliche Ursache dafür, daß uns grade jetzt solch ein Reizwort von der deutschen Leitkultur weh tut.

Apropos »Freiheitlich ...«, apropos »Leit ...« – das ergibt ja ein schnurrig paradoxes Begriffspärchen. Was denn nun, Ihr bärtigen Damen und parfümierten Herrn in der ideologischen Arena?! Hü? oder Hott? Freiheit oder Leiterei? Regierung oder Opposition – wer behauptet die Lufthoheit im Reiche dieser Gedankenlosigkeit! Womöglich ist das Wort Leitkultur nur ein Kürzel für den Skinhead-Slogan: Ich bin stolz, ein Deutscher zu sein! Der Rechtsradikale fühlt beim feuchtfröhlichen »Kanaken-Klatschen« in seinen »urgermanischen Genen« den Geist der deutschen Leitkultur. Krankgesoffen von der jahrelangen Dosenbiervernichterei, aggressiv verblödet vom Sprücheklopfen in der Clique, fühlt sich solch ein tumb-teutscher Sozialfall allen Ausländern überlegen, nicht anders als vor sechzig Jahren ein strammer SS-Mann den zerlumpten Juden im Ghetto.

Das reiche Europa, also Westeuropa, ist eine idyllische Insel im steigenden Meer der wachsenden Weltarmut. Es geht gar nicht um das existentielle »Sein-oder-nicht-sein«, sondern ums materielle Haben oder Nichthaben. Der nüchterne Hanseat Helmut Schmidt und auch weniger intelligente Europastrategen denken öffentlich darüber nach, wie wir auf unserer Insel der unglücklichen Reichen die Quadratur des Kultur-Kreises fertigbringen, nämlich: weltoffen zu bleiben und dennoch gegen den befürchteten Ansturm der Armen mit einer unüberwindlich modernen Mauer uns zu schützen. In Heines prophetischem Gedicht »Die Wanderratten«, das er kurz vor seinem Tode in der Pariser Matratzengruft schrieb, heißt es:

Es gibt zwei Sorten Ratten:
Die hungrigen und die satten.
Die satten bleiben vergnügt zu Haus,
Die hungrigen aber wandern aus.

Heine malt sein sozialrevolutionäres Gruselmärchen genüßlich aus und kommt dann zur Strophe, die uns umtreibt im aktuellen Streit um Zuwanderer, Migranten, Gastarbeiter und Asylanten aus den armen Ländern:

O wehe! wir sind verloren,
Sie sind schon vor den Toren!
Der Bürgermeister und Senat,
Sie schütteln die Köpfe, und keiner weiß Rat.

Die Bürgerschaft greift zu den Waffen,
Die Glocken läuten die Pfaffen.
Gefährdet ist das Palladium
Des sittlichen Staats, das Eigentum.

. . .

Kein deutscher Politiker würde einem steinreichen Araber oder einem devisenbringenden Japaner, einem manierlichen Franzosen oder einem Dollar-Amerikaner mit der deutschen Kulturkeule kommen, wenn es um das Aufenthaltsrecht in Deutschland geht. Der müßte kein Deutsch lernen, bei dem reicht es, wenn er nur den Scheck unterschreibt.

Die mittellosen Fremden sind es, die abgebrannten Migranten sollen, damit man sie wieder los wird, mit einem Kulturknüppel unter Kontrolle gehalten werden.

In den Vereinigten Staaten, wo die französische Liberté und die britische Democracy amerikanisch gebündelt sind, gibt es massenhaft US-Bürger, die im jüdischen Stadtteil von New York jiddisch geboren werden, die dann unter die Chupa kommen, Kinderlach kriegen und nach einem langen Leben auch jiddisch mit einem aramäischen Kaddish koscher begraben werden. Es gibt entsprechend im spanischen Viertel solche spanisch sprechenden US-Bürger, und in der riesigen China-Town kann ein US-Chinese bis an sein Ende ohne ein Wort Englisch lässig durchs Leben kommen. Und über das Blutsrecht, das in Deutschland bis heute für Staatsbürgerschaft gilt, könnten diese Menschen nur den Kopf schütteln. Auch die sich dagegen sträuben, wissen es: Deutschland braucht ein modernes Zuwanderungsgesetz. Punkt!

Der Schriftsteller Salman Rushdie antwortete auf die flotte Journalisten-Frage: »Glauben Sie an die multikulturelle Gesellschaft?« wie ein sokratischer Philosoph, nämlich mit einer geistreichen Gegenfrage: »Wo wäre die Alternative? Wollen wir etwa alle in kleinen Schubladen leben?« Damit provoziert dieser britisch-moslemische Ketzer allerdings bei jedermann erstmal eine reflexartig naive Antwort, die dermaßen allgemein ist, daß sie eigentlich nichts beantwortet: Nein! Bloß das nicht!! – Denn welches Menschentier möchte schon in einer Schublade vegetieren, die womöglich auch noch zugeschoben oder gar zugeschlossen ist! Erst bei prosaischer Analyse der geistreichen Metapher kommen wir, furchtlos weiterfragend, auf den schmerzhaften und womöglich fruchtbaren Gedanken: Sitzen wir Deutschen denn überhaupt in einer Schublade? Wenigstens im guten, im allerbesten Sinne: Sind wir eigentlich und zumindest kulturell bei uns selber? Wie wurden wir? Wer sind wir? Was wollen wir in der Viel-Völker-Welt sein? Was ist denn eigentlich unsere zerredete deutsche Identität?

Fremdenfurcht und Fremdenfeindlichkeit gibt's überall, wo das Brot knapp wird. Aber unsere besondere deutsche Angst vor den Ausländern, überhaupt vor allem Fremden, ist im Grunde nur die spiegelverkehrte Angst vor uns selber: Wir wissen nämlich nicht so selbstverständlich wie Franzosen, Engländer und Spanier und US-Amerikaner, wer wir sind. Und das hat – bilde ich mir ein – nur einen einzigen Grund: unsere Geschichte von 1933 bis 1945.

Als ob er am Ende des Ersten schon das Ergebnis des Zweiten Weltkrieges vorausahnte, schrieb Brecht mit einer zärtlich-verzweifelten Trauer, für die es historisch fast noch zu früh und für die er 1922 eigentlich noch zu jung war:

Deutschland, du Blondes, Bleiches
Wildwolkiges mit sanfter Stirn!
Was ging vor in deinen lautlosen Himmeln?
Nun bist du das Aasloch Europas.

Ja, die Franzosen … die können mit Napoleon ihr Selbstbild schmücken, obwohl jeder weiß, daß der kleine korsische Revolutions-General ein großer Unterdrücker war, daß er sich selbst machtgierig die Kaiserkrone aufsetzte und imperiale Eroberungskriege führte und dann auch noch kläglich verlor. Selbst der bluttriefende Robespierre, der auf derselben Guillotine geköpft wurde, auf die er Tausende schuldlose Menschen und gegen Ende seiner Schreckensherrschaft sogar seine blutbesudelten Kampfgefährten Danton und Camille Desmoulins geschleift hatte, jede von diesen verbrecherischen Lichtgestalten hat in fast jeder Stadt Frankreichs eine nach ihr benannte Straße, so selbstverständlich, wie es in fast jedem deutschen Kaff eine Goethestraße gibt. Die Schande Deutschlands aber, der Völkermord an Juden und Zigeunern, die Schande des Heil-Hitler-Volks, das die halbe Welt mit einem totalen Krieg überzog, ist etwas anderes. Die Mathematiker nennen so etwas eine »Unstetigkeitsstelle« in der Kurve. Wir Deutschen haben im Ausland inzwischen wieder ein höheres Ansehn als bei uns selbst. Man bewundert unseren Fleiß, unser Wohlstand wird beneidet. Die zuverlässig demokratische Bürgerlichkeit der Bundesrepublik Deutschland wird gelobt. Aber Liebe? Entzücken? Heldentaten in dem, was Heinrich Heine den Ewigen Freiheitskrieg der Menschheit nennt? – Nein! Wie soll man ein Volk lieben, das sich selbst verachtet? Das ist unser National-Emblem: Nicht der Bundesadler auf dem Geld, sondern das Geld auf dem Adler.

Es gibt einen jungen deutschen Dichter, der sich als Rapper etabliert hat und den ich so bewundere, wie ich die witzlosen Witzbolde und Comedy-Trottel der spießigen Spaßgesellschaft verachte. Er heißt Frederik Hahn und nennt sich Torch – also ein englisches Wort. Es kann Fackel heißen oder Taschenlampe. Egal, eine Leuchte in Deutschland, wenn er seinen Rap runterrattert, ist dieser Torch allemal. Warum? Weil er das auf den Punkt bringt, was in den Augen der Welt und in unserem eigenen Auge unsere Identität ausmacht:

Blauer Schein
Ich wurde geboren in Frankfurt am Main
in der Zentralbank
als Hundertmarkschein
der Vater heißt Krieg
ein Betrüger, ein Lügner, ein Dieb
die Mutter ist die Gier
die täglich über uns siegt
die Kinder sind Zinsen
auf internationalen Banken
die seit sie denken konnten
nur kühle kalte Konten kannten ...

Sollen die mittellosen Ausländer von Frederik Hahn Deutsch lernen? Ich denke: die ganze Aufregung über das Skandalwort »Deutsche Leitkultur« kommt überhaupt nicht aus der Angst oder aus der Empörung darüber, daß der CDU-Merz oder seine Partei-Chefin oder des IM Sekretärs Innensenator Schönborn verkappte Nazis sind. Solche Unterstellungen sind infam. Diese CDU-Leute wollen keineswegs, daß am Deutschen Wesen die Welt genesen soll. Wer das im Mediengemetzel Merz & Co unterstellt, ist auch nichts weiter als ein schlitzohriger Stimmenfänger.

Die parteipolitischen Motive dieser Kampagne kann ich nicht kennen. Aber das häßliche Unwort hat eine öffentliche Diskussion über öffentliche Angelegenheiten losgetreten, und das nennt man zu deutsch: Politik. Immerhin wird nun sichtbar gemacht, daß wir Deutschen nach all den historischen Erschütterungen immer noch nicht wieder wissen, wer wir sind. Das ist es: Wir sind nicht mit uns selbst im reinen.

Und seit wir uns nach dem Ende des Kalten Krieges auch nicht mehr verkriechen können unter die Röcke der jeweiligen Schutzmacht im Westen oder Osten, sitzen wir endlich als wiedervereinigtes Kind der Weltgeschichte nackt im Schneematsch. Das ist hart, aber die einzige Chance, wenn wir sie nur ergreifen. Wir müssen, nachdem wir nun zehn Jahre mühsam zueinander kamen, auch noch zu uns selber kommen.

Es ist in diesem Punkte mit den Völkern wohl wie mit den einzelnen Menschen: Wer wirklich bei sich selber ist, der kann sich gelassen auch mit anderen einlassen. Unser hellsichtiger Hölderlin hat das in seiner noblen Diktion im »Hyperion« viel schöner gesagt. Im berühmten vorletzten Brief dieses Briefromans klagt Hölderlins unglücklicher Held Hyperion, den es aus dem Krieg in Griechenland in das zerrissene Deutschland getrieben hatte:

So kam ich unter die Deutschen
...
Es ist ein hartes Wort und dennoch sag ichs, weil es Wahrheit ist: ich kann kein Volk mir denken, das zerrißner wäre, wie die Deutschen. Handwerker siehst du, aber keine Menschen, Denker, aber keine Menschen, Priester, aber keine Menschen, Herrn und Knechte, Jungen und gesetzte Leute, aber keine Menschen – ist das nicht, wie ein Schlachtfeld, wo Hände und Arme und alle Glieder zerstückelt untereinander liegen, indessen das vergoßne Lebensblut im Sande zerrinnt?
...
   Und darum fürchten sie auch den Tod so sehr, und leiden, um des Austernlebens willen, alle Schmach, weil Höhers sie nicht kennen, als ihr Machwerk, das sie sich gestoppelt.
   O Bellarmin! wo ein Volk das Schöne liebt, wo es den Genius in seinen Künstlern ehrt, da weht, wie Lebensluft, ein allgemeiner Geist, da öffnet sich der scheue Sinn, der Eigendünkel schmilzt, und fromm und groß sind alle Herzen und Helden gebiert die Begeisterung. Die Heimat aller Menschen ist bei solchem Volk und gerne mag der Fremde sich verweilen. Wo aber so beleidigt wird die göttliche Natur und ihre Künstler, ach! da ist des Lebens beste Lust hinweg, und jeder andre Stern ist besser, denn die Erde. Wüster immer, öder werden da die Menschen, die doch alle schön geboren sind; der Knechtsinn wächst,

mit ihm der grobe Mut, der Rausch wächst mit den Sorgen, und mit der Üppigkeit der Hunger und die Nahrungsangst; zum Fluche wird der Segen jedes Jahrs und alle Götter fliehn.

Und wehe dem Fremdling, der aus Liebe wandert, und zu solchem Volke kömmt, und dreifach wehe dem, der, so wie ich, von großem Schmerz getrieben, ein Bettler meiner Art, zu solchem Volke kömmt! –

Wenn mein wortreicher Versuch nichts weiter ermöglicht, als ein paar junge und alte Deutsche daran zu erinnern, daß »einer von unseren Leuten«, dieser Friedrich Hölderlin, es schon vor zweihundert Jahren glänzend durchschaut und genial in Worte gebracht hat, na dann lohnt sich schon das bedruckte Zeitungspapier.

Für Fremdlinge, die aus Liebe wandern oder aus Angst vor politischer Verfolgung oder die aus dem Gemetzel eines Krieges fliehn, für solche Menschen darf Deutschland kein Schrecken sein. Dabei weiß ich sehr wohl, daß es kinderleicht ist, alle Welt einzuladen. Aber erwachsenenschwer bleibt es, für jeden ein Bett zu haben und Arbeit und Brot.

Armin Müller-Stahl – Menschlicher Gottesbeweis

Zum 70sten Geburtstag, 2000

Wenn es wahr ist, was er selbst erzählt, dann verdanken wir einer Dose fetten Gänsefleisches, daß wir ihn haben. Mit einem Schwank aus seiner Jugendzeit liefert er uns 'ne filmreife Szene: Der Knabe Armin Müller-Stahl hat den Zweiten Weltkrieg nämlich nur überlebt, weil er im richtigen Moment die große Dose gestohlen und den Inhalt gleich ganz allein gierig verschlungen hatte.

Werweiß – womöglich trieb ihn im Frühjahr 1945 so eine Endzeit-Freßlust, eine Mischung aus pubertärer Lebensgier und Hölderlin-Kierkegaardscher Krankheit zum Tod fürs Vaterland. Der todgeweihte Jüngling hatte sich nämlich am allerletzten Abend vor der Einberufung zur Wehrmacht zu Hause in die Speisekammer geschlichen. Dort klaute, öffnete, kaute – und schlang er dann seinen ganzen Mundraub runter.

Der Junge muß damals um die 15 Jahre alt gewesen sein. Wie andere Hitlerkids war auch er Feuer und Flamme für das Vaterland. Wie Abertausende andere Halbwüchsiger brannte er darauf, als des Führers allerletztes Aufgebot an die Front zu marschieren, zusammen mit seinen Schulkameraden.

Da hatte ein Gott seine Finger im Spiele. Das viel zu fette Gänsefleisch funktionierte wie der Deus ex machina! Eine Gallenkolik streckte den rekrutierten Kindersoldaten nieder ins Bett. So hatte er wider Willen die richtige Entscheidung getroffen: In den letzten Kriegstagen verpaßte er seinen Heldentod, und so ist er denn wohl der einzige aus seiner Schulklasse, der den Kampf um den Endsieg überlebt hat.

Nun wird Armin Müller-Stahl siebzig Jahre alt.

In meiner Erinnerung war dieser Schauspieler in der DDR neben Manfred Krug, nein, nach Krug, immerzu der zweite DEFA-Star: Krug meistens etwas gröber populär, Müller-Stahl in der Regel etwas feiner. Beide sympathischen Filmhelden waren im Kalkül der Herrschenden eine starke Waffe im ideologischen Klassenkampf: Manfred Krug ein Schwert, Müller-Stahl ein Florett. Jeder populäre Künstler der DDR war aus Sicht der Partei ein kostbares Pfund, mit dem man politisch wuchern und werben wollte.

Krug lieferte auf der DEFA-Leinwand den plebejischen Charme des Proletariats, Müller-Stahl gestaltete auf volkseigenem Agfa-Wolfen-Celluloid den realsozialistischen inneren Adel. Beide rochen gut, will sagen: sie stanken nicht wie geschminkte Kadaver der DDR-Kulturpolitik. Im Gegenteil: sie konnten eine individuale Glaubwürdigkeit ins Spiel einbringen, die einem geschauspielerten Parteisekretär was volksverbunden Echtes gibt und die einer bewaffneten revolutionären Kampfmaschine aus dem Film-Drehbuch menschliche Züge verleiht.

Gemessen an Hollywood-Gagen kassierten sie ein Trinkgeld, aber im Vergleich zu den Schrebergarten-Gagen des VEB DEFA verdienten die beiden volkseigenen Filmhelden königlich. Der realsozialistische König Krug residierte in seiner Marmor-Villa an der Grenze zwischen Pankow und Niederschönhausen. Sein wohlbestelltes Haus war belebt mit lieben Kindern und einer schönen Frau, stand guten Kumpels offen, war vollgestopft mit westlichen Tonbandgeräten, verbotener Literatur, polierten Oldtimern und liebevoll restaurierten Edison-Phonographen und Regalen voll Jugendstilvasen und sonstigen Antiquitäten. Der kleinere König Müller-Stahl lebte stiller in seiner Villa am Ufer der Spree, im schönen Wendenschloß-Winkel in Köpenick. Wie er da lebte, kann ich nicht wissen, denn wir haben uns kaum gesehn. Mit meinen Freunden Krug und Jurek Becker war Müller-Stahl aber viel zusammen. Und wenn von ihm die Rede war, verballhornten sie seinen Doppelnamen gelegentlich als »Müller-Schrott hat Schiß« – aber das war kaltherzliche Frozzelei über einen empfindsameren Grübler, der der Menschheit nicht gleich mit dem Arsch ins Gesicht springt.

Es ist schade, daß wir uns damals kaum trafen. Man schätzte einander in dieser kleinen Welt der ungezähmten Gaukler und verrückten Menschheitsretter. Aber diesen Biermann, den inzwischen total verbotenen Liedermacher, den kleinen Drachentöter mit dem klingenden Holzschwert, mich also mied der Schauspieler mit scheuer Noblesse. Das sieht für den naiven Betrachter vielleicht aus wie eine Feigheit. Aber ich sehe das anders: Manche bedeutenden Künstler hielten sich raus aus dem Getümmel in der politischen Arena, weil sie einfach ihr Ding drehn wollten. Und wenn sie das gut machten, dann wirkte das doch politisch genug! Es war womöglich im Sinne der Humanisierung dieser bürokratischen Tyrannei wichtiger, als wenn sie beim Staatsfeind in der Chausseestraße 131 auf dem Ledersofa sitzen und die neuesten Pasquille und Spottballaden anhören.

Meinen Lebensweg kreuzte Armin Müller-Stahl so richtig nur indirekt. Das war im Jahre 1976. Genau drei Tage nach meinem Kölner Konzert folgte ja am 16. November die Ausbürgerung. Danach kam es zu jenen Protesten in der DDR selbst, mit denen keiner gerechnet hatte – weder die Parteiführung noch mein Freund Robert Havemann und ich.

Zwölf bekanntere DDR-Schriftsteller verfaßten damals ihre inzwischen legendäre Protestresolution in der raffinierten Form einer Petition. Viele sogenannte Kulturschaffende schlossen sich in den folgenden Tagen und Wochen mit ihrer Unterschrift dieser Erklärung an. Unzählige sogenannte einfache Leute zwischen Schwerin und Erfurt unterschrieben diesen Protesttext auch, Arbeiter im VEB Carl-Zeiss Jena – und viele viele wurden eingesperrt, gemaßregelt, schikaniert. Und so ist es mir kolportiert worden: Als nun auch Armin Müller-Stahl aufgefordert wurde, die aufrührerische Petition zu unterschreiben, stand er grade unter der Dusche und rief durch den Lärm des Wasserstrahls: »Hat Krug unterschrieben?!« – Und als ihm »Jaa!« geantwortet wurde, stellte er die Dusche ab und sagte: »Dann unterschreib ich auch.« Die beiden Protestierer Krug und Müller-Stahl galten sogleich als Abtrünnige und wurden knallhart kaltgestellt. Das Berufsverbot wurde an ihnen exekutiert nicht etwa, weil sie unterschrieben hatten, sondern weil sie sich stur weigerten, die Unterschrift reumütig wieder zurückzunehmen. Krug wußte genau, was er wollte, sein Kollege Müller-Stahl war offenbar noch nicht zu seiner eigenen Meinung gekommen. Er hatte an der DDR immer mal mehr, mal weniger gelitten, wie andere auch, aber er hielt sie immer noch für »seinen Ort« und für das zukünftig bessere Deutschland.

Krug landete nach dieser Affaire bald in Westberlin und begann hier ohne Zauderei seine zweite Karriere. Armin Müller-Stahl aber hockte geschlagene zwei Jahre in seinem Haus, grübelte noch zerrissen, auf den Koffern, ehe dann auch er in den Westen ging.

So war es vor dem nun einsetzenden Exodus mit uns in Ostberlin gewesen: Als wir noch alle zusammen in der »Hauptstadt der Deutschen Demokratischen Republik« lebten wie auf einem Dorfe, da kannte jeder jeden. Und die Grenzen zwischen Rebellen und domestizierten Staatskünstlern waren fließend. Es gab eine linkisch brechtelnde Boheme. Es gab dissidentelnde Stasispitzel und naive Weltverbesserer in diesem Bestiarium. Vaterhassende Söhne der Parteielite. Krokodile mit Kaninchenohren, es gab rosa Karriereschweinchen und rote Salonlöwen. Chruschtschow! Liberalisierung! Tauwetter! Prager Frühling! Sozialistische Demokratie! Das waren unsere Schlagworte. Die Atmosphäre war ein diffuses Gemisch aus klammheimlicher Ketzerei und kommunistischem Katholizismus. Die Speisekammern waren mit verbotener Literatur und Dosen voll Renegatenfleisch gefüllt und die Lotterbetten mit antiautoritärem Weiberfleisch, die aufmukkenden Kids der Nomenklatura vermischten sich mit den Flitterfiguren der Teufel-Kommune, Langhans missionierte in Ostberlin gegen die sexuelle Leibeigenschaft der Leiber. Das Jahr 1968 war für uns eine verrückte Ost-West-Mischung aus Prager Frühling und Pariser Studentenrevolte. Hackfleisch unter Sowjetpanzern in der CSSR und Vietnamkriegs-Proteste gegen Wasserwerfer in Westberlin. Der Student Jan Pallach als brennende Fackel auf dem Wenzelsplatz in Prag und der Studentenführer Dutschke mit drei Kugeln im Kopf auf dem Ku'damm. In diesen Jahren sah ich den Jubilar als bewegtes Menschenantlitz in manchem Ostberliner Kino. Ein wunderbarer Film über den Spanischen Bürgerkrieg, in dem eine versprengte Gruppe Interbrigadisten verdurstend durch endlose Steinwüsten irrt. »Fünf Patronenhülsen«. Das kam unsereins vor wie eine Metapher in raffiniert antifaschistelnder Sklavensprache, weil wir dabei auch an unsere poststalinistischen Wüsten dachten und an unseren Durst nach mehr Freiheit.

In dieser Zeit bis zur Ausbürgerung verkehrten Jurek Becker und Manfred Krug so ungeniert mit mir, als sei ich nicht verboten. Vom Dritten im Bunde, Armin Müller-Stahl, hörte ich gelegentlich nur indirekt – oder habe ich es etwa vergessen? Womöglich sogar verdrängt?

Allerhand ernsthafte Künstler, starke Schriftsteller, arrivierte Nachdenker und geduldete Vordenker, egal ob in der Partei oder außerhalb, die allermeisten Intellektuellen und sogar etliche TUIs (Brechts Spottwort für gekaufte Intellektuelle: »Tellektuellins«) hofften auf mehr Demokratie, auf politisches »Tauwetter«, auf mehr Gedankenfreiheit. Solche Menschen dachten eigentlich ähnlich wie auch Robert Havemann und ich. Aber eben leider nur eigentlich, denn noch etwas eigentlicher hielten die meisten eine peinliche Distanz zu uns »staatlich anerkannten Staatsfeinden«. Das waren interessante Ängste, die nicht nur mit banaler Karriereangst zu erklären sind.

Gewiß, wir lebten in einer Diktatur, aber nicht in einer, wie es offiziell hieß: »Diktatur des Proletariats«, sondern in einer Diktatur über das Proletariat, einer totalitären Tyrannei der Parteiführung über die Partei, der Staats-Bonzen über das ganze Volk. Als Bürger der DDR, also als Citoyen, litt jeder auf seine Art unter dem Mangel an Gleichheit, Freiheit und Brüderlichkeit. Kein Wunder: besonders den Intellektuellen tat der Maulkorb weh, und manchen mehr beim Fressen als beim Reden.

In solchen Zeiten der Unterdrückung gibt es immer Streit um die Frage: Wie wehrt man sich am effektivsten. Als andersdenkender Mucker oder als angstschlotternder Aufmucker, als schlauer Ducker oder naiver Rebell oder gar als kalt kalkulierender Revolutionär, als Braver Soldat Schwejk oder als Drachentöter. Die verschiedenen Stufen des Widerstandes denunzieren einander.

Das hab ich an mir selbst beobachtet: Von der Stufe aus, auf der man grade steht, gehn einem alle andren entweder kurz oder zu weit. Uralte Frage: Vorangehen? – Ja! Zu weit gehen? Na klar! Allen echten Dichtern, guten Malern, talentierten Musikern oder Philosophen war die Einsicht geläufig, daß jemand, der etwas verändern will, gegen die etablierten Mächte, auch gegen die schreckliche Macht der Gewohnheit, Schranken überschreiten muß.

Für die Vergangenheit ist es kinderleicht auszumachen. Was aber ist Avantgarde und wer gehört zu ihr im grade laufenden

Geschichtsprozeß? Diese alte Frage wird in jeder neuen Situation bei näherem Hinsehn dermaßen kompliziert, daß man verrückt werden kann.

Und daran eigentlich scheiden sich dann die lebendigen Geister: Wie weit zu weit gehn? Und: Wer soll grade zu weit gehn? Und die schwierige Frage: Wann? Jetzt?? Heute kann es zu früh sein, morgen schon zu spät. In jedem geschichtlichen Moment und für jeden einzelnen Menschen müssen diese Dispositionen im Koordinatensystem der Geschichte neu beantwortet werden.

Wie oft hatte ich in diesen Jahren mit meinem Freund Havemann über dieses heikle Problem nachgedacht und natürlich auch rumgestritten. Robert Havemanns schroffe politische Attacken schreckten manchen unserer wohlgesonnenen Freunde. Wir nannten uns die »richtigen« Kommunisten, aber die verdorbenen Greise im Politbüro schimpften wir provokant radikal: »Antikommunisten und Konterrevolutionäre«. Wir taten das ganz in der Manier des kleines Mönches aus Wittenberg. Martin Luther kanzelte Gottes Stellvertreter in Rom schließlich auch nicht als einen irrenden Christen ab, sondern nannte den Papst apodiktisch: den Teufel.

In jenen Jahren sang ich dann eine Ballade mit dem Titel: »Für einen wirklich tief besorgten Freund«, darin heißt es:

Du sagst uns, du sei'st ja im Grund Deines Herzens
Ein Kommunist und auf unserer Seit
Wir seien nur bißchen zu weit gegangen
Womöglich auch bißchen aus Eitelkeit ...
Mein Lieber, das kommt von der Arbeitsteilung:
Der eine schweigt – und der andere schreit!
Wenn solche wie du entschieden zu kurz gehn
Dann gehn eben andre ein bißchen zu weit ...

Ich geriet – was Wunder! – durch polemische Balladen und politische Pasquille in die Rolle eines dermaßen weit Zuweitgehers, daß ich immer auch in der Gefahr war, mich zu isolieren von meinen natürlichen Verbündeten, ohne deren Freundschaft ich aber sehr bald in die Binsen gegangen wäre. Wenn man dermaßen voranprescht und dann nicht wenigstens auch zum mahnenden Exempel auf der Stelle totgeschlagen oder wenigstens eingesperrt wird, dann empfinden vergleichbare Schriftsteller oder Künstler einen als wandelnden Vorwurf, und sowas vergiftet manche Beziehungen.

Also zeigte mein Freund Havemann manchmal sogar mehr Verständnis für die Schwächen und Feigheitsanfälle von Freunden, als vielleicht gut war. Immerhin wußte er, daß er selber in den fünfziger Jahren auch mal Spitzel des MfS gewesen war. Kein Grund also, andere zu verdammen. An der eigenen Schande lernt man die Toleranz gegenüber menschlichen Schwächen.

Wie auch immer – wir waren nun mal in die gefährliche Heldenrolle hineingeraten. Aber grade dann, wenn man gegen irgendwelche Unterdrücker so sonnenklar »recht hat«, wird man leicht rechthaberisch und noch schlimmer: selbstgerecht. Es gibt keine Norm für politischen Mut, nicht für Tapferkeit vor dem Feind und nicht einmal für die heiklere Tapferkeit vor dem Freund. Es gab damals weder eine deutsche-demokratische noch gibt es inzwischen eine deutsche Leitkultur des Zu-weit-Gehens.

Es spielt für Schriftsteller bei diesem ewigen Zu-weit-Gehen-Problem allein schon eine große Rolle, ob sie Romane schreiben oder Theaterstücke oder Gedichte oder eben Lieder. Wer Theaterstücke schrieb, die nicht gespielt werden durften, saß auf dem Trockenen. Ein Roman brauchte einen Verlag, der durch die offiziell abgeschaffte Zensur durchkommt. Die typisch russische Samisdatverbreitung von Literatur funktionierte in der DDR nicht, weil es relativ leichter war, sich einen verbotenen deutschen Text aus dem Lande des westdeutschen Klassenfeindes von einer Oma über die Grenze schmuggeln zu lassen. Gedichte aber konnten auch ohne einen einzigen Vervielfältigungsapparat sich durch Handabschriften tausendfach vervielfältigen. Und ein gesungenes Lied konnte sich durch tausendmal kopierte Tonbandkopien in geometrischer Reihe verbreiten.

Außerdem spielt es eine Riesenrolle, ob einer gesund ist, ob er genügend Geld hat, um seine Familie zu ernähren, ob er vom Charakter her mehr sanft oder grob ist, furchtsam oder tollkühn, bedenklich oder leichtsinnig. Was nützt es, wenn ein sogenannter Vorangeher einen schönen Tod stirbt. In solcher »bleiernen Zeit« stachelt ein gefallener Märtyrer nicht auf, sondern sein trauriges Beispiel schüchtert die Unterdrückten noch mehr ein. Und die Masse der gelernten Untertanen ist meistens stumpf und feige. Nur in wenigen lichten Augenblicken der Weltgeschichte wimmelt es von brüderlichen Menschen, so daß dann Hölderlin ausrufen kann: »... und groß sind alle Herzen und Helden gebiert die Begeisterung.«

Ach und dann auch noch Schauspieler! So ein professioneller Mietkünstler ohne Theaterengagement, ohne Rollen im Film, ohne irgendwelche öffentlichen Auftritte – ist schnell ein Häufchen Elend. Wie verzweifelt schwer war es sogar für die großartige Schauspielerin Helene Weigel in den Jahren der Emigration, als sie in all den verschiedenen Ländern des Exils im Grunde nur Suppen kochen konnte, Betten machen, Brechts Freunde und Freundinnen bewirten und des Weltgenies Kinder festhalten in dieser mörderischen Welt.

Armin Müller-Stahls bitteres Wort dazu: »Wenn du als Schauspieler erstmal weg bist vom Fenster, dann biste erledigt.«

Die Geschichte der DDR beweist mir: Jeder einzelne Mensch muß solche existentiellen Fragen für sich selbst entscheiden – und alles andere ist ideologischer Quark.

Wenn ich daran denke, daß dieser Krug und dieser Müller-Stahl dann im Westen nicht untergegangen sind, wie sie ja sollten, dann lacht mein Herz. Aus Sicht der DDR-Nomenklatura hatten alle abtrünnigen DDR-Bürger, egal, ob sie freiwillig oder unfreiwillig in den Westen gingen, ganz gleich, ob geflüchtet, verjagt oder an den Klassenfeind von Rechtsanwalt Vogel verkauft, wir DDRlinge hatten alle nur noch eine einzige Aufgabe im Westen: Wir sollten möglichst attraktiv kaputtgehn, beides: beruflich und auch im Privaten. Wir sollten spektakulär zusammenbrechen und verblöden und vermikkern. Warum? Weil wir als abschreckendes Beispiel herhalten sollten, lehrreich für alle potentiellen Rebellen, die im Osten lebendiger leben wollten, die wider den Stachel löckten oder gar ernstere Absichten hatten. Jeder einzelne von uns Verjagten und Verbannten sollte eine Lektion liefern, damit die Herrschenden ihren Untertanen sagen konnten: Seht! Wer sich mit uns in der »sozialistischen Menschengemeinschaft« in Streit einläßt, hat sowieso schlechte Karten im Leben. Aber wer im Westen landet, der geht unter. Und die Wahrheit ist: Auch ich hatte diese paradoxe Angst, ausgerechnet beim »Landen« elend abzusaufen.

Als der unverwüstliche Manfred Krug dann aber im Westhimmel ein mindestens so heller Stern wurde wie einstmals am Osthimmel, als er die geistreichen Knospen in den Drehbüchern unseres Freundes Jurek Becker als populäre Figur Liebling Kreuzberg zum Blühen brachte, da frohlockte ich doppelt und dreifach: Ich freute mich für den Kumpel von damals, aber vor allem: daß die Deutschen hinter der Mauer via Fernsehen erkennen konnten, daß der Wechsel in den Westen keineswegs ein Sprung ins Verderben sein muß.

Und daß der empfindsamere und sehr wohl verwüstliche Armin Müller-Stahl seinen alten Freund und Rivalen sogar noch übertrumpfte und ein geachteter Weltstar wurde, der es sogar als Deutscher schaffte, im brutal autarken Hollywood sich glänzend und auf Dauer durchzusetzen, das war nicht nur eine Genugtuung, sondern auch ein hochpolitischer Genuß für mich.

Diese beiden Schauspieler hatten sich bis 1976 im stickig warmen Muff des großen Erziehungsheimes DDR trotz alledem künstlerisch behauptet. Aber ihr Meisterstück lieferten sie dann erst im Westen, denn sie haben beide den Beweis angetreten, daß ihre Talente nun auch im kalten Kapitalismus, in der freien Konkurrenzluft der Demokratie nicht etwa eingehn, sondern sich eher noch entfalten. Und genau das war ganz nebenbei und wahrscheinlich auch ganz unbeabsichtigt fast so etwas wie ein menschlicher Gottesbeweis gegen dieses totalitäre Regime.

Ohne solche ermutigenden Beispiele vor Augen hätte dem eingemachten Volk der DDR 1989 womöglich das allerletzte Quentchen Mut gefehlt, in der Heldenstadt Leipzig massenhaft spazierenzugehen, obwohl Krenz & Co mit der chinesischen Lösung vom Platz des Himmlischen Friedens drohte.

Wie gut, daß der Krug als junger Kerl als Lehrling im VEB Stahl- und Walzwerk Hennigsdorf beim Blechewalzen nicht ins glühende Eisen geraten ist! Wie gut, daß Armin Müller-Stahl damals in der Speisekammer überhaupt die Blechdose aufgekriegt hat.

Ich trinke am 17. Dezember drei Gläser Rioja-Wein: eins auf den Jubilar, eins auf seinen alten Kumpel und Rivalen, aber das dritte auf meinen lebendigen Freund Jurek Becker.

Jurek Becker

2002 – fünf Jahre nach seinem Tod

Es senkt das deutsche Dunkel
Sich über mein Gemüt
Es dunkelt übermächtig
In meinem Lied

Das kommt, weil ich mein Deutschland
So tief zerrissen seh
Ich lieg in der bessren Hälfte
Und habe doppelt Weh

Ausgerechnet dieses kleine – ich muß es schon dreifach sagen:
deutsche deutsche deutsche Lied wollte mein Freund Jurek
Becker mal wieder in der Chausseestraße 131 hören, als er
mich unmittelbar vor meiner Großen Reise über die Mauer
zum Kölner Konzert im November 1976 besuchte.

Warum mir das auffällt und mich jetzt, zum ersten Mal
nach fünfundzwanzig Jahren, wieder durcheinanderbringt?
Na, weil dieses Heinrichheinesche Leiden an Deutschland
so eine verrückte Krankheit ist, gegen die sich ausgerechnet
viele deutsche Juden schwer wehren können. Sogar dieser
ins Land der Täter verschlagene kleine polnische Jude Jerzy
Becker wurde als ausgewachsener Jurek Becker dermaßen
zerdeutscht!

Wir hatten einander unsere Lebensgeschichten in Ostberlin
ja gelegentlich erzählt und fühlten uns in Tiefen verbunden,
die wir gar nicht ausloten konnten.

Lieber als jüdische Juden und noch viel lieber als deutsche
Deutsche wollten wir eigentlich nichts anderes sein als einigermaßen aufrichtige Menschen. Und das stolze Wort »Mensch«

hieß damals für uns: Kommunist sein! – ins Praktische über- setzt: ein internationalistischer Menschheitsbefreier.

Unterhalb dieses Levels wollten wir gar nicht erst antreten. So lebten wir in diesem Berlin, kommend aus entgegengesetz- ten Richtungen, von Ost her und von West aufeinandergetrof- fen. Das wußten seine Freunde: Jurek war ein eingedeutschtes Polenkind aus dem Juden-Ghetto Lodz. Die Mutter starb dem Kleinen im KZ Ravensbrück weg. Sein »Tate« war nach Auschwitz verschleppt worden und geriet von dort aus, das passierte in den letzten Tagen des Krieges, in das Konzentrati- onslager Sachsenhausen im Norden von Berlin. Und genau dort hatte er am Ende der Nazizeit, wie in einem blutigen Real-Märchen, seinen fünfjährigen Jungen – ich vermute: zu Tode betrübt – glücklich wieder gefunden.

Vater und Sohn waren dann in der DDR wohnen geblieben. Der Vater Mordechai Bekker hatte damals nichts anderes vor, so erzählte es Jurek, fortan als ein Deutscher in Deutschland unauffällig zu leben. Er änderte seinen Namen in Max Becker und fälschte seine Geburtsstadt in Fürth. Seinem kleinen Jerzy verpaßte er den eingedeutschten Vornamen Georg. Und mit diesem christlichen Drachentöter- und Kreuzfahrer- namen sollte sein Sohn eben ein ganz normaler Deutscher werden und so das ganze Elend der frühen Stacheldrahtjahre einfach vergessen.

Aber dieser Georg blieb dann doch ein Jurek und war sein kurzes Leben lang nie so simpel deutsch geworden, wie sein sorgenvoller Vater es sich erhofft hatte.

Das klingt auf den ersten Blick alles düster. Aber in Jureks Gesellschaft wurde mehr gelacht als geweint, mehr gespottet als gejammert. Er trug in seinem skeptischen Herzen, so kam es mir vor, eine todtraurige Lebenslust, über deren Quellen nicht räsoniert wurde.

Bei mir aber lief all das wie umgekehrt. Mein Vater kam nicht aus dem KZ Auschwitz zurück. Die Bomben der Alliierten auf Hammerbrook in Hamburg beschädigten im Juli 1943 zum Glück auch die Vernichtungsbürokratie der Endlöser. Das Durcheinander rettete mich womöglich als ein – so hieß es offiziell: »Mischling Ersten Grades« – vor der Deportation. So geriet ich mit all den rein arischen »Ausgebombten« als abgebrannter Hamburger Junge nach Deggendorf in Niederbayern.

Meine Mutter hatte schon in den Jahren der Nazizeit nur noch ein Lebensziel: Ich sollte am Leben bleiben, damit ich! wie sie es pathetisch nannte: meinen Vater rächen werde. Deutsch war ich also gratis von Geburt, ich sollte ein Kommunist werden, wer weiß: ein Robin Hood der Weltrevolution.

Als ich mit 16 Jahren diese anstrengende Karriere begann und in die DDR übersiedelte, hatte ich mein Holzschwert als Drachentöter schon dabei: die Gitarre. Ich wußte nur noch nicht damit als Poet zu kämpfen. Jurek Beckers Waffe in dem Streit, den Heinrich Heine den ewigen Freiheitskrieg der Menschheit nennt, war der Bleistift und wurde bald das Schreibmaschinengewehr des Prosaschriftstellers. So trafen wir uns als Studenten am Philosophischen Institut der Humboldt-Universität. Er geriet in die Romaneschreiberei, ich erfand mir den Beruf des Liedermachers. Er war früh in die Partei eingetreten – mich haben die wachsamen Obergenossen als Mitglied der SED lieber gar nicht erst aufgenommen. Er wurde inzwischen schikaniert – und ich war verboten. So etwa war die Konstellation, als wir uns um den 9. oder 10. November 1976 am Erkertischchen in der Wohnung Chausseestraße 131 gegenübersaßen, also unmittelbar vor meiner Schicksalsreise gen Westen.

Bevor wir das emotionsgeladene Für und Wider meiner Tournee durch das unbekannte Land des bundesdeutschen

Klassenfeindes so rational wie möglich hin und her überlegten, sang ich ihm also diese acht altmodischen Zeilen vor und legte dann die Gitarre wieder in den Kasten. Typisch bei Becker: Irgendeines meiner übermütigen Spottlieder hatte er also nicht hören wollen! Kein Wunder: Ein provokanter Spottvogel war dieser Jurek selber, dazu brauchte er keine Pasquille vom Biermann.

Aber gerade weil er mehr tapferen Witz hatte als irgendwelche aufmüpfigen Mucker, die immer nur scharf waren grad auf meine »scharfen Sachen«, liebte er womöglich dieses melancholische Liedchen. Jurek konnte nämlich ermessen und mit sarkastischem Grinsen genießen, wie ungehörig in beiden damaligen Deutschländern die ungehörig innige Liedzeile »mein Deutschland« in den entnazifizierten Nachkriegsohren ankommen mußte. In Ostberlin freilich aus anderen Gründen als in Westberlin.

In der DDR widerte die Partei-Ideologen allein schon das bedrohliche Wort »Deutschland« an, denn es stülpte sich wie ein zu großer Hut über zwei verfeindete Köpfe. Ein korrekter DDR-Bürger nahm das Wort Deutschland nicht in den Mund, schon gar nicht im schändlichen Über-Alles-Zweier-Pack: Deutschland Deutschland ... »Deutschland« – das war ja der Sprachgebrauch des Klassenfeindes, so sangen die Bonner Revanchisten und NATO-Kriegstreiber die verdorbene Nationalhymne mit ihrem reaktionären Alleinvertretungsanspruch. Das böse Unwort Deutschland kleisterte nach offizieller DDR-Denke den Bruch im innerdeutschen Klassenkampf zu, es bedrohte die verbissene Partei-Doktrin von der Existenz zweier deutscher souveräner Staaten, ja: zweier deutscher Nationen auf deutschem Boden, ja sogar im Grunde grundverschiedener deutscher Völker.

In der westlichen Bundesrepublik bot sich das gleiche Bild, allerdings grad seitenverkehrt: im Westen störte den aufgeklärten linken Geschmack bei solch einem Liedchen über Deutschland das winzige Wörtchen »mein«: ein sentimentaler Kitsch das! Besonders antifaschistisch geläuterte Bundesbürger, die die Dornenkrone der Schande des III. Reiches schon wie einen Lorbeer trugen, mußte das pervers innige Possessivpronomen bei »mein Deutschland« gradezu ankotzen. Literaten, die ihre antichauvinistische Lektion nach …'45 brav… geschluckt und verdaut hatten, empfanden die Zeile: »Das kommt, weil ich mein Deutschland« als eine peinlich nationalistische Sentimentalität. Manche Genossen genossen die Teilung unseres Vaterlandes wie eine wohltuende Züchtigung durch den hegelmarxistischen Weltgeist.

Dialektisch trainierten Witzbolden wie Becker aber gefiel vorzüglich der paradoxe Schluß des Liedchens, also die beiden Zeilen

Ich leb in der bessren Hälfte
Und habe doppelt Weh …

Auch hierauf reagierten Ost- und West-Köpfe geteilt wie Christa Wolfs Himmel über dem zerrissnen Land. Das provokante Wortpärchen »bessre Hälfte« ärgerte dabei mehr die gut antikommunistischen Bürger im Westen, weil die sich ohne einen Hauch intellektueller Skrupel für automatisch überlegen hielten. Aber diese naßforsche Behauptung »besseres Deutschland« empörte natürlich auch solche DDR-Bürger, die nichts lieber wollten, als das Arbeiter- und Bauernparadies zu verlassen.

Aber wiederum das Reizwort »… ich habe doppelt Weh« widerte im Osten die parteifrommen Sittenwächter an: Wieso kann ein junger DDR-Bürger, der in der Epoche sich weltweit verschärfender Klassenkämpfe das historische Glück hat, auf

der einzig richtigen Seite zu leben, wie kann also ein realsozia-
listischer Lüürikker überhaupt dermaßen melancholisch sein.
Das war ideologische Wehrkraftzersetzung! Das böse Wort
vom »doppelten Weh« signalisierte den wachsamen Kunstpo-
lizisten ja schon eine Art konterrevolutionären Pessimismus!
Die schönen schlechten Anfangszeiten, wo Brecht den Becher
in der DDR noch halb ironisch für ein Gedicht loben konnte,
in dem es immerhin heißt: »Deutschland, meine Trauer / Du
mein Fröhlichsein ...«, waren vorbei.

Uns aber machte das aufreizende Wort vom besseren
Deutschland grade Spaß. In diesem Punkte waren nämlich
Jurek und ich mit den meisten unserer sehr verschiedenen
Freunde in Ostberlin einer Meinung: In der DDR war der All-
tag zwar schwerer, aber doch historisch gesehn: sinnvoller.
Was wir da durchmachten, das waren eben, wie Brecht es poe-
tisch nannte, nach den revolutionsromantischen »Mühen der
Gebirge« nun die Schindereien ermüdender Aufbauarbeit,
also die »Mühen der Ebenen«.

Wir kamen uns also armseeliger vor, aber auch reichseeliger.
Der Streit um den wahren Kommunismus gegen die stalinistischen Genossen machte uns oft verzweifelt, aber eben auch
glücklich. Unser Leben war bedrohter im Osten, aber auch
befriedigend. So etwa klopfte unser rotes Schaukelpferdchen
in der Brust.

Unsere nur scheinbar schlechtere deutsche Hälfte hielten
wir für die »bessere«, denn die größte DDR der Welt war trotz
allem Haß und Hohn des Westens in unseren Augen das Land
der großen Zukunft. Warum? Mein Gott und mein
Marx! ... weil es in den so genannten Volks-Demokratien
des Sozialistischen Lagers, das glaubten wir mit menschheits-
retterischer, also mit verzweifelter Inbrunst, trotz alledem! die
historische Chance auf eine echte Freiheit gab. Ja, wir speku-
lierten als Blochsche Utopisten auf ein soziales Paradies, von

dem man in der kapitalistischen Ausbeutergesellschaft noch nicht mal mehr träumen konnte.

Weil von dieser höheren kommunistischen Freiheit aber leider, leider! immer noch so gar nichts zu spüren war, quälte uns dieser Mangel mehr als andere. Und weil wir auch mehr als andere geprügelt wurden, tat ketzerischen Kommunisten wie uns dieses DDR-Deutschland halt »doppelt weh«.

So trösteten wir uns, stachelten einander an, und so zogen wir uns am Schopf unserer marxistischen Illusionen aus dem Sumpf der murxistischen Wirklichkeit. Was nämlich außerdem das östliche Deutschland in unseren Augen trotz alledem »besser« machte als die verlockenden Länder des freien Westens, das waren ausgerechnet die kommunistischen Tagträume unserer Literaten und Dichter. Was sollten uns schon die bürgerlichen Bleienten vor der Mauer und die poetischen Blechvögel in den Käfigen der literarischen Salons in der westlichen Welt! Unsere antistalinistischen Spatzen und edelkommunistischen Adler im Osten aber beflügelten das falsche Hoffen auf einen »Sozialismus mit dem menschlichen Antlitz« von Alexander Dubcek im Prager Frühling.

WIR UND NICHT SIE! nannte Volker Braun stolz auf die DDR seinen Gedichtband, indem er dem alten Klopstock den Hals umdrehte. Zu uns in der DDR gehörte schließlich der Shakespeare dieses Jahrhunderts, der Brecht! Uns gehörte überhaupt die Zukunft! Die hatten da drüben im Westen der Welt ja auch keinen Jurek Becker hervorgebracht, die hatten der deutschen Literatur keinen jüdischen Schelmenromancier geliefert wie wir.

Dabei hatte Becker ja nicht nur mit seinem ersten und berühmtesten Roman »Jakob der Lügner« ein Stück Weltliteratur geschaffen. Mich ärgert es immer wieder, wenn irgendwelche literarischen Fleischbeschauer ihren Gütestempel nur auf diesen Geniestreich stempeln und dann alle anderen Becker-Romane als zweitklassig einstufen.

Bei mir ist jedenfalls Jureks nicht so berühmt gewordenes Buch »Bronsteins Kinder« noch viel viel berühmter. Er erzählt da die Geschichte dreier Shoa-Überlebender in der DDR, die im Ostberliner Kiez einen faschistischen Folterknecht aus ihrem einstmaligen KZ erwischen. Der Jude Bronstein und zwei seiner Leidensgenossen kidnappen auf eigene Faust den ehemaligen SS-Mann, der im KZ gemordet und gefoltert hatte. Sie fesseln den Mann an ein Eisenbett und foltern nun systematisch in ihrer abgelegenen Datscha diesen Verbrecher. Die Story ist für einen Hollywood-Stoff vielleicht zu DDR-piefig. Aber diese unerhörte Geschichte von eigentlich staatstreuen jüdischen Menschen in dem rotpreußischen DDR-Staat mit seinem verlogenen Antifaschismus erschüttert mich noch tiefer als die Legende von dem Lügner im Ghetto, der so tut, als habe er seine ermutigenden Welt-Neuigkeiten aus einem heimlichen Radioapparat. Mit dem Roman »Bronsteins Kinder« liefert Jurek Becker ein enormes deutsches Sittengemälde, dessen Anblick manchen Deutschen zudem helfen könnte, die psychologische Ökonomie der sogenannten Ossis zehn Jahre nach der Wiedervereinigung tiefer zu durchschauen.

Der Titel dieses Romans über den Juden Bronstein heißt mit gutem Grund »Bronsteins Kinder«, weil es die Kinder dieses Überlebenden sind, die die humane Substanz ihres verwüsteten Vaters weitertragen in diese Welt. Diese eigentlichen Helden nämlich sind es, die mit unerbittlicher Liebe dem verheerenden Haßkrampf ihres kaputten Vaters widerstehn. Und weil es echt romanhaft im Leben wie in diesem Roman zugeht, können solche Kids selber auf längere Sicht auch nicht ohne tiefe Wunden und Verstümmelungen davongekommen sein.

Es ist ein Jammer, daß Jurek Becker uns dermaßen früh allein gelassen hat. Ich wüßte gerne, was er dazu sagen würde, wenn er die inzwischen auch schon wieder altgewordenen Kinder seiner erfundenen Kunstfigur Bronstein heute in Ostberlin in Natur beobachten könnte. Sei es, daß einzelne aus dieser nächsten Generation nach dem Fall der Mauer fluchtartig auswanderten, etliche nach Israel, oder aber in Ostberlin ausgeharrt haben und nun verbiestert die PDS wählen. Beispiele beider Roman-Variationen kenne ich im platten Leben.

Ich freue mich schon darauf, wenn Jurek und ich uns demnächst wiedertreffen. Wir werden einiges zu lachen haben, manches zum Weinen. Und wenn er mich dann wie nebenbei das Wichtigste fragt: Du, was ist inzwischen aus Deutschland geworden? Dann lasse ich mir auf unserer Wolke von einem Engel da oben in der jüdischen Abteilung eine Weißgerber-Gitarre aus Markneukirchen heraufreichen und singe meinem Freund nochmal sein kleines Lieblingslied von unserem tief zerrissenen Land. Und dann sehen wir weiter.

Heiner Müller – die Müllermaschine ist tot
1996

»Immer sterben die andern ...«, so klagte Michel de Montaigne, »... und das eigene Grab bleibt leer.« Heiner Müller ist tot. Nun geht es ihm besser und uns schlechter.

Ich durfte einer seiner schwierigen Freunde sein. Seit Ende der elenden fünfziger Jahre kannten wir uns. Von Anfang an bewunderte ich seine Sprachgewalt und liebte ihn wie einen älteren starken Bruder. Seit der Wiedervereinigung, die er für eine Widervereinigung hielt, waren wir allerdings – und ohne einen einzigen Streit – tief zerstritten. Müller wälzte sich vor aller Augen mit dem IM »Notar« im Bett und schuckelte an der Rampe auf dem Schoß des Stasi-Generals Markus Wolf. So gerieten wir im innerdeutschen Konflikt nach dem Ende des Kalten Krieges in die absurde Ost-West-Schlacht, ich mit der Wessi-Maske, er mit der Ossi-Maske. Dieser Heiner, und weil er ein Müller war, säte er nie! noch erntete er das Korn der Aufklärung. Auch hat er nicht das Brot der Utopie gebacken, so wie Brecht. Aber gemahlen in seiner Mühle hat er das Korn zu feinstem zynischen Mehl und lieferte dazu das gröbste kynische Schrot. Schade, daß Müller nicht Schneider heißt, denn dann könnten wir auf der Krücke seines Namens diesem Menschen vielleicht noch näherkommen.

In früheren Zeiten kosteten ja, das weiß man, die Kleiderstoffe viel viel mehr als eines Schneiders Arbeit. Und so ernährten sich viele aus jener Zunft von der Flickschneiderey. Unter diesen Hungerkünstlern gab es wiederum Virtuosen, und deren Armeleutekunst gilt als die allerschwerste: sie betrieben eine Änderungs-Schneiderei. Ganz und gar abgetragene Anzüge oder Mäntel wurden da total gewendet. Der Stoff mußte dabei so geschickt auseinandergenommen werden und dann raffiniert zusammengenäht, daß die verschlissenen Teile nicht mehr zu sehen waren. Heiner Müller wendete aber auch die Stoffewenderei ins Gegenteil. Er nahm fremde Klamotten aus der Klassik und machte grade das Zerschlissene an ihnen sichtbar. Die geschlossene Brechtsche Fabel brach er auf. Stückwerk als Methode. Material zerfetzen, Stoffe zerreißen – auch das war eine bevorzugte Arbeitsweise des Dramatikers, dessen Tod uns nun so frösteln macht, weil wir im ersten Schock wie nackt im Hemde stehn.

Das waren so gewendete Stoffe aus der weltberühmten Dramen-Schneiderei Müller: LOHNDRÜCKER – die Geschichte des frühen DDR-Aktivisten Garbe – ein Motiv, an dem Brecht gescheitert war. Das Stück FATZER ist eine Müllersche Bühnenfassung, zusammengeheftet aus liegengebliebenen Fetzen, gefunden im Nachlaß von Brecht. DER HORATIER – ein monologisches Hemd – zurechtgemacht aus Brechts kostbar geschneiderter Proletarier-Jacke. DIE UMSIEDLERIN – ist eine fertige Figurine aus einer Seghers-Erzählung, angereichert mit realsozialistischen Lumpen, die Heiner Müllers Frau Inge für ihn zusammengesammelt hatte. Müllers PHILOKTET ist aus dem Kostüm-Fundus der griechischen Mythologie entnommen.

Seit den siebziger Jahren, als die sozialistische Utopie immer mehr zerbrach, kaprizierte Müller sich auf die Brüche im Stoff.

HAMLET-MASCHINE – da reißt Müller die Hamletfigur aus Shakespeares Stück heraus, zerrt ihr sogar das Kostüm vom Leib und schmeißt sie in die Welt. Er jagt seinen Hamlet bis nach Budapest in den Volksaufstand von 1956. Dort spaltet er ihn auf in zwei falsche Feinde: russischer Panzerfahrer und ungarischer Rebell. Hamlet, der ausgehebelte Intellektuelle, der im Sozialismus nichts mehr bewirkt. Ophelia-Motive. Der Brustkrebs strahlt wie eine Sonne.

Im Stück WOLOKOLAMSKER CHAUSSEE – krallte sich Müller die gleichnamige Geschichte von dem russischen Schriftsteller Alexander Bek, ohne irgendwen groß um Erlaubnis zu fragen. Der Krieg zwischen Vater und Sohn, inspiriert von Kleists »Der Findling«. Und dazu Thomas Braschs Lebensgeschichte kunstvoll eingearbeitet. Außerdem fügte Müller mit kunststopferischem Geschick Slawomir Mrozeks »Policja« ein, also dieses groteske Theaterstück, in dem die Geschichte eines Polizisten erzählt wird, der sich im Auftrag der Polizei als Oppositioneller verhaften läßt, weil es keine echten Oppositionellen in diesem totalitären Staat mehr gibt, die dem aufgeblähten stalinistischen Polizeiapparat seine Daseinsberechtigung liefern ... Müllers Stück DER AUF-TRAG – dramatisiert ein Motiv der Anna Seghers über Aufstand und Konterrevolution in der Karibik zur Zeit der Französischen Revolution. Müllers Stück DER BAU rettet den häßlichen Kern aus Erik Neutschs schönfärberischem Roman »Spur der Steine«.

Heiner Müller hat also fast immer aus Lumpen Kleider gemacht, aus Kleidern Lumpen. Dabei hat er manchmal aus einem russischen Militärmantel ein Witwenkostüm geschneidert, aus blutigen Lazarettverbänden ein germanisches Hochzeitskleid.

Der Leser glaube ja nicht, daß Müller deshalb ein Secondhand-Dramatiker war. Auch andere große Dichter arbeiten ja gelegentlich fertige Stoffe auf. Nur die ewigen Anfänger spielen stümperhaft Gott und versuchen, jeden Tag die Welt neu zu schaffen. Nehmen wir als Exempel nur das größte Theaterstück der Deutschen, den FAUST. Diese alte Geschichte vom Teufelspakt des Doktor Faustus war zu Goethes Zeiten längst als Literatur geronnen. Des Geheimen Rats Originalität bestand aber darin, daß er sich das niedere Volksstück aufpolierte zu einem grandiosen Erbauungstheater über den ewig strebenden Intellektuellen und all das mit der damals brennend aktuellen Story von der elendigen Kindsmörderin zusammenflickte. Aber so ist die Welt: Wenn ein Großer klaut, adelt er den Beklauten – klaut ein Kleiner, wird er verachtet.

Kurz nach der Wende stand ich mit Heiner Müller vor dem offenen Grab von Doktor Hans Bunge, dem Begründer des Brecht-Archivs in der Chausseestraße 125. Die Beerdigung war eine traurigkomische Fellini-Szene. Wir waren von der Akademie die paar Schritte rüber zum nahe gelegenen Hugenottenfriedhof gelaufen, der offiziell der Dorotheenstädtische heißt. Hans Bunges Frau hatte Heiner Müller und mich gebeten, am frischen Grab des Freundes ein paar letzte Worte zu sagen.

Heiner las einen hermetisch metaphorischen Text über die Zeit der Hyänen, die nun, nach der Zeit der Wölfe, angebrochen sei. Als ich da außer einigen alten Freunden auch allerhand treue Feinde vor mir sah, improvisierte ich: »So sieht man sich also wieder und will es gar nicht. Ich bin nur zum Begräbnis gekommen, weil ich fürchtete, daß Bunge, der ehemalige Wehrmachtsoffizier und Brechtschüler, sonst vor Wut die Hand aus dem Grabe streckt. Und wenn der sowas macht, dann weiß man nie, ob seine Hand grade Heil Hitler! sagt oder Rotfront! ... es war herzerfrischend peinlich. Hinter uns lag also der Sarg in der Grube. Vor uns stand die bleiche Witwe, um sie herum etliche gebeutelte Giganten der Ostberliner Akademie der Künste, staatlich subventionierte Feiglinge. Einen Steinwurf entfernt feixte Meister Brecht, er lag ja sicher unter seinem granitenen Findling, daneben knurrte die Weigel. Quer rüber die illustren Gräber von Fichte und Hegel, von Heinrich Mann, Johannes R. Becher, John Heartfield und Hanns Eisler.

Nachdem wir nun jeder unsere kleine Rede gehalten hatten, nahm Müller mich beiseite und flüsterte: »Haste nich irgndn abgelegten Stoff, den ich verwendn kann. Mein Gehirn läuft so leer seit alldem, das is nich gut. Scheußlich: Ich bin so'ne richtige Maschine, die braucht immer irgendwas zum Verarbeitn …« – Als ich zurückflüsterte: »Hab selber nix«, da lächelte er maliziös. Die Wende hatte uns alle durchgeweht. Er wußte ja, daß ich meine kleinen Lieder selber auftrage, bis sie verlumpen. Und er suchte zudem Material, das einer wie ich gar nicht liefern könnte, denn Müller brauchte immerzu den großen apokalyptischen Stoff mit einem Unterfutter, das aus allen Nähten platzt, weil unsere Welt aus der Façon gerät.

Wie man aus den Feuilletons erfahren konnte, ist es Müller gelegentlich selbst aufgestoßen, daß er der größte lebende Dramatiker der Deutschen ist. Und er hat diese Tatsache den Ignoranten auch immer mal wieder geduldig erklärt. Man hat's eben nicht leicht, wenn man als Stückeschreiber im Jahrhundert und sogar im selben Lande lebt wie Bertolt Brecht.
Wer wüßte nicht, daß es vermessen ist, sich zu messen. Und dann mißt man sich halt doch, und das tut weh. Dabei ackern wir alle und wollen auch ernten. Gegen die Vorzüge eines Weltgenies hilft eben nur die Liebe. Müllers abstoßender Zynismus über den Verfall der Welt wandelte sich ganz zuletzt, auf dem abschüssigen Weg zum Tode, in eine stoische Gelassenheit gegenüber dem Verfall des eigenen Körpers. Das machte einen großen Eindruck auf mich. Überhaupt waren einige seiner letzten Auftritte in den ordinärsten TV-Peep-Shows aufrichtiger als der Text »Mommsens Block« – wo der Dichter seine eigene Unfähigkeit, etwas Neues zu schreiben,

ausgerechnet dem Engel der Geschichte in die Schuhe schiebt. Wer also und was sollte schuld an Müllers Block gewesen sein? Der Westen war natürlich schuld, und schuld die über den Osten wie ein Unglück hereingebrochene Freiheit, schuld die stinklangweilige Demokratie, der lähmende bürgerliche Wohlstand nach 1989. Das fand ich schön blöd. Aber als Sterbender demonstrierte Müller in den Medien dann doch mit einer ungekünstelten Heiterkeit, wie man mit Würde und Witz verfault, ohne zu verblöden. Seit ihn der Krebs endgültig an der Gurgel hatte, absolvierte er mindestens noch zwanzig Talk-Shows und andere Fernsehauftritte, in denen er ohne Leidensmiene fast lustvoll über seine Leiden sprach. Nebenbei hat er noch tapfer sechstausend Brechtzigarren inhaliert und ganze Whiskeyteiche in sein sterbendes Fleisch geschüttet. Dennoch sonderte er in den ödesten Quasselsendungen tiefe Wahrheiten und mehr übermütigen Witz ab als all die nüchternen und chronisch gesunden Langweiler in der Runde.

In seiner Jugend kniete Heiner Müller in der Kirche der kommunistischen Heilsversprechung, wie die meisten von uns. Mit seinen frühen Stücken wollte er das, was auch ich wollte: nichts anderes als den kranken Sozialismus heilen und voranbringen. Als er diese Illusion verlor, hat diese Ent-Täuschung ihn aber nicht niedergeschmettert wie so viele. Als die naive Hoffnung auf ein kommunistisches Schlaraffenland jämmerlich abgesoffen war, rettete Müller sich in die entsprechend naive Prophetie kommender Weltuntergänge. Der Schritt vom Welterretter zum Apokalyptiker ist kurz. Mit seinem scharfen Blick für radikale Widersprüche in der Gesellschaft sah er immer weniger rot und statt dessen immer mehr schwarz. So traf dieser obstinate Linke sich am Ende mit seinen rechten Antipoden. In der zweiten Hälfte seines Lebens verdoppelte er die Masken, hinter denen er sein Gesicht versteckte. Über die Maske des linken Pragmatikers Lenin zog er sich zusätzlich die faszinierende Fratze des rechtskonservativen Machtideologen Carl Schmitt über. Dabei blieb er mit einem Bein auf der Schulter von Brecht, mit dem anderen stellte er sich auf die Schulter von Ernst Jünger. Eine wacklige Clownsnummer im Zirkus der Ideologien.

Ich aber gehöre zu denen, die Heiner Müllers Gesicht gelegentlich nackt sahen. Er blieb für mich immer ein großmütiger Freund, immer das, was man ohne alle Ironie einen herzensguten Menschen nennt. Wenn er noch lebte, würde ich sagen: ein geborenes Weichei, das sich ein Leben lang unter Schmerzen hart kochte.

Als 1990 die letzte Hoffnung auf eine reformierte DDR endgültig zusammengebrochen war, veröffentlichte der Dichter ein Interview »Zur Lage der Nation«, das ich in Richard Herzingers Müller-Buch »Masken der Lebensrevolution ...« zitiert fand. Ein grauenhaftes Wort über Hiroshima: »Die Atombombe war die jüdische Rache für Auschwitz. Sie hat – und diese versetzte Kausalität findet man in der Geschichte sehr häufig – den Falschen getroffen, wie jetzt die Palästinenser.« Es ist vielleicht nur einem großen Dichter gegeben, auf so kleinem Raum solch einen inkommensurablen Stuß zu komprimieren. Wer das gelesen hat, wundert sich nicht mehr über einen anderen Satz, der ein Jahr später aus Müllers Mund schoß: An der Geschichte des jüdischen Volkes sei nicht etwa die Shoa »das eigentlich Tragische ...«, sondern »... die Bildung des Staates Israel«.

Ich höre schon auf mit der Zitiererei. Nun kann ich ja schlecht und will auch nach seinem Tode nicht mit ihm streiten. Es ist plötzlich so gekommen, wie es in einem traurigen Liedchen heißt, das auch Müller gut kannte:

Die Toten leben ganz eigen
Sie reden so still und klar
Sogar ihre Lebenslügen
Werden im Schweigen wahr ...

Daß wir alle ohne irgendwelche Lebenslügen nicht durch die Welt kommen, hat sich herumgesprochen. Es fragt sich nur immer, ob diese Lebenslügen wenigstens auf oder ob sie schändlich tief unter dem Niveau der Geschichtsphase sind, in die nun mal jeder hineingeworfen wird. Sich selbst täuschen, andere täuschen, getäuschter Täuscher sein – das Spiel mit den Masken spielte nicht nur in Heiner Müllers Theater eine Rolle, sondern auch in seinem Leben. Wir wissen es ja: Es kann nicht jeder den Daniel in dieser Löwengrube spielen und durch ein göttliches Wunder am Leben bleiben. Manche Kaninchen im Bestiarium tarnen sich in ihrer Todesangst als Schlangen, manche Nachtigallen machen auf Aasgeier. Manches Kaderkrokodil machte Mimikry als schwimmender Baumstamm. Manche freien Geister in der SED verpuppten sich als Dogmatiker, um ihren Einfluß nicht zu verlieren. Und mancher Spitzel bildete sich ein, sein ahnungsloses Opfer vor Schlimmerem zu retten. Auch Heiner Müller trug fast immer wechselnde Masken über seinem Gesicht. Aber so kam er mir vor: Dieser Mensch trug zumindest niemals ein Gesicht über der Maske.

Die Rollen, die Heiner Müller in der DDR spielte, waren wechselhaft in den wechselnden Zeiten. Und sonderbar: Die beste Rolle spielte er, als er noch gar keine Rolle spielte. In den 50er Jahren, als kein Theaterintendant von ihm einen Knochen nahm, lebte er mit seiner Frau, der Dichterin Inge Müller. Kein Job, keine Aussichten, kein Geld. Die paar Jährchen, die er älter war als wir Anfänger, machten sein Leben gefährlich. Er wußte damals schon besser als wir, wo im Sozialismus der Hammer hängt und wo die Sichel rauscht, er wußte die Gefahren tiefer, und er war radikaler als wir alle zusammen.

Es war diese diffuse Zwischenzeit, als Ulbricht sich stur weigerte, Chruschtschows neuen Kurs einer Tauwetter-Politik mitzumachen, obwohl es doch im Grunde nur eine stalinistische Entstalinisierung war. Der XX. Parteitag der KPdSU im Jahre 1956, als Chruschtschow in seiner sogenannten Geheimrede den Zipfel vom blutigen Tuch über der Sowjetunion hob, strahlte natürlich aus. Ironisch könnte man sagen: Als es endlich ein bißchen voranging, da zeigte Ulbricht ein einziges Mal Courage und Souveränität gegenüber dem Großen Bruder. Das dauerte so bis etwa 1960. DDR-Intellektuelle, die in jenen vier Jahren glaubten, sie müßten von der Sowjetunion mal wieder das Siegen lernen, wurden schwer abgestraft. Heiner Müller wanderte zum Glück nicht, wie Wolfgang Harich und Walter Janka, nach Bautzen.

Aber Müller saß damals auch in einer Isolations-Zelle: die Gitterstäbe waren aus Armut und Einsamkeit gemacht. So hockten wir in seiner ungeheizten Wohnung: an den Wänden Hunderte Zettelchen mit Zitaten, Skizzen, Wortfetzen, Versen, Entwürfen. Im Zimmer stand kalt die Luft. Billiger Schnaps- und ätzender Tabaksgestank vermischt mit demütigstem Dichterhochmut. Im Munde dünner Tee und im Kopf große Rosinen. Zwischen Manuskripten lagen angetrocknete Stullen, belegt mit dem ranzigen Traum von der permanenten Revolution. Isaak Deutschers große Trotzki-Biographie. Alles eingeschmuggelte Bücher aus dem Westen: »Die verratene Revolution«. Die nikotingelben Finger, die radikale Sicht, die scharfen Formulierungen, die mich erschreckten und anstachelten. Die politischen Witze, die haarsträubenden Anekdoten. Das alles kann ich nie vergessen, und das ist der Grund, warum ich Müller sogar verteidigte, als herauskam, daß auch er zeitweise mit dem MfS zusammengearbeitet hat. »Kein Mensch hält ewig ...«, sagte Brecht, »... einige halten etwas länger.«

Diese verfluchte Krake Staatssicherheit. Kurz nachdem Heiner Müller zusammen mit so professionellen Einzelgängern wie Stephan Hermlin und Stefan Heym und Christa Wolf und Günter Kunert gemeinsam gegen meine Ausbürgerung protestiert hatte, hatten die Herrn vom MfS ihn dann doch, wie es in Brechts »Mutter Courage« heißt, »auf dem Arsch und auf den Knien«. Freund Heiner unterwarf sich dem Drängen der Obrigkeit, er distanzierte sich von jener Petition der Schriftsteller vom November 1976 und beteuerte listig, er habe sie damals nur unterschrieben, um das Ansehen der DDR in der Welt zu schützen. Er beugte sich allerdings unter der komisch kafkaesken Bedingung, daß sein Widerruf niemals bekannt werden dürfe.

Man fragt sich heute: Tja wozu?! Was konnte denn das Politbüro politisch davon für einen Nutzen haben, wenn diese nachgereichte Unterwerfung in Mielkes Nachtschränkchen liegenbleibt! Aber die MfS-Strategen lebten auch nicht von der Hand in den Mund. Wir wissen inzwischen, daß Heiner Müller seit jener Zeit mit diesen Verbrechern, die doch eigentlich immer seine genuinen Todfeinde blieben, sein Spielchen gemacht hat. Er wollte eben auch mit dem Teufel essen, denn er hielt seinen Löffel offenbar für lang genug. Rede ich schlecht über ihn? De mortuis nihil nisi bene – das kann für Heiner Müller nicht gelten, denn er ist nicht tot. Er hätte es vielleicht anders formuliert: Ihr werdet noch lange an meiner Leiche zu kauen haben.

Wie jammerschade! und was'n absurder Widersinn: Als der Dichter schwach und elend und einsam und arm war, war er stärker als wir alle. Als aber sein Ruhm über den Pißpott der DDR endlich in die Welt schwappte, als er es sich also hätte leisten können, unsre Bonzen zu beißen, zog er den Schwanz ein. Dieses Phänomen sahn wir allerdings vordem auch bei

Anna Seghers, bei Arnold Zweig, auch bei Brecht, der oft viel feiger war, als die Gedankenpolizei verlangte. Die Deutschen hatten kein vollendetes Jahrtausendgenie wie Shakespeare. Aber sie hatten ein Jahrtausendtalent wie Büchner. Der schrieb 1834 seiner Braut aus Gießen nach Straßburg den unerträglich wahren Satz: »Der Einzelne nur Schaum auf der Welle, die Größe ein bloßer Zufall, die Herrschaft des Genies ein Puppenspiel, ein lächerliches Ringen gegen ein ehernes Gesetz, es zu erkennen das Höchste, es zu beherrschen unmöglich.«

Müller war diese Einsicht über den »gräßlichen Fatalismus der Geschichte« in Fleisch und Blut übergegangen. Und diese Haltung muß ein Dramatiker auch haben. Er spielt ja auf seine Art auch Gott, wenn er hoch oben im Schnürboden des Theaters sitzt und unten auf der Bühne die Menschlein aufeinandertreffen läßt, damit sie einander streicheln und zerhacken. Aber Büchner hat nicht nur sowas wie »Dantons Tod« geschrieben, sondern auch die aufklärerische Hetzschrift, den »Hessischen Landboten«. Georg Büchner wußte, daß auch er zermalmt werden wird, aber er hat trotzdem ohne Maske und ohne Aussicht auf einen Sieg gegen die Tyrannei gekämpft. Freilich starb er mit dreiundzwanzig Jahren. Ich weiß ja, wir können alles vergleichen, aber gleichsetzen nichts. Beim Verlag liegt nun Müllers letztes Manuskript. Müllers Tod hat den Büchermarkt und die Theaterszene in die freudigste Erwartung versetzt. Er lieferte nun also doch noch den schon seit Jahren angekündigten Stoff über das monströse Liebespaar Stalin – Hitler. Der Titel des Werks wird sein: GERMANIA 3 – GESPENSTER AM TOTEN MANN. Ich bin auf des Wendeschneiders letzte historische Flickendecke gespannt. Wen sie wärmt – wer weiß. Aber das weiß ich im voraus: Sogar wenn jedes Wort mich ärgern wird oder anwidern sollte – dieser Müller schreibt selbst das Unhaltbarste in haltbarer Sprache.

So sieht es aus: In den nächsten Jahren wird in Deutschland »Alles Müller« sein. Aber dann kommt wieder der ewig junge Brecht. Müller hinterläßt uns ein Revolutionspanoptikum über das eine große romantische Thema: Die verratene Revolution. Verrat Verrat Verrat – das ist das immer gleiche Garn, mit dem er alle seine Stoffe zusammengenäht hat. Ein hübsches Thema für germanistische Doktorarbeiten.

Seine tiefsten Irrtümer waren immer noch bedeutender für uns als die seichten Allerweltswahrheiten, mit denen wir zugeschüttet werden. Der ungläubige Karl Marx glaubte, daß die Menschheit am Ende einer Geschichte von Klassenkämpfen stehe und nun nur noch entweder die guten Gipfel des Sozialismus erklimmt oder in den Weltuntergang einer totalen Barbarei stürzen muß. Heiner Müller glaubte fest und mit gelassenem Zynismus an die schlechteste Lösung. Diese manichäische Zwangsvorstellung beherrschte das Denken des Dichters bis zuletzt, und das war die dünne unzerreißbare Kette, die ihn innerlich immer noch an unsere rotgetünchten Unterdrücker von gestern fesselte.

Müllers große Leistung war, daß er, anders als Brecht, den innerkommunistischen Tragödien nicht auswich. Er verteidigte zwar, wie Brecht in dem Stück »Die Maßnahme«, die Notwendigkeit der Opfer im Geschichtsprozeß, aber er tat es wenigstens halbherzig. Er wandte den Blick von den Opfern nicht ab, und deswegen liebe ich ihn. Aber die Hoffnung auf das rote Narrenparadies benebelte ihn trotz alledem bis zuletzt – und dieses eitle Hoffen speiste sich aus seinem irrationalen Affekt gegen das Prinzip Rom, gegen den Westen, gegen die Zivilisation, gegen jede bürgerliche Demokratie. Und diese Differenz markiert genau den fundamentalen Dissens, der uns auseinandertrieb. Dabei waren wir zuletzt wohl Freunde, die ihre Feindschaft nicht wahr haben wollten. Vor zwei Jahren trafen wir uns ein letztes Mal, das war zur Buchmesse in Frankfurt. Ich werde diese Begegnung nie vergessen: Wir umarmten einander wie endlos und schwiegen all dies mit einer zärtlichen Bitterkeit.

In den nächsten Tagen muß die Beerdigung sein. Heiner Müller wird im Ostberliner Pantheon nahe Brecht und dessen diversen Witwen seinen verdienten Platz finden. Ich werde aus Hamburg hinfahren in meinen Kiez von dazumal. Ja, ich fahre hin, aber gewiß nicht wegen des Toten, der ist quicklebendig in meiner Erinnerung und in seinen Werken. Ich will mit einem lachenden Auge an diesem Trauertag das DDR-nostalgische Pack triefen sehn. Ich will erleben, wie des großen Toten eingebildete Witwe PDS ihren welken Hintern schwenkt. Und wenn dann Müllers falsche Onkel und Tanten ihre Reden schwingen, dann wird der tote Osten seinen lebendigen Osten begraben.

Ich werde mich durch die Menge zum Grab von Hegel drängeln. Ich will diesen Alleswisser etwas fragen. Ich möchte von ihm hören, ob er noch der Meinung ist, daß der menschliche Fortschritt sich immer nur blind durchsetzt, und zwar weit ab vom Willen und sogar gegen die Absichten der agierenden Menschen. Unter uns: Ich will wissen, was mit diesem zerrißnen Deutschland wird. Jetzt nämlich wächst erst einmal zusammen, was nicht aufeinander hört. Und wenn Hegel mir dann darauf etwas Neues zu sagen weiß, werde ich mir das alte Lied über den Hugenottenfriedhof auf die Zunge beißen, in dessen Refrain es heißt: Wie nah sind uns manche Tote, doch / Wie tot sind uns manche, die leben.

Bertolt Brecht – wichtige Nichtigkeiten

Aus einem Brief der BERLINER ZEITUNG
vom 23.12.1997:

Sehr geehrter Herr Biermann,
»Schön ist es / das Wort im Klassenkampf zu ergreifen.«
Auch sechs Wochen vor Bertolt Brechts 100stem Geburtstag
ist es nicht zu spät. Für unsere kleine Umfrage bitten wir Sie
um die Beantwortung von drei Fragen.

1. Was war Ihrer Ansicht nach Brechts bester Einfall, was sein
größter Fehler?
2. Leben wir im Zeitalter Brechts?
3. Würden Sie gerne mal etwas Brechtisches tun? Was denn?

Verehrte Theater- und Littratuurredaktöre der Berliner Zeitung, lieber Detlef Friedrich, lieber Stephan Speicher,

das soll mein Dank sein für die Einladung zu der geplanten
Umfrage: Ich liefere Ihnen lieber kein Wort zu dem Ansinnen,
diese drei Unfragen zu beantworten. Aber das Brecht-Zitat,
das Sie da als Motto gewählt haben, reizt mich doch: es ist
hochinteressant falsch zitiert, will sagen: es kann nicht von
Brecht sein.
Ich habe des Meisters Werke grade nicht zur Hand, aber
soviel doch im Kopfe. Bert Brecht würde um nichts in der
Welt geschrieben haben:

»Schön ist es / das Wort im Klassenkampf zu ergreifen«

Nach meinem Gedächtnis heißt es in seinem frühen Stück »Die Maßnahme«:

»Schön ist es / das Wort zu ergreifen im Klassenkampf«

Es lohnt sich, mit gehöriger Pingeligkeit auf diesen winzigen Unterschied hinzuweisen, denn genau er macht den typischen Brecht-Ton aus, der nicht nur ein origineller Sound ist, nicht nur ein raffinierter Stil, schon gar keine modische Masche. Ja, Pingeligkeit! Von dem chronischen Wortedieb Brecht stammt der Satz: Man solle in Fragen des geistigen Eigentums nicht so pingelig sein ... Ich würde in seinem Sinne fortsetzen: ... wohl aber pingelig in Fragen der Poetik. Diese neun Wörter hier liefern uns den poetologischen Code eines genetischen Fingerabdrucks des Dichters Brecht, wenn wir ihn nur richtig entschlüsseln.

Die von Ihnen gelieferte verdorbene Version soll uns eine willkommene Gelegenheit sein, dem Brecht in die Werkstatt zu schaun. Es zeigt sich hier nämlich die Brechtsche Methode, in lebendigen Widersprüchen zu denken und zu schreiben – und das heißt: Brecht liefert mit Vorliebe an den geeigneten Bruchstellen seines Gedichtes vor dem So-Sein der folgenden Gedichtzeile immer ein scharfes »Nicht so, sondern so!« – Will sagen: das gar nicht in Worte gefaßte »Nicht so!« kann bei dieser Technik vom Leser immer auch mitgedacht werden als Möglichkeit.

Lesen Sie mal nach bei Brecht: »Über reimlose Lyrik«. Da beschreibt er schön genau, wo er bei Gedichten, die weder Reime noch einen festen Rhythmus haben, die Zeilenbrüche hinbaut und warum. Kurz gesagt: immer an der Wegscheide des poetischen Gedankens, immer dort, wo sich mehrere, also wenigstens zwei Möglichkeiten anbieten. Die Gabelung eröffnet verschiedene Wege der Weiterführung. Von Brecht fast pädagogisch bös bevorzugt: Holzwege, die der Dichter in seinem Gedicht an dieser Stelle dem Leser anbietet. Die dann wirklich folgende Zeile liefert bei solchem Zeilenbruch dann aber die verblüffende Entscheidung: »Nein, nicht da geh ich lang, du zünftiges Wanderbürschlein, sondern dort, ins Dickicht der Städte.«

Schon die erste Zeile bietet ein prima Beispiel: »Schön ist es ...« – da seh ich in dieser Zeilenzäsur schon den proletkultivierten Bürgerschreck Brecht gemein grinsen, denn der frisch konvertierte Kommunist lockt allerhand traditionelle Leser in den kitschigen Schönheitsbegriff der Schöngeister im Salon, die chronisch eine zartbesaitete Gier auf alles Guute und Schööne haben. So foppt Brecht seine gutbürgerlich gebildeten Kunden, die als Hegelsches Naturschönes den Sonnenuntergang genießen oder als Kunstschönes ein dunkel verquastes Beispiel von Stefan Georgescher Ich-weiß-wirklich-nicht-was-es-bedeuten-soll-Lyrik auf sich einwirken lassen, deren unergründlichen Sinn sie so angenehm tiefsinnig nimmermehr ergründen. »Schön ist es ...« – der Sekt perlt schon in der Seele auf – tja, und dann soll ausgerechnet der Schmutz in der Arena des Klassenkampfes »schön« sein, der Geifer im Streit, der Schweiß der Arbeiter, den Heine wohl ehren wollte, aber nicht riechen konnte. »Schön ...« sollen die Schreie der Massakrierten sein, das Gebrüll wechselnder Sieger, die aufeinanderprallenden Agitationslügen in blutigen Maulschlachten.

Aber schaun wir uns erst einmal den Anfang der zweiten Zeile genauer an. Brecht benutzt hier die gängige Redewendung: »das Wort ergreifen ...« – und dann erst kommt die frappierende, die nicht erwartete Wendung: »im Klassenkampf«. So entsteht ein Überraschungseffekt. (Seine eigene Poetik streng angewandt, könnte er auch hier einen Zeilenbruch machen, womit der »Klassenkampf« dann in einer dritten Zeile für sich stände. Warum er das nun – meine Meinung, versteht sich – nicht gemacht hat, erkläre ich damit, daß er ganz nebenbei keinen allzu zerfetzten expressionistischen Duktus haben wollte.)

Es klingt ja erstmal wie die banale Mitteilung eines Gern-redners:

»Schön ist es, das Wort zu ergreifen ...« – der brechtsche Schauspieler auf der Bühne müßte hier listig retardieren. Mit dieser kleinen Zäsur könnte er seine Zuhörer erstmal ins näch-ste produktive Mißverständnis locken. So baut sich ein guter negativer Reflex auf gegen chronische Quasselköppe – und der wiederum wird dann elegant verbraucht für die unerhörte Neuigkeit: »... im Klassenkampf«.

Klassenkampf – ein Wort, bei dem man ja naiv an Arbeiter-fäuste denkt, an Fahnen und Fabriken, an Kampfdemon-strationen, an Pflastersteine und Schießprügel, an Gummi-knüppel, Flugblätter, an Barrikaden in den zwanziger und dreißiger Jahren. Man denkt vielleicht an den »kleinen Trom-peter« und an staatliche Maschinengewehre, die im Sinne einer politischen Stadtreinigung die Straßen leerfegen. Allein das Gebrüll in solchen Klassenkampfszenen wird durch den grotesken Gebrauch des noblen Wortes »... ergreifen« wun-derbar verfremdet. So blitzt und funkelt der Diamant in Brechts geschliffenen Worten aus allen Facetten.

An diesen zwei Gedichtzeilen könnten wir also erkennen, was in unserem Zeitalter denn eigentlich das »Moderne« an Brechts Sprache ist. Wir Nachgeborenen fast alle – ich sowieso – wurden geprägt von diesem Brecht-Deutsch. Frei-lich, als Element finden Sie diese poetische Technik in jeder großen Dichtung, aber Brecht hat sie zu einer kalt kalkulier-ten Methode gemacht.

Ich schreibe Ihnen so übertrieben ausführlich dazu, weil Sie an dieser Stelle schön anschaulich auch begreifen, warum Brechtübersetzungen in andere Sprachen oft so verfehlt sind.

Der intelligente Zauber der Brecht-Sprache liegt im raffiniert Einfachen. Scharf geschliffene Steine: brilliant lapidar, aber nicht dunkel wabernd, nichts da von der falschen Tiefe einer trüben Wasserpfütze. Brechts Phantasie zeigt die phantastische Welt und nicht den phantasierenden Worteverkäufer, der seinen ausgehungerten Klienten Sägespäne als Mehl verkauft und sie betrunken macht mit dem vergällten Spiritus falschen Tiefsinns.

Dabei will ich nicht verheimlichen, daß auch das Pathos radikaler Nüchternheit besoffen machen kann. Ich hab den Kater nach solchem Fusel erlebt. Dennoch: der Brechtsche Gestus erinnert mich an den treffsicheren Strich in den Zeichnungen von Picasso – also das gute Gegenstück zu den phantasiearmen und akademiebiederen Spießerphantastereien des albernen Salvador Dalí.

Und Brecht – typisches Zeichen des Genies – hat nicht das, was die Literaten »guten Geschmack« nennen. Und noch etwas: Da er wirklich originell ist, bemüht er sich nicht spießig um Originalität. Im Gegenteil: Brecht kennt keine Scheu vor dem abgenutzten Sprachmaterial. Der kennt keine Angst vor geschmacklosen Schablonen, vor abgedroschenen Redewendungen, geflügelten Worten, zerredeten Zitaten. Brecht schreibt oft so, daß er gefährlich nahe am Banalen vorbeischrammt.

Und grade diese hochgestochene Einfachheit, diese auserlesene Normalität kommt in einer primitivierten Übersetzung nur als eindimensionale Banalität zur Erscheinung. So passiert es, daß man immer wieder von klugen Leuten, die bei unserem Dichter auf die Übersetzung angewiesen sind, hört: Ich verstehe gar nicht, was Ihr Deutschen an diesem Brecht habt, das ist doch keine große lyrische Dichtung, das ist doch, pardon, … primitiv.

Ein anderes und größeres Thema und eine nichtige Wichtigkeit wäre aus heutiger Sicht das, was Brecht mit »Klassenkampf« wirklich meinte, als er mitten im revolutionsromantischen Honeymoon mit dem Kommunismus diese zwei Zeilen schrieb. Aber ich bleibe erstmal lieber bei den wichtigen Nichtigkeiten.

Es ist seit je reizvoll, an einem Teilchen das Ganze zu identifizieren. Sogar die Gedankenpolizei in totalitären Regimen hat ihre Freude an solcher Methode. Als in den 60er Jahren die beiden sowjetischen Schriftsteller Julij Daniel und Avram Sinjawski unter Pseudonymen ihre staatsfeindlichen Novellen im Westen veröffentlichten, suchte der sowjetische Geheimdienst fieberhaft nach den Autoren. Besonders die Erzählung »Hier spricht Moskau« machte die sozialistischen Sittenwächter nicht etwa blindwütig, sondern gradezu hellsichtig. In »Hier spricht Moskau« wurde nämlich mit sarkastischem Witz vorgeführt, wie wunderbar es wäre, wenn die Staats- und Parteiführung der UdSSR im Zuge der weiteren Demokratisierung nach dem »Tag des Lehrers« und nach dem »Tag des Friedens«, nach dem »Tag der Frau« und dem »Tag des Eisenbahners« und dem »Tag des Kindes« nun auch einen »Tag des Mordens« als Feiertag stiften sollte. An diesem arbeitsfreien Tag sollte das Privileg des Staates zum Recht aufs Morden eben für wenigstens einen Tag im Jahr ans Volk übergeben werden, ein Tag also, an dem jeder Bürger der Sowjetunion die Muße und die Möglichkeit hat, jeden anderen Bürger des Arbeiter- und Bauernstaates nach Herzenslust umzubringen, ohne dafür bestraft zu werden ...

Alle Literaten des Landes, die als Kandidaten für die Autorenschaft dieses im Sinne von Swift wirklich »modest proposal« irgendwie in Frage kamen, wurden mit für sie typischen Texten in einen amerikanischen Computer eingespeist. Und dann wurde durch linguistische Textanalyse so lange selektiert, bis man die beiden auf dem Haken hatte. Nicht ein Spitzel, sondern die wirklich eigene Sprache hat sie verraten. Julij Daniel wurde zu fünf Jahren verschärften Arrests im GULAG verurteilt, die er in der mordwinischen SSR absaß.

Freilich fällt mir dazu eine passende Geschichte in deutscher demokratischer Prosa ein. Am fünften Jahrestag des Einmarsches der fünf Warschauer-Pakt-Staaten in die CSSR, also am 21. August 1973, tippte ein junger Arzt in Dresden ein Gedicht von mir, ein Lied über meine Hoffnungen auf den »Prager Frühling« zwei Mal mit seiner Schreibmaschine ab: »In Prag ist Pariser Commune«. Die so hergestellten zehn Exemplare verbreitete er heimlich in Dresden. Die Staatssicherheit suchte und fand endlich den Staatsfeind, einen Dr. Volker Böricke, der grade dabei war, in einer Dresdener Klinik seine Fachausbildung als Augenarzt zu absolvieren.

Dieser junge Mann, zwei Meter lang und spindeldürr, ging an einem schönen Morgen in jenen Tagen neben seinem Chefarzt in den Operationssaal. Plötzlich griff ihm der vorgesetzte Kollege mit Daumen und Zeigefinger von hinten hoch auf die Schulter und pflückte seinem Assistenzarzt ein herabgefallenes Haupthaar vom Operationskittel. Dazu sagte er im drolligen Tonfall eines väterlichen Vorwurfs: »Aaber! aber, mein liieber Kollege! Man geht doch wohl nicht zur Operation mit einem Haar auf der Schulter!« – Dieses Haar hatte die Staatssicherheit beim Chefarzt bestellt, denn er war ein Inoffizieller Mitarbeiter der »Firma«. Anhand dieses Haares gelang es den Biochemikern des MfS, den jungen Arzt als Täter zu identifizieren. Er wurde zu dreieinhalb Jahren Zuchthaus verurteilt, und ich hatte mit ihm und seinem Fall dann noch mehr als nur Aufregendes zu tun. Dieser nach dem § 106 (Staatsfeindliche Hetze) verurteilte Querulant wurde im VEB-Knast besonders gequält, weil er sich nach halb abgesessener Haftzeit aus dem DDR-Gefängnis partout nicht an den Westen hatte verkaufen lassen wollen.

Zurück zu Brecht. Es gibt genügend anschauliche Teilchen, an denen man das Ganze erkennen kann. In einer früheren Fassung seines Gedichtes »Gegen die Objektiven« heißt es:

Wenn die Kämpfer gegen das Unrecht
Ihre verwundeten Gesichter zeigen
Ist die Ungeduld derer, die in Sicherheit sind
Groß.

Wie dieses Wörtchen »groß« da nach einer elend langen Gedichtzeile und nach einer kleinen Zäsur einsam dasteht und dabei eine ganze Zeile ausfüllen muß – das ist kälteste und dennoch herzzerreißende Sprache, das eben ist große Dichtung.

Es gibt unter den 154 Sonetten von William Shakespeare eines, in dem der Elisabethaner mit feiner Selbstironie über den Ton seiner Dichtung spricht. Seit den Meistersingern wissen wir ja: Es kommt auf den Ton an, der die Musik macht, es ist der unverwechselbare Ton, der dem Meister das Gesicht liefert, die Identität, ja, man könnte sagen: in der Konkurrenz mit anderen Wortehändlern und Liederverkäufern das lukrative Markenzeichen, auf das die Kunden fliegen, weil sie es sofort wiedererkennen – in der Sprache der Popmusik: der unverwechselbare Sound.

Shakespeare, das 76. Sonett

Warum bloß trägt mein Vers 'nen abgetragnen Rock
Spreizt sich nicht groß im Ton vom allerletzten Schrei
Der Literaten? Warum habe ich kein' Bock
Auf zeitgeisthochgestylte Modereimerei?

Wie kommts, daß ich nur schreib was längst geschrieben steht
– und wenn ich Neues fand, kleid ich's in altes Kleid.
Wie kommt es, daß mich schon das kleinste Wort verrät
– man riecht sofort wo's herkommt, und man weiß Bescheid.

O, wisse, Liebste, Du bist schuld, wenn mein Gedicht
Von Dir nur weiß. Du und die Liebe machen das.
Nur alte Hüte putz ich auf, mehr kann ich nicht.
Ich liefer, was schon da ist. Wasser mach ich naß.

So, wie die alte Sonne täglich neu aufbrach
Spricht meine Liebe auch – wie sie schon immer sprach.

Nach all solchen Überlegungen – angestachelt durch den
Ärger über ein Zitat, das vielleicht nur beim Abschreiben einer
übermüdeten Sekretärin so in die Tasten geriet – lese ich die
geschmähten Unfragen der Umfrage nochmal mit neuem
Blick. Dermaßen daneben sind die drei Fragen denn doch
nicht. Will sagen: Es gibt jedenfalls meistens mehr dumme
Antworten als dumme Fragen. Also bescheide ich mich und
versuche nun doch noch eine Antwort:
    zu 1) Brechts bester Einfall war es, Kommunist zu werden,
denn das gefiel seiner Muse. Sein schlechtester Einfall: Kommunist zu bleiben. Kurz nach dem XX. Parteitag der KPdSU
flüchtete der Dichter sich mit einem Schnupfen während der
Proben zu dem Stück »Leben des Galilei« in die Krankheit
und . . . in den Tod. Chruschtschow hatte mit seiner Geheimrede im Februar 1956, die Brecht natürlich kannte, das blutige
Tuch des Stalinismus über dem Land des »großen Oktober«
gelüftet. Nun spätestens hätte Brecht noch einmal einen
Bruch wagen müssen, den Bruch mit der massenmörderischen kommunistischen Heilslehre. Aber er war zu müde, zu
stolz, wer weiß – zu verletzt.
    zu 2) Ja.
    zu 3) Andere für mich dichten lassen.

Moses Rosenkranz –
vier Fußnoten zu einem Gedicht

2002

Des Bauern Tod

Er schlug die Arme um die Erde,
Wie um die jüngste Magd, im Krampf;
Und fühlte: Rinder, Knechte, Pferde,
Und starken Schweiß, der Scholle Dampf.

Der andre rollt' ihn auf den Rücken
Und ließ ihn so. Sein schwer Gesicht
Lag wie ein Stein im Flurenlicht,
Ein weicher Stein aus grauen Stücken.

Fußnote 1

Für mich sind diese acht Zeilen aus den zwanziger Jahren ein
großes Gedicht, geschrieben von einem kaum bekannten
Dichter aus der Bukowina. Moses (ursprünglich: Edmund)
Rosenkranz wurde am Anfang des letzten Jahrhunderts geboren und starb an dessen Ende. Er überlebte die rumänischen
Lager unter Hitler und geriet gleich anschließend in Stalins
GULAG, wo er bis 1957 gefangen war. Vier Jahre später floh er
aus Bukarest vor den Häschern des Geheimdienstes Securi-
tate nach West-Deutschland. Dort lebte er die folgenden Jahrzehnte, fast unbeachtet, in einem Dorf; er erlebte noch das
Ende des Kalten Krieges. Die ihn kannten, beschreiben ihn als
steilen Charakter, als harten Knochen, stolz, unbeirrt, men-
schenzugewandt und einsam, freundlich und bitter. Vor allem
das wird kolportiert: ungebrochen.

Ja, sein kleines Gedicht – für mich ein Zufallsfund – finde
ich groß. Es elektrisiert gleich in den ersten zwei Zeilen mein

Herz, weil des sterbenden Bauern erotische Eskapade ausgeplaudert wird – ausgerechnet angesichts seines Todes. Wir erfahren, wie ungehörig und verboten der Mann da eine junge Magd aufs Kreuz gelegt hat. Nichtsozialistischer Realismus: Liebe und Tod sind hier im Kunstwerk so nahe beieinander wie im richtigen Leben.

Der irdische Liebesakt wird hier in einem Atemzug geschildert wie eine Umarmung mit der alten Mutter Erde. Schwer rauszukriegen, wo nun der Krampf größer war: im Geschlechtsakt oder im Sterben. Aber: Wer fickt hier wen? Der Mann das Mädchen? Der Tod den Mann? Der Poet die Muse? Die Muse den Dichter? Apropos Ficken. Allein meine leichtsinnliche Verwendung dieses Wortes paßt eigentlich nicht in die sprachliche Abgeschiedenheit des einstmaligen Kulturkreises, aus dem dieses Gedicht stammt. Die jüdisch-deutsche Kulturszene in Czernowitz vor dem Zweiten Weltkrieg war nicht der Ort, nicht die Zeit für solche modischen Schmutzworte. In bezug auf diesen Sonderling Rosenkranz ist solch ein grober Jargon allerdings gar nicht so verfehlt: Er kam ja aus den Bauernhöfen und nicht aus den Salons des Bildungsbürgertums.

Heute und hier ist dieses grobe Wort in der Umgangssprache Inflation geworden. Dabei hat es in der rasenden Sprachentwicklung vor allem einen interessanten Sinnwandel durchgemacht, der uns Nachgeborenen die Sinne schärfen könnte, auch für das Sprachproblem im Spannungsfeld damals, zwischen einem Rosenkranz und seinem jungen Kollegen Paul Antschel, genannt Celan.

Unser sechsbuchstabiges four-letter-word ist ja im Neu-Deutsch für viele, die es in Gebrauch nehmen, nichts anderes als ein Synonym für das grade Gegenteil von Liebe: hassen, niederschlagen, stumpfsinnlich kaputtmachen, zerstören, vergewaltigen, beschmutzen, aushebeln, überwinden, besiegen, lächerlich machen. Die Drohung ist Jargon geworden: »Du nicht *mich* ... ich werde *dich* ficken!!« Zugleich ist es ein Zeichen fürs frauenverachtende Samenabschlagen, für den stumpfsinnlichen Mißbrauch in einer Weiber-Leiber-Zeitvertreiber-Kultur. Aber – entre nous – es kann zugleich auch ein scharfzärtliches Reizwort unter Liebenden sein.

Und wenn der Dichter Rosenkranz bei Gelegenheit des Todes eines wahrscheinlich ruthenischen Bauern gleich in der zweiten Zeile mitteilt, daß dieser Mann seine jüngste Magd gefickt hat, na dann möchte man womöglich wissen, ob es eine unglückliche, eine heimliche Liebesbeziehung war oder ein gemeiner, will sagen: üblich übler Mißbrauch, wie wir ihn in der Literatur aus Brechts Theaterstück über den Gutsbesitzer Puntila in Finnland kennen. Der zwang seine Mägde ja, nicht nur für ihn früh zum Kühemelken aufzustehn, sondern, wie es das schuldlose Reimwort im Lied von den Bräuten des Herrn Puntila verlangt, auch mit ihm gelegentlich ins Bett zu gehn.

Auf jeden Fall wird deutlich: In diesem Gedicht stirbt kein kraftloser Greis. Mich entzückt, wie der lehmgeformte und fleischgewordene Dorf-Mensch, Nachfahre derer, die aus dem Paradies verjagt worden sind, sich nun im Tode in einen Stein verwandelt.

Ein Leibeigener oder ein Held der sozialistischen Arbeit auf der Kolchose kann dieser Bauer nicht gewesen sein, denn sonst gäbe es im Gedicht keine Knechte und keine Magd im Spiel der Geschlechter. Das Reizwort »Schweiß« überflutet mich mit Assoziationen, angefangen mit dem göttlichen Verdammungswort: »Im Schweiße deines Angesichts sollst du fortan dein Brot essen ...« Aber auch Angst-Schweiß könnte es sein, durchdringender Schweißgeruch aus heroischer Schinderei oder sogar aufreizender Lust-Schweiß. Auf jeden Fall: lebendiges Leben. Die Toten schwitzen nicht.

Diese acht Zeilen von Rosenkranz schmeicheln zudem meinen poetologischen Prinzipien. Sie zeigen nämlich nicht, wie toll und extravagant der Dichter ist, sondern viel mehr wie extravagant und toll diese Welt. Wer im Sterben ein Stein wird, war im Leben – werweiß – auch schon ein harter Brokken. Aus einem harten Mann wird im Tode hier ein weicher Stein. Tausend Lesarten provozieren diese paar Worte des Poeten. Ja, so stell ich mir gute Dichtung vor, ganz gleich, in welcher Mode, Masche oder Tonart: Sie stachelt meine Phantasie.

Auf jeden Fall wird hier ein einzelnes Menschenexemplar portraitiert. Und wenn ich dabei an die gesichtslosen und namenlosen, die Millionen Opfer des Massenmordes denke, den die Deutschland-über-alles-Deutschen in der Nazizeit verbrochen haben, dann merke ich: was für ein menschlicher Tod hier geschildert wird. Wie gut, wenn ein Mensch einigermaßen normal sterben kann, als ein immerhin beachtetes Einzelexemplar.

Den Dichter Paul Celan, gleichfalls aufgewachsen in der »dulce Bucuvina« deutschsprechender Juden, ihn kennt jeder Deutschlehrer. Genauer: man kennt eigentlich nur die »Todesfuge« des Paul Antschel, der sich als Dichter später die Buchstaben seines Namens Ancel in Celan verdrehte. Wir können alle das geflügelte Wort von der »Schwarzen Milch der Frühe« hersagen. Wir repetieren ». . . dein goldenes Haar Margarete, dein aschenes Haar Sulamith . . .« und dann: ». . . ein Mann spielt mit den Schlangen . . .«, wir kennen alle die Zeile ». . . schaufeln ein Grab in den Lüften . . .« und vor allem das immer und immer wieder zitierte Schlagwort von dem Tod, der ein Meister aus Deutschland ist.

Dabei weiß ich inzwischen, daß Paul Celan 1945 sich fast alle sogenannten lyrischen Wirker seines einzigen wirkungsmächtigen Gedichtes rausgefingert hat aus vorher am selben

Ort geschriebenen, allerdings mehr altmodischen Gedichten, deren Autoren Celan auch persönlich kannte. Das eine heißt »ER« und der Name des Autors: Immanuel Weißglas, ein Name, der nie vergessen werden konnte, weil ihn kaum einer kannte. Mit ihm besuchte Celan das gleiche Gymnasium in Czernowitz. Eine weitere Quelle der Inspiration: Der Titel des Gedichtes »Blutfuge« stammt von Moses Rosenkranz, mit dem Celan im Arbeitslager zusammentraf. In Celans Todesfuge wimmelt es also von fremdgefertigten Metaphern. Von Rose Ausländer, der arrivierten Dichterin aus Czernowitz, las ich mal, daß sie die Erfindung des Reizwortes »Schwarze Milch« für sich reklamiert. Dabei weiß ich, daß es Lieder in der rumänischen Folklore gibt, wo von der »dunklen Milch« gesungen wird, auch von der »blauen Milch«. Keiner von uns hat die Sprache neu geschaffen wie Gott die Welt.

Ich habe in diesen Tagen nicht die Geduld, beim Verlag Suhrkamp nachzufragen, ob ich hier Celans berühmtes Gedicht abdrucken darf. Diese Leute in der Lindenstraße Frankfurt haben derzeit genug andere Esel zu kämmen, und ich auch.

Der Leser möge sich also die Celansche »Todesfuge« (1952) aus irgendeinem deutschen Schulbuch herausblättern und sich dann daneben das Gedicht von Celans Dichterkollegen Weißglas aus dem Jahre 1944 vors Auge halten:

ER

Wir heben Gräber in die Luft und siedeln
Mit Weib und Kind an dem gebotnen Ort.
Wir schaufeln fleißig, und die andern fiedeln,
Man schafft ein Grab und fährt im Tanzen fort.

ER will, daß über diese Därme dreister
Der Bogen strenge wie sein Antlitz streicht:
Spielt sanft vom Tod, er ist ein deutscher Meister,
Der durch die Lande als ein Nebel schleicht.

Und wenn die Dämmrung blutig quillt am Abend,
Öffn' ich nachzehrend den verbissnen Mund,
Ein Haus für alle in die Lüfte grabend:
Breit wie der Sarg, schmal wie die Todesstund.

ER spielt im Haus mit Schlangen, dräut und dichtet,
In Deutschland dämmert es wie Gretchens Haar.
Das Grab in Wolken wird nicht eng gerichtet:
Da weit der Tod ein deutscher Meister war.

Primo Levi zitiert in seinem Roman »Se non ora, quando« jiddische Verse von Martin Fontasch, in denen auch schon die
Metapher »Grab in den Lüften« gebraucht wurde – ein poetisches Bild, verwendet als Stein aus dem Steinbruch der chassidischen Tradition. Für die Chassidim war das Grab eine Art
Startrampe in den Himmel.

Mein Interesse ist nicht der beckmesserische Nachweis, daß
Celan das wirkungsmächtige Gedicht über die Shoa von zwei
Leidensgefährten schnöde geklaut hat.

Die poetische Paradoxie »schwarze Milch« ist, vermute ich,
doch eine genuine Erfindung, sagen wir: Findung des Paul
Celan. Ein irritierendes Begriffspärchen hat er sich da zusammengefügt, um womöglich alte Literatur-Hasen und Neulinge neugierig zu machen. Celan hatte als ganz junger Mann
in Paris vor dem Krieg kurz Medizin studiert, er kannte und
liebte die moderne französische Dichtung. Ihm hätte sonst
solch ein surreal impressionistisch-expressionistisches Wortpaar wohl kaum gefallen: »Schwarze Milch«.

Bleibt allerdings die Frage: liefert der Poet dem Leser mit

solch einem Widersinn nur eine paradoxelnde Platitüde oder echte dialektische Tiefe. Anders gesagt: Zeigt der Poet uns mal wieder nur, wie toll phantasievoll er ist, oder offenbart er unseren ungeübten Augen einen tieferen Blick in die Tollheit der phantastischen Welt. Eine gelungene poetische Metapher, daran sei erinnert, soll ja immer beides leisten: Sie soll nicht nur im sogenannt übertragenen Sinne treffen, sondern zugleich immer auch im allerplattesten prosaischen Sinn stimmig sein.

Dabei lauert hinter diesem oszillierenden Oxymoron eine grausame Unlogik, die ja nicht etwa darin liegt, daß weiße Milch schwarz geworden sein soll, etwa von den Rauchpartikelchen, die aus den Schornsteinen der Krematorien und riesigen Scheiterhaufen aus den Wolken über dem KZ herunterregnen. Scheinbar absurd ist diese schwarze Milch aus anderem, banalerem Grund: Paul Celan meint mit dem Wort »wir« im Gedicht natürlich die Opfer, all die Arbeitssklaven der Arbeitslager und Ghettos und KZs, die Häftlinge in den rationalisierten Todesfabriken. Aber wieso »Milch«? Milch gabs da nicht, die schwarz werden konnte. Die deportierten Kinder in den Viehwaggons kriegten tagelang, wochenlang nicht mal dreckiges Wasser zu trinken, geschweige denn irgendeinen Tropfen Milch. Also gilt das Wort Milch mal wieder nur im sogenannten übertragenen Sinne. Aber, halten zu Gnaden, was denn sollte da übertragen werden? Wird die normale Milchnahrung des Säuglings im Zustand familiärer Geborgenheit an der Mutterbrust hier als »schwarz« verfremdet ins Gedicht gezogen, damit nicht nur der Mangel an Nahrung im Lager, sondern mehr noch der Zustand des schwarzen Ausgeliefertseins zur Erscheinung kommt? Jeder Häftling ein Waisenkind ohne Mutter? Ich höre schon auf mit bohrenden Fragen, die am Ende nur boring questions sind. Das ist der bevorzugte Stoff für germanistische Dissertationen.

Sei' s drum – Celan hat die entscheidenden Passagen seiner Todesfuge – was denn sonst! – plagiiert. Starke Dichter sind eben, wie Shakespeare, wie Goethe, wie Thomas Mann, wie Brecht, im allerbesten Sinne immer auch stark vom Stamme NIMM! Mich bewegt mehr die Frage: Warum ist ausgerechnet Celan berühmt geworden mit seinem Gedicht, und warum wurden es nicht die beiden verschollenen Originaldichter mit Namen Rosenkranz und Weißglas. Viele Gründe mag es geben, und einen weiß ich: Diese beiden Unberühmten verharrten wie gefesselt im Ton derer, die am äußersten Rand des deutschen Sprachraumes lebten. Ihr Deutsch dümpelte dort, wo Deutsch als abgekapselte Minderheitensprache in einer rumänischen Fremde, im deutschjüdischen Tümpel am Riesenrand des slawischen Weltmeeres sich behaupten mußte. Altmodisches Taitsch. Nicht der lebendige Strom der Sprache. Stehendes Sprach-Gewässer. Diese Juden liebten Deutschland über alles. Unter Deutschen in Deutschland aber haben sie nicht gelebt.

Rosenkranz verwendet in seinem Gedicht vom Tod des Bauern rustikale Elemente wie »starken Schweiß« und »der Scholle Dampf«. Ja, das Wortmaterial kommt nicht grade aus der urbanen Asphalt-Lyrik. Die bukowinischen Buchstabenbündel kommen aus der uralten teutschen Bauern-Truhe mit oftmals auch einem slawischen Duktus in der Wortfolge. Das sinnlösende Verb, das die deutsche Sprache oft so nervig erst ans Ende einer Satzkonstruktion setzt, wird im slawisch-jiddischen Sound des Satzbaues holprig nach vorne gescheucht. Und die gesuchten Reimworte werden dabei ungeniert ans Ende der Zeile geprügelt.

Rosenkranz und Weißglas dichteten ohne Rücksicht auf die avantgardistische Ästhetik einer westeuropäischen Poesie, wie wir sie von Meister Brecht ablernten. Wir hier streben in hochgestochener Poesie eher so etwas an: die Eleganz gediegener Prosa. Ja, die Gesetze guter Prosa dürfen seit dem 20. Jahrhundert in Deutschland beim Verseschmieden nie und nimmer mehr verletzt werden. Hochtechnisch fabrikmäßig kam der Meister Tod in den Konzentrationslagern daher. Dagegen sind die Verse der beiden unberühmt gebliebenen Dichter im Zeitalter des modernen Massenmords altväterlich gehandwerkelt.

Der lebendige Kontakt zur westeuropäischen Moderne, insbesondere zu der dermaleinst neuesten deutschen Lyrik war in der Bukowina – was Wunder – gering. Altdeutsches Deutsch bunkerte sich in Bücherwänden ein, attackiert vom Sprachengewirr der Russen, Polen, Ungarn, Rumänen und balkanesisch deutschelnden Österreicher. Überheftig muß wohl der Drang der Juden in den literarischen Salons von Czernowitz um Alfred Margul-Sperber gewesen sein, ihre deutsche Sprache zu konservieren. Sie verteidigten deutschsüchtig und starr, wie Rosenkranz es nibelungentreu formulierte: »... das deutsche Wachsein, die deutsche Seele ...«. Lessing, Schiller und Goethe und Heine hießen die Dichter-Herzen, wie sie diesen westlichen Ostjuden im Rippenkäfig schlugen.

Der beweglichere Paul Celan aber machte es anders. Er war schon mehr ein westliches Weltenkind in dieser Enklave. Er transponierte die Shoa, diese scheinbar extrachronistischen Ungeheuerlichkeiten des Massenmordes am jüdischen Volk, in die schlankere und weltoffene Formensprache der moderneren Lyrik. Das eben war sein Pfund, mit dem er wucherte. Und so machte er sein Glück auf dem Markt der literarischen Moden.

Große Literatur speist sich immer aus diesen zwei entgegengesetzten Quellen: aus dem eigenen gelebten Leben und aus der Literatur. Die Gewichtsverhältnisse sind dabei je nach Temperament und Zeitgeist verschieden. Was die drei bukowinischen Dichter angeht, ist für mich erkennbar, daß Celan seinen Stoff mehr aus der Literatur nahm, Rosenkranz mehr aus dem Leben. Und Weißglas steht wohl in der Mitte.

Am Ende wollen wir nichts als ein starkes Gedicht haben, egal, wie es zustande kam. Und so gilt für Dichter der Satz: Besser gut gestohlen als schlecht erfunden. Suhrkamp scheute keine Mühen und Kosten und hat unter dem Titel »Paul Celan – Die Goll-Affaire« sich von einer Barbara Wiedemann einen 925 Seiten starken apologetischen Wälzer zusammensuchen und zusammenschreiben lassen und für fast hundert Mark auf den Markt geworfen. Damit sollte bewiesen werden, daß der große Autor des Suhrkamp-Verlages mit seinem vergleichsweise schmalen Werk kein Plagiator war. Ein einziger salopper Satz hätte uns billiger Besseres geliefert:

Gut, daß Celan geklaut hat, denn er hat gut geklaut.

Ohne Celans genialen Diebstahl wären die poetischen Erfindungen von Rosenkranz und Weißglas wohl für ewig wie Perlen im Meer auf dem Grunde liegengeblieben. Das wahrhaft Verheerende an dieser öden Plagiatsgeschichte ist, daß Celan, wie von Furien gehetzt, sich immer heilloser verstrickte in die absurde Beweiserei und Behaupterei, daß er kein gemeiner Taschendieb sei.

Ach! und Adorno. Dessen inflationär zu Tode zitiertes, dessen schlechtes Bonmot: nach Auschwitz noch Gedichte zu schreiben, sei barbarisch ... – muß den Paul Celan damals tief ins Mark getroffen haben. Da entkommt ein junger Dichter mit knapper Not der Vernichtung – und dann soll er auf Anweisung der höheren moralisch-ästhetischen Instanz auch noch die Schnauze darüber halten. So schrieb Celan also in Paris panisch an – erstens gegen den Verlust seiner nächsten Menschen in der Bukowina, zweitens gegen die neidische Konkurrenz der deutschen Literaten in der Nachkriegszeit und drittens auch noch gegen Adornos mißdeutbares Verdikt. Der Holocaust, den die Juden lieber – und genauso halbfalsch – »Shoa« nennen, ist ja beides: Kontinuum und Diskontinuum der Barbarei. Der Völkermord an den Juden markiert ein weiteres Glied in der historischen Kette von menschgemachten Katastrophen. Aber zugleich erkennen wir ihn auch als das, was die Mathematiker eine Unstetigkeitsstelle nennen, also ein Break in der ansteigenden Kurve der Vernichtungsfähigkeit der Menschen. Finden sich dafür Worte?

Der Dichter Jizchak Katzenelson, dessen jiddisches Poem »Dos lid vunem ojsgehargetn jiddischn volk« ich vor nun bald zehn Jahren in mein Deutsch brachte, schrieb über diesen unkonventionellen, diesen großindustriell betriebenen Mord an Juden und Zigeunern sehr konventionelle Verse. Er klagte aber zugleich in seiner Klage auch darüber, daß eine ganz neue Sprache erfunden werden müßte, um das Nie-Dagewesene doch irgendwie adäquat zu fassen.

Der bloß formal-ästhetische Bruch mit den traditionellen deutschen Versformen reicht da nicht aus. Ich denke an die Expressionisten, erinnere an den hellsichtig verrückten Jakob van Hoddis mit seinem weltberühmt gewordenen »Weltende«, das übrigens auch nur zwei mal vier Zeilen lang ist.

Ich erinnere mich mit plebejischem Hochmut an den manierierten Salonliteraten Stefan George. Dann denke ich an die spießerhaft anti-spießigen Kaltschnäuzigkeiten des Arztes Dr. Gottfried Benn. Ich bewundere mit unzerstörbarer Begeisterung, wie der geniale Reimer Bertolt Brecht es uns in den dreißiger Jahren vormachte, wie man mit geschliffen reimloser Lyrik den Tücken der tümlichen Reimerei entrinnt. Und ich erinnere mich mit bösem Grinsen an die monotonen Reihungen und cool kalkulierten Wortkaskaden der Modepoeten nach dem Krieg. Das ging konsequent weiter bis zu dem totalitär sinnentleerten Buchstabengekeuche à la mode Heißenbüttel in der Zeit des deutschen Wirtschaftswunders. All das war nach meinem Geschmack geschmackloser Buchstabensalat. Das war sinnentleertes Wortmaterial, wie es der Kulturphilosoph Max Bense dann bequem mit naturwissenschaftlicher Pose in einer passenden – so nannte er es – mathematisch aufgemotzten Informationsästhetik modegerecht analysiert hat.

Und das wurstelte sich drollig herunter bis zu den kabarettistisch gefugten Lautmalereien des Ernst Jandl aus Wien.

Kurz: Die deutschen Gedichteschreiber des 20. Jahrhunderts schrieben jedenfalls nicht so betulich wie die strammdeutschen Poeten im rumänischen Temesvar, Hermannstadt und in der Bukowina, hart am Kitschrand der Blut- und Boden-Poesie.

Was aber nach beiden Weltkriegen in Deutschland moderne Lyriksprache geworden war, das ist heute, im 21. Jahrhundert, auch schon wieder eine Sammlung alter Hüte. Ob man wirklich die tradierten festen Formen zerschlagen muß, oder daß, wie ich mal in einem Gedicht übers Dichten meinte, nur noch in den Scherben des zerschlagenen Spiegels die zerbrochene Welt »ganz!« sich abbilden läßt – da bin ich mir heute nicht mehr so sicher.

Ich lese jedenfalls diese acht Zeilen in der altbackenen Sprache des Moses Rosenkranz heute mit anderen Augen, das bedeutet: mit einem neueren Blick. Wäre mir dieses Gedicht von des Bauern Tod vor dreißig Jahren in die Finger gekommen, ich hätte es wohl – peinlich, aber wahr – mit blödem Lächeln und achselzuckend weggeworfen.

Fußnote 2

Nachdem dieser Text, in leicht verkürzter Version, in der Zeitungsbeilage LITERARISCHE WELT vor drei Tagen abgedruckt worden war, rief mich ein Germanist, Dr. Matthias Huff, an, der sich als eine Art Verehrer und literarischer Helfer für die Verbreitung des Rosenkranz-Werkes vorstellte. Im Deutschland-Radio habe er vor Jahren eine einstündige Radio-Sendung über den Poeten aus der Bukowina gestaltet. Zusammen mit der Frau des Dichters, die in einem abgelegenen Ort des Schwarzwaldes lebt, kümmere er sich seitdem um die Werke dieses Moses Rosenkranz ... und das sagte er mir nun am Telefon: Herr Biermann, Ihr Text hat uns alle sehr froh gemacht. Er dürfe das auch im Namen der Frau von Moses Rosenkranz sagen, die mir demnächst einen Brief, dazu einige Bücher mit Gedichten und eine Autobiographie ihres Mannes zuschicken wird. Freundlichkeiten, die man gerne hört: Sie haben es geschafft, den halb unbekannten, halb verkannten Moses Rosenkranz als das zu erkennen, was er ist, ein starker deutscher Dichter. Auch seine Frau Doris war glücklich über Ihren Essay, den wir in der WELT lasen.

Sie haben nur einen kleinen Fehler gemacht, lieber Herr Biermann: ... der Moses Rosenkranz ... er lebt ja noch.

Mir setzte das Herz aus. Da hatte ich also fahrlässig einen Lebendigen totgesagt! Sie liegen, sagte nun Herr Huff, mit Ihrem Fehler aber leider gar nicht so falsch. Moses Rosenkranz geht jetzt auf die Hundert zu. Allerdings geht er nicht mehr. Er liegt. Er ist seit über fünf Jahren erblindet. Er spricht überhaupt nicht mehr, er gibt kaum noch Zeichen. Selbst seine Frau, die ihn pflegt, kann nicht mit Bestimmtheit sagen, was er wirklich noch wahrnimmt von der Welt.

Der Dichter dämmert also vor sich hin und ist auf seinem allerletzten Wege fast ans Ziel gekommen. Insofern mag es unwichtig sein für die Öffentlichkeit, ob dieser fast jahrzehnte-lang totgeschwiegene deutsche Poet nun tot ist oder nicht.

Ach, Herr Biermann, trösten Sie sich mit Mark Twain, der veröffentlichte mal eine Annonce mit dem Text: »Die jüngsten Meldungen über meinen Tod sind stark übertrieben. Mark Twain.«

Moses Rosenkranz würde wohl genauso reagieren auf seine vorweggenommene Totsagung. Er war wohl bitter, aber nie humorlos. Gelitten hat er allerdings unter der Nichtbeachtung seit 1961 in Deutschland – die dauerte bis in das Jahr seiner Erblindung. Er hatte es erst 1986 geschafft, eine Auswahl seiner Gedichte in Deutschland im Verlag Südostdeutsches Kulturwerk München – und auf eigene Faust – herauszugeben. Die Bände heißen »Im Untergang« und »Im Untergang II«. Frau Rosenkranz wird Ihnen die beiden Bücher dieser Tage schicken. Erst ganz zuletzt wandte sich an den Dichter ein richtiger Verlag, der kleine Rimbaud-Verlag in Aachen. Was dort erschien, wird man Ihnen auch schicken. Vielleicht könnten Sie ja einen schönen Nachruf auf Moses Rosenkranz verfassen, den werden wir ja doch demnächst brauchen. Und sowas muß rechtzeitig vorbereitet sein. Wenn Rosenkranz Ihren Artikel jetzt noch lesen und erfassen könnte, wäre er sicher zufrieden über diese späte Anerkennung durch Wolf Biermann.

Sie müssen halt bedenken: Die Moden waren gegen ihn. Dichter wie er paßten nicht in den literarischen Geschmack unserer Zeit.

Der Gottfried Benn und dessen jüdisches Gegenstück Paul Celan, deren Schreibweise belieferte nun mal besser den Markt im Nachkriegsdeutschland. Klar, sagte ich: lyrisches Gemunkel für die Nachkriegskinder, dunkel und diffus. Solche kryptische Poesie ist auch immer ein dankbarer Stoff für ehrgeizige Germanisten, die sich apokryphe Bedeutungen rauskratzen und mit Bienenfleiß tolldreiste Deutungen wie Kunsthonig aus den Tatzen saugen können.

Ich rief nun also, beklommenen Herzens, des Dichters Ehefrau im Schwarzwald an und sagte: Liebe Frau Rosenkranz ... jetzt erst ... habe ich erfahren, ... daß meine Information ... falsch war: Ihr Mann lebt also noch. Wie peinlich! ... will sagen: wie schön ... also ... Sie sind noch gar keine Witwe ... Und Ihr Mann ... liegt also ... wie ich höre ... auch nicht im Pflegeheim, sondern bei Ihnen zu Hause im Schwarzwald. – Ja ja, lachte sie und erlöste mich aus meiner Stotterei mit der Redensart »Totgesagte leben länger.«

Nach dem, was ich eben am Telefon von Herrn Huff erfuhr, ist es für Ihren Mann seit fünf Jahren allerdings ... – Ja, sagte sie. Das geht schon, ich habe mein ganzes Leben jetzt darauf eingestellt. – Was'n Glück, parlierte ich nun, daß Sie das für Ihren Mann machen, ich meine: überhaupt machen können. Aber ich vermute, es mag auch ein mühsames und auch ein trauriges Glück sein, wenn er nichts mehr sieht und so gar nichts mehr sagt. – Ja, sagte sie, das Wort trifft ganz gut: ein trauriges Glück.

Deswegen, Frau Rosenkranz, rufe ich Sie jetzt an: Was soll, was kann und was muß ich machen, um diesen peinlichen Fehler in meinem Aufsatz über Ihren Mann zu korrigieren? Soll ich in der WELT eine Richtigstellung drucken lassen? –

Sie sagte: Am besten gar nichts, Herr Biermann. Es wäre viel peinlicher, wenn morgen ein Kästchen in der Zeitung steht: Der Moses Rosenkranz ist noch nicht tot, aber er lebt auch nicht mehr wirklich. Nein nein! Sie haben mit Ihrem Artikel viel für meinen Mann getan. Und das ist viel wichtiger als die Frage, wie es jetzt um ihn steht. – Ich sagte erleichtert: Das finde ich ... gut ... und ist wohl auch besser. Ob einer im Bett liegt wie im Grab oder im Grab wie im Bett, das sollte privat sein. Ja, wichtig ist, daß er als lebendiger Dichter wirkt.

Also lassen Sie Ihren Text stehn, wie er geschrieben ist, sagte sie. Dieser kleine Irrtum ist nur sensationell für oberflächliche Journalisten, die keine Ahnung haben und die sich im Grunde um das Werk von Rosenkranz überhaupt nicht scheren. So ist es auch im Sinn meines Mannes, der sich selbst und sein Leben nie so übertrieben wichtig nahm. Wohl aber wollte er, was denn sonst, wirken mit seinen Gedichten.

Mit Musik, sagte ich, rutschen solche Verse immer noch wirkungsvoller ins Gemüt der Menschen. Ich könnte den Tod des Bauern vielleicht singen. Apropos singen: Grad morgen fahre ich runter in den Süden. Ich liefere einen Liederabend im Theater Freiburg. Da wäre es für Sie ein Katzensprung über den Schwarzwald, wollen Sie nicht ins Konzert kommen? – Schade, sagte sie, das kann ich nicht. Ich komme überhaupt nicht mehr raus hier, seit es mit meinem Mann so gekommen ist. Er braucht mich fast jede Stunde, rund um die Uhr, so leben wir hier. Deshalb können Sie mich auch bis tief in die Nacht anrufen. Nur vormittags schlafe ich gern ein paar Stunden aus. – Und meine Antwort: Ich könnte Sie vielleicht bei dieser Gelegenheit besuchen. – Und sie: O ja, kommen Sie! Es ist nur eine knappe Stunde mit der Bahn und dann nochmal zehn Minuten ab Neustadt mit dem Bus bis zu uns ins Dorf.

So haben wir es dann verabredet. Nun werde ich, gleich am Morgen nach der Singerei, in Freiburg den Dichter und seine Frau besuchen. Am 28. März, punkt 10 Uhr 42, will die Frau mich von der Bushaltestelle neben der Kirche im Dorf abholen.

Fußnote 3

Schade, daß ich vom Konzert keine Ton-Konserve hab
machen lassen. Die hätte ich der Frau dann mitbringen können. Ich fand mich bestens in Form, die Freiburger vom Parkett bis hoch unters Dach waren hellwach. Jung und alt mal
wieder ideal gemischt. Mir schwant auch, warum dieser
Abend so besonders lebendig wurde: Ich war angenehm auf-
gekratzt, denn ich hatte bei der Liedersingerei immer auch an
den alten Mann aus der Bukowina denken müssen, den ich
am folgenden Tag treffen wollte.

Bei dem Schluß-Titel vor der Pause: »Und als wir ans Ufer
kamen ...« wußte ich: Das! genau dieses Gedicht vom DDR-
Liebespaar am Möllensee in Grünheide muß ich dem Moses
Rosenkranz vorsingen, morgen, wenn es sich ergibt.

Und als wir ans Ufer kamen

Und als wir ans Ufer kamen
Und saßen noch lang im Kahn
Da war es, daß wir den Himmel
Am schönsten im Wasser sahn
Und durch den Birnbaum flogen
Paar Fischlein, das Flugzeug schwamm
Quer durch den See und zerschellte
Sachte am Weidenstamm

Was wird bloß aus unsern Träumen
In diesem zerrissnen Land
Die Wunden wollen nicht zugehn
Unter dem Dreckverband
Und was wird mit unsern Freunden
Und was noch aus dir, aus mir –
Ich möchte am liebsten weg sein
Und bleibe am liebsten hier

Frau Rosenkranz hatte mir auch erzählt, daß sie in den letzten Jahrzehnten im Schwarzwald Dorfschullehrerin gewesen war. Und ihre Begründung hatte mich entzückt: Sie ziehe es vor, die sogenannten Kleinen zu unterrichten. Nur dort nämlich könne der Lehrer die entscheidenden Fundamente fürs ganze Leben legen. Ja, wir waren gleich beim ersten Gespräch am Telefon ein bißchen ins Reden geraten ... wie zwei alte Freunde nach langer Trennung. Im Schwung des Gesprächs hatte die Frau mir auch bald schon arglos »Du« und dann wieder mal »Sie« gesagt. Und als sie diese sympathische Tüddelei bemerkte, erklärte sie: Das liebte ich als Lehrerin immer bei den Kleinsten in der Schule. Die meisten Schulanfänger sagten zu mir: »Du« aber gleichzeitig dazu: »Frau Rosenkranz«. Ich sagte: Auf diese Etikette können wir uns prima einigen. Aus einer Ballade über die Elbe bei Hamburg werden Sie es erfahren: Meine innere Lebensuhr ist nämlich in der Bombennacht 1943 bei genau sechseinhalb Jahren stehengeblieben. Betrachten Sie mich also als einen Ihrer Erstklässler. Und wenn Sie es erlauben, sage ich Ihnen dann auch so: »Du, Frau Rosenkranz«.

Am Morgen nach dem Konzert machte ich mich also auf den Weg. Ich langte schon eine gute Stunde vor dem verabredeten Termin an in dem Dorf. Und das war der Grund: Ein alter Freund aus Freiburg hatte sich angeboten, mich schneller und bequem über die Schwarzwald-Hochstraße mit seinem Auto zu transportieren. So fuhren wir gen Osten das Tal der wild springenden Dreisam hoch, vorbei am Fußballstadion des FC Freiburg. Dann ging es durch den Ort mit dem hübschen Namen Himmelreich, dann weiter hoch am plätschernden Höllenbach durchs Höllental und immer steiler nach oben bis zum lieblichen Titisee. Von dort führte die Straße weiter aufwärts um einen Bergrücken herum. Da weiter oben waren die kleinen Rinnsale am Berghang noch erstarrt als Eiszapfengirlanden. Frühlingszeit. Und schon parkten wir in diesem Dorf mit dem Doppelnamen.

Die Haustür war schon aufgestoßen. Zögerlich trat ich ein. Von oben wurde ich die Treppe raufgerufen. Dann stand ich bei ihr in der Küche. Ein geordnetes Chaos. Stühle, Bank und Nebentischchen sind da mit meterhohen Papierstapeln aus Zeitungen und Büchern und Manuskriptblättern wacklig überladen. Ich konnte sehn: Hier wird rationell die notwendige Speise präpariert, zwischendurch unrationell und gierig gelesen, halb Literatur-Halde, halb Zimmer der Krankenschwester. Der bettlägrige Dichter ist die Hauptperson, er wird verpflegt und gepflegt. Aus den Bücherbergen winkten bunte Signalfähnchen, zwischen die Seiten eingeklebte Merkzettelchen. So liest wohl jemand, der systematisch lesen will und dauernd wieder herausgerissen wird.

Die Frau Rosenkranz hielt sich nicht umständlich mit Förmlichkeiten auf. Wir waren schnell vertraut, als käme ich jeden Tag drei Mal vorbei. Sie öffnete eine kleinere Flasche mit einer gelbbraunen Nährflüssigkeit und füllte den Saft in einen Trinkbecher, der oben zugedeckelt in einer schmalen Trinkröhre endet. Ein gleiches Gefäß mit Wasser hat sie dann noch vorbereitet. Mir wurde schnell klar, daß ich mit ihr nun in das Zimmer zum Mann gehen werde. Sie zeigte mir die Drückflasche mit Seifenlauge, ich sollte mir vorher über der Spüle die Hände waschen. Also, dachte ich, werde ich den Menschen wohl auch anfassen. Tür auf ins Wohnzimmer. Da lag er also, der Dichter, hinten an der rechten Seite des Wohnzimmers. Ich registrierte wie eine Kamera mit Zoom erst die Totale – und dann ran an das Gesicht. Kein Zucken im noblen Antlitz, kein erkennbares Auf und Ab der Atembewegung, die Beine leicht angewinkelt. Die rechte Hand lag starr auf der Brust. Die Zudecke war sorgfältig unter die magere Schulter

gestopft. Aber dann sah ich seine Linke hervorlugen aus dem
wollenen Plaid, diese Hand lag nahe am Kopf des Dichters.

Nur Daumen und Zeigefinger bewegten sich. Sie rieben
sich sachte aneinander. Ich dachte: Ein zartbesaiteter Kämpfer
mit gegerbtem Fell prüft seine Dünnhäutigkeit. Sein voller
weißgrauer Bart war fein gestutzt und fast elegant gekämmt,
seine weißen Haare wie vom Barbier zu einer Filmaufnahme
gestriegelt ... Kein Zucken im Gesicht. Hager mager nobel
die Züge. Paradox! – dachte ich: grad jetzt, wo sein Geist sich
aus dem Körper davonmachen will, dermaßen durch-geistigt!

Und so verblüffend unverwüstet der Kopf: unter den
gekämmten Barthaaren gar kein zahnloser, kein eingefallener
knittriger Mümmelgreis-Mund. Ich hörte mich sagen wie in
einer Kinoszene: Frau Rosenkranz, Sie haben aber einen
schönen Mann. Sie antwortete wie eine junge Braut, die sich
Mühe gibt, nicht rührselig zu erscheinen: Ja, er ist schön. Ich
weiß es.

Dann setzte sie sich auf die Bettkante und schob ihre Hand,
wie Löffelchenlegen, unter seine starre Rechte auf der Brust.
Nun sah es so aus, als würde nicht sie ihn, sondern er sie festhalten. Und so war es wohl auch. Ich registrierte eine innige
Zärtlichkeit zwischen diesen beiden und dachte: Die sind
immer noch ein Liebespaar, er also an die 98 – und sie ein junges Ding von 75.

Dann drückte sie sich einen kurzen Dippel Bepanthen-
Salbe aus einer Tube auf den rechten kleinen Finger und
bohrte ihrem Mann ungeniert und dennoch behutsam in den
Nasenlöchern rum. Er hat nämlich, sagte sie, keine heile Nase
mehr. Im hohen Norden, noch hoch über dem Polarkreis,
nördlich von Norilsk, da überlebte er sieben von seinen zehn
Jahren GULAG, im ewigen Eis, wo nur einen Meter die
Erdkruste im Sommer auftaut. Ein tiefgefrorenes Mammut
haben sie gefunden. Da gibt es den mörderischen Uranberg-

bau und auch Zinkbergwerke. Und da sind ihm halt die Nasenschleimhäute kaputtgefroren. Das ist niemals wieder heil geworden. Deshalb tat ihm im Winter hier im Schwarzwald bei Frost immer die Nase so weh. Während die Frau, ohne Hast ohne Rast, ihre kleinen pflegerischen Handgriffe machte, erzählte sie: Vor fünfeinhalb Jahren wurde mein Herr Rosenkranz plötzlich blind, in wenigen Tagen passierte das. Seit über zwei Jahren spricht er auch nicht mehr. Einmal am Tag kommt ein Helfer und hebt ihn mit mir zusammen aus dem Bett in den Rollstuhl, der da am Fenster steht. Bei warmem Wetter fahre ich ihn raus auf die Terrasse.

Ich flüsterte: Versteht er Sie noch, wenn Sie so reden? – Ich weiß nicht, ob er mich hört, sagte sie, ohne die Stimme zu senken. Aber ich rede immer mit ihm ganz normal, nicht wahr Herr Rosenkranz? Ich sage oft: »Herr Rosenkranz« zu ihm. – Ja, sagte ich, das gefällt mir. Und dachte: Ja, das hat so eine respektvoll heitere, eine innige Distanz. Weischt, Biermann, ... wir haben uns gegenseitig immer allerlei Namen gegeben. Menscherl hat er mich manchmal genannt und Viecherl ...

Oh ja, sagte ich: das paßt! Ich hab genau so ein Lied: »Nur wer sich ändert, bleibt sich treu« – da singe ich dasselbe gleich in der ersten Strophe: »Ich war ein Tier und ich war ein Mensch von Anfang an ...«

In den letzten Jahren nannte er mich oft auch »Kartoffel«. Einmal waren wir drei Tage im Krankenhaus. Da rief er: »Kartoffel!« Die Krankenschwester fürs Abendbrot hörte das Wort und sagte: »Das gibt's nicht bei uns am Abend, Herr Rosenkranz!« Da mußte ich lachen und sagte ihr dann: »Liebe Schwester, mein Mann will gar keine Kartoffel. Er meint nur mich.«

So erzählte sie weiter und fütterte ihm dabei kleine Schlucke Obstsaft in den verschlossenen Mund.

Ich sah zu und dachte: Schluckt der überhaupt? – Aber irgendwie … schluckte es in ihm. Sie sagte: Er gibt mir auch seit zwei Jahren nicht mehr seine Zähne her zum Putzen. Er sperrt den Mund einfach nicht auf. Also laß ich ihn lieber in Ruhe. Als der Herr Rosenkranz 1947 von den Russen in Bukarest gekidnappt und verschleppt wurde, hatte er noch alle Zähne und keine einzige Plombe. Dann überlebte er ein Jahr im Foltergefängnis der Geheimpolizei »Ljubljanka« in Moskau. Als er zehn Jahre später aus dem GULAG nach Bukarest zurückkam, da hatte er nur noch einige wacklige Zähne im Mund, die hat er sich dann auch noch rausreißen lassen. Skorbut.

Das erste Gebiß damals war miserabel. So hab ich ihn kennengelernt. Eine verrückte Geschichte. Und dann haben wir auch geheiratet. Das zweite Gebiß war schon viel besser. Aber zuletzt machte ihm hier unser Dorfzahnarzt ein drittes Gebiß, und das paßt ideal. Ich denke manchmal, es ist so, als ob diese dritten »Dritten Zähne« ihm wieder angewachsen sind wie echte.

Nun zupfte sie ihm an der Nasenspitze und kam damit zu einem Befund: Er ist zufrieden, das seh ich ihm an. Ich merke immer gleich, ob ein Besuch ihm recht ist oder nicht – nicht wahr, Herr Rosenkranz? So unterhielt sie sich leichthin mit ihrem stummen Gast auf Erden.

Kein Wunder: Diese Frau kann an kleinsten Zeichen allerhand erkennen, wo ein Zaungast wie ich nur glotzt.

Ich starrte staunend auf das markante Ebenmaß von Stirn und Nase, beobachtete die marmornen Augendeckel. Ach und seine rechte Hand auf dem Herzen! Die Mittelhandknochen. So absolut fettlos lagen sie unter dem bläulichen Venengeflecht in der durchsichtigen Haut. Seine Rechte lag da, als ob sie nur geduldig darauf wartet, daß die Linke sich endlich zum christlichen Finale zu ihr hinüberfaltet über der Brust.

Dann zupfte die Frau ihm wieder an der Nasenspitze, und nun sah ich es: reflexartig kam immer die gleiche Reaktion: Der Mann zog ruckartig seine Augenbrauen hoch, als wollte er sagen: Is was?

Merkt er irgendwas? – Ja, sagte sie, so macht er immer. Ich weiß es nicht. Sie lächelte. Manchmal denke ich, der Mensch merkt alles ganz genau, er sagt nur nix. Man kann es nicht wissen.

Jetzt zog sie ihm eine weißgrau feingestrickte dünne Zipfelmütze über, wie rumänische Bauerntracht mit einer langen Troddel.

Dann schob sie ihren Handrücken wieder unter seine rechte Hand und sagte: Siehst du, Herr Rosenkranz, der Biermann ist gekommen. Mit seiner Gitarre. Aber jetzt verlassen wir dich. Jetzt gehen wir nach nebenan in die Küche. Und wir reden ein Stündchen. Auch über dich.

Sie zog ganz und gar keine Show ab für den Besucher. So kam es mir vor: dieser Mann und seine Frau sind besser beieinander als andere Paare, wo der Mann noch besser beieinander ist.

Was wird dieser Mensch noch wiegen, überlegte ich, keine achtzig Pfund mehr. Er entgleitet der Welt – und die Welt entgleitet ihm. Noch haben die beiden sich. Ich sah es mit fast selbstmitleidigem Neid. Kunststück! Und dachte: Ob ich wohl auch mal so daliegen werde? Ich muß das alles und ganz genau meiner jungen Frau in Hamburg berichten!

So saß ich grübelnd und staunend daneben, und mein Herz wurde ruhiger und zufrieden. Ich genoß den privilegierten Status als ein willkommener Voyeur. Da durfte ich also ein Stück innigen Alltag dieser beiden Menschen mit ansehen. Sie stopfte ihm nochmal mit leichter Hand die Decke unter beide Schultern, damit er ruhig und spannungsfrei liegen kann. Wir gingen dann raus, wieder nach nebenan in die Küche.

Frau Rosenkranz zeigte mir nun ein Gedicht und sagte: Lesen Sie mal, das hat mein Mann schon vor Jahrzehnten geschrieben. Der hatte diesen seherischen Blick: der hat immer alles schon vorher gewußt. Ganz genau so liegt er jetzt da. Ich las:

Dem Ende zu

Es ist die Zeit gekommen abzunehmen
vielliebe Welt ich muß dir schon entgleiten
muß wie ein Fluß aus diesem Lande strömen
die Ufer lassend wert zu beiden Seiten

Die schönen Ufer reich an lieben Plätzen
auch wenn ich recht erinnre an verhaßten
denn meine Wandrung war nicht nur Ergötzen
ich mußte auch durch Finsternisse tasten

Nun ists vorüber unbegrenzte Ferne
nur Licht und Wasser nimmt mich still entgegen
sie eilt mich nicht und wartet bis ich lerne
mich wie ein Tropfen in ihr Meer zu legen

Ich brachte nun das Gespräch auf Paul Celan. – Celan Celan ... fiel sie mir ins Wort: »Der Ginster eitert ... der Ginster eitert die Hänge herab ...«, kennst du das von Celan, Herr Biermann? Das ist doch widerwärtig, das ist keine Dichtung, das ist nur eine Ekel-Angeberei. – Ich versteh: Sie meinen, der Celan hat das nur nachgeäfft in der coolen Masche von Gottfried Benn: so eine spießig antispießbürgerliche Bürgerschreck-Lyrik. Der Ginster eitert ... Ja, sagte ich, das gefällt auch mir nicht. Das ist so ein billiger Tabubrecher-Sound für das ungebildete Elitepack im literarischen Salon.

Genau diesen schäbigen Rest meint Verlaine in seinem Gedicht »Art poétique«, wo er am Ende befindet: »... et tout le reste est littérature ...« Aber ich habe, das will ich Ihnen gleich gestehn, vor zehn Jahren auch mal eine ähnlich expressionistelnde Zeile verbrochen, gleich die erste Zeile meiner Ballade über die Elbe bei Hamburg:

»Das abgeblaute Abendlicht fault in den Regenpfützen ...«
– Das ist etwas ganz anderes, Biermann, das ist sogar sehr gut! belehrte mich nun die Frau. Und da mir ihre apodiktische Zensurengeberei gefiel, ließ ich mir das Lob meiner neuen Lehrerin gern gefallen.

Ich sagte: Der Celan hat Ihrem Herrn Rosenkranz und vor allem dem Weißglas – wie soll ich sagen – auf dem literarischen Markte der Eitelkeiten und der Literaturpreise und der Buchauflagen auf jeden Fall im Nachkriegsdeutschland, und besonders erfolgreich bei den Germanisten, die Schau geklaut mit seiner Todesfuge. Die kennt jeder, auch wenn er sonst nix kennt.

Aber ich vermute: Ohne den Paul Celan wären Rosenkranz und Weißglas wohl auch nicht besser ins Geschäft gekommen. Celan war eben ein modernerer, ein mehr westlicher Dichter, er hat sich diese poetischen Elemente ja nicht nur angeeignet, sondern auch wirklich angeeignet ...

Ich verstehe, sagte sie und lächelte. Rosenkranz fand die Vorwürfe gegen Celan kleinlich. Und mich verdroß immer mehr Celans dummer Satz von der Bukowina, wo »Menschen und Bücher lebten«. Sowas sagte Celan in dieser Bremer Rede zum Literaturpreis, das haben dann alle brav nachgeplappert. Da begann diese Bukowina-Mode im Literaturbetrieb der Deutschen. Aber damit wollte mein Herr Rosenkranz gar nichts zu tun haben. Der wollte in keine Schublade, keine bukowinische, keine jüdische. Nein, der Rosenkranz wirft dem Celan nicht den Diebstahl vor. Mein

Mann hat es dem Celan innerlich verargt, daß der seine eigenen Eltern ins Verderben hat stürzen lassen, damals in Czernowitz ... Rosenkranz hat aber nie öffentlich davon gesprochen.

Ich sagte: Das finde ich auch besser so. Denn das Shoa-Verderben, in das die Juden stürzten, haben doch die Deutschen verursacht, die Nazis. Mörder sind doch die Mörder. Ihre verzweifelten Opfer haben doch keine schuld! – Nun ja, sagte sie, aber das war dort eben manchmal doch noch komplizierter. So habe ich es im Gedächtnis: Der Celan hätte sich damals zum Arbeitslager melden sollen, wie die andern jungen Männer auch, bei den Rumänen. Und statt sich zu melden, hat er sich davongemacht. – Liebe Frau Rosenkranz, darf ein Mensch nicht versuchen, sein Leben vor diesen Mördern zu retten? – Gewiß darf er, aber der Rosenkranz sagte: Dann haben die Rumänen, weil ihnen der Sohn entwischt war, die Eltern weggeschleppt. – Ach, dachte ich, das sind so Vorwürfe ...

Bald darauf, sagte sie, geriet Celan ja doch in ein Arbeitslager: Tabaresti-Cilibia. Dort kam er auch zusammen mit dem Rosenkranz.

Im Jahre 1942, in diesem rumänischen Arbeitslager, schrieb Rosenkranz sein Gedicht »Die Blutfuge«. Der um 16 Jahre ältere Rosenkranz hat genau zehn Jahre bevor »Die Todesfuge« in die Welt kam, dem jungen Celan diese Verse vorgelesen. Später schrieb Rosenkranz ein anderes Lager-Gedicht, in dem am Schluß eines der metaphorischen Highlights der Celanschen Todesfuge schon formuliert ist: das Grab in den Wolken.

Klage

So leichenweiß
war kein Schnee wie die Not
kein Ofen so heiß
mein Volk wie dein Tod

Flogst heißer als Brand
stobst bleicher als Schnee
o Wolke von Weh
mein Volk überm Land

Kamst nimmer herab
wo soll ich hinknien
ist oben dein Grab
in den Wolken die fliehn.

Und mehr noch der Weißglas mit seinem Gedicht »ER«. Jede dritte Zeile ging ein in die Celansche Todesfuge. Aber das sind eben so dunkle Geschichten. Verdächtigungen, Neid, Mißverständnisse. Weißt du, Biermann, der Rosenkranz interessierte sich nicht so übertrieben für die Eitelkeiten im Literaturbetrieb und schon gar nicht für Urheberrechte. Ihn interessierte mehr der Charakter. Der Celan hat an diesen Verdächtigungen und Selbstvorwürfen sein Leben lang bitter gekaut. Er brachte sich ja dann auch um. In Paris stürzte er sich in die Seine. Ja, sagte ich: Man fand ein Buch mit den Gedichten von Weißglas auf seinem Schreibtisch liegen, so hab ich es jedenfalls gehört.

Viele Überlebende haben sich später umgebracht. Koestler, Primo Levi, Améry …

Frau Rosenkranz wechselte das Thema. Mein Mann war übrigens nicht, wie Sie in der Zeitung geschrieben haben, ein Intellektueller mit Goethe und Schiller. Er verkehrte nicht in den literarischen Salons der Juden von Czernowitz. Die anderen ja, Celan gewiß. Aber mein Herr Rosenkranz kam vom Dorf, das können Sie nachlesen in seinem Buch »Kindheit«, das der Verlag Ihnen jetzt nach Hamburg schickt. Rosenkranz hatte überhaupt keine ordentliche Bildung. Aber der wußte irgendwie alles. Jetzt muß ich oft im Lexikon suchen, was ich ihn einfach fragen konnte.

Dann ging sie wieder rüber zum Mann und stellte mir derweil in der Küche ein Tonband an mit einem Interview, das der Dichter vor Jahren einer Journalistin gegeben hatte. Da hörte ich seine schöne klare Stimme, mit einem markanten slawischen Tonfall:

»Mir kommt vor, daß Kino, Theater, Sport widernatürliche Beschäftigungen sind, sie vernichten die Natur im Menschen und verwandeln den Menschen in ein Genußtier. Und Genuß ist in der Natur des Menschen nicht vorbereitet.« – Da standen mir – bei allem Respekt – die Haare zu Berge. Und ich notierte mir zum Zitat: Wenn ich nun nicht mal als homo faber zugleich auch ein homo delectatio sein darf, dann kann mir die ganze Menschwerdung des Affen gestohlen bleiben! Ich sitze schließlich hier beim Herrn Rosenkranz, weil ich sein tolles Gedicht »Des Bauern Tod« so sehr genossen habe!

Gegen Mittag sind wir dann ein paar Schritte ins Gasthaus »Zum Pfauen« essen gegangen. Eine Stunde wollte sie ihren Dichter mal alleine liegen lassen. Dann aber schnell zurück. Und als wir wieder in der Küche saßen, fragte sie, ob ich ihm mit meiner Gitarre ein Lied vorsingen möchte ... – Und ich: Na, darum hab ich sie ja mitgebracht!

Also packte ich meine kleine Weißgerber aus, wusch mir zum zweiten Mal die Hände, und dann gingen wir wieder rein zum Dichter. Er lag so ruhig da, wie wir ihn verlassen hatten. Die Frau flößte ihm noch ein bißchen Saft ein und spülte nach mit Fachinger-Wasser. Ich hockte mich schön nah an seinen Kopf hin und fing erstmal an, ihm mit der Gitarre ins Ohr zu spielen. Ich wollte sehn, ob sich in seinem Gesicht irgendein Zeichen erkennen läßt – aber nix. Dann sang ich das Lied »Und als wir ans Ufer kamen ...«. Gewiß, Rosenkranzens geliebtes Menschenviecherl hörte zu. Und ich bemerkte es nicht ohne Genugtuung, wie nun meine altmodisch gereimten Worte auf den Flügeln des Gesangs die Frau erreichten. Er aber lag da, ja, wie ein Stein, genau so wie der tote Bauer in seinem schönen Gedicht, das mich dermaßen erschüttert hatte.

Dann stand die Frau auf und holte ein Kästchen, aus dem sie einen Hörapparat fingerte. Ich kenne das winzige Gerät von meiner Mutter Emma, die sich in ihren letzten Lebensjahren rumgequält hatte mit der richtigen Einstellerei.

Frau Rosenkranz sagte: Das Ding hat er seit einem dreiviertel Jahr nicht mehr im Ohr gehabt. Vielleicht geht es ja noch. Sie schaltete den kleinen Knipser an – und prompt war das Fiepen zu hören, der Rückkopplungs-Ton. Dann benetzte sie das Teil mit der Bepanthensalbe und schob es ihm vorsichtig ins rechte Ohr. Ich spielte also wieder los und fing auch gleich mit demselben Lied an. Tja – und dann passierte ein kleines Wunder, will lieber sagen: es kam mir so vor.

Ausgerechnet am Anfang der zweiten Strophe, wo es ja heißt: »... Was wird bloß aus unsern Träumen / In diesem zerrissnen Land / Die Wunden wollen nicht zugehn / Unter dem Dreckverband ...«, sah ich es mit eigenen Augen: Das Körperchen des Mannes erzitterte zart unter der leichten Decke. Ein schwaches Stöhnen kam aus seinem verschlossenen Mund. Und aus seinen blinden zugedeckelten Augen rannen zwei, drei Tränen. In aller Ruhe wischte ihm seine Frau nun das salzige Seelenwasser von den Wangen und strahlte.

Verwirrt brachte ich nun das Lied zu Ende. Ich kämpfte skeptisch an gegen meinen Gefühlsüberschwang: Mensch! da fall ich doch nicht drauf rein! Das ist mal wieder so ein banaler Zufall, der sich pathetisch aufspielt.

Am Ende meiner kleinen Singerei sagte sie: So hat der Herr Rosenkranz seit Jahren auf nichts mehr reagiert. – Ich wiegelte ab: Vielleicht hat nur der brutale Rückkopplungston aus dem Apparat ihm weh getan im Trommelfell. Oder halten Sie es für möglich, daß er noch irgendein Wort, einen Ton des Liedes wirklich aufgenommen hat?

– Ich kann es nicht wissen, sagte sie lächelnd. Manchmal bilde ich mir ein: Der hört alles. Der will nur nichts mehr sagen zur Welt. Genau solch eine Verweigerung hat er schon als Knabe eine Zeitlang mit unerbittlicher Konsequenz durchgehalten. Und seiner armen Familie hat er damit Sorgen gemacht. Du kannst es nachlesen, Herr Biermann, in dem Buch, das er 1957 über seine Kindheit geschrieben hat.

4. Fußnote

Dann war ich wieder zu Hause im Norden. Unsere junge Freundschaft blüht auf. Man redet am Telefon, über Menschen, über Bücher. Man schreibt. Ich schickte ihr ein Paket mit meinen gesammelten Tonkonserven. Sie schickte mir unveröffentlichte Gedichte und Schriften vom Rosenkranz. Ich hab mich eingelesen, sie hat sich eingehört. Und dann erzählte sie mir von ihrer Begegnung mit Hermann Hesse und Theodor W. Adorno. Und weil ich so penetrant neugierig war, kopierte sie mir zwei uralte Briefe, beide hatte Adorno an sie geschrieben, im Jahre 1962.

Zu diesem Briefwechsel war es so gekommen: Sie hatte – damals eine junge Fotografin – den Dichter Hermann Hesse und dessen Frau im schweizerischen Kurort Sils-Maria fotografiert und sich mit den beiden angefreundet. In diesem Sils-

Maria schoß sie dann auch ein paar Fotos von zwei anderen illustren Hotelgästen: Adorno und der Star-Dirigent Georg Solti auf einem Spaziergang beim Fachsimpeln. Ihr waren bei dieser günstigen Gelegenheit Fotografien gelungen, die Adorno gradezu überschwenglich entzückt haben müssen. Er sah auf diesen Fotos sich endlich mal schwarzweiß noch schöner als jeden Tag im Spiegel. Die Abbilder waren offenbar so gut wie sonst nie getroffen auf irgendwelchen anderen Fotos anderer Fotografen.

Die junge Frau hatte sich inzwischen mit einem Dichter aus der Bukowina verbandelt, der in Deutschland unbekannt war. Natürlich wollte sie ihrem geliebten Kerl helfen, wollte für ihn einen Verlag in Deutschland finden und schickte deshalb etliche seiner Arbeiten auf eigene Faust an den einflußreichen Professor Adorno nach Frankfurt am Main. Sie bat ihn, die Gedichte zu bewerten und – womöglich zu empfehlen.

Adorno hatte offenbar den besten Willen, ihr den Gefallen zu tun und die Gedichte des plötzlich aufgetauchten Dichters vielleicht sogar, mit Hilfe von Hermann Hesse, bei Suhrkamp zu veröffentlichen.

Die Lektüre dieser Lyrik aber scheint den Literatur- und Musik-Philosophen nicht grade begeistert zu haben. Am Ende seines Briefes übermittelt Adorno mit dramatisch beschwörendem Pathos der jungen Bittstellerin eine inständige Bitte. Sie solle unter allen Umständen dafür sorgen, daß der eventuelle Abdruck des Gedichtes mit dem Titel »Blutfuge« in Deutschland verhindert wird. Er, Adorno, sei mit dem Autor der »Todesfuge« befreundet. Und so offenbarte er in diesem Jahr 1962 der jungen Frau über seinen Freund Celan: »Es ist keine Indiskretion, wenn ich Ihnen sage, daß er in einem überaus labilen Zustande sich befindet …«, und dann mutmaßte er über die voraussichtliche Wirkung des

Gedichtes »Blutfuge« auf Paul Celan: »... die Publikation dieses Gedichts, das durch den Titel allein schon an sein eigenes berühmtestes mahnt, könnte ihn in einer Weise treffen, die nicht vorher sich sagen läßt.«

Ich weiß gar nicht, ob ich in diesem Literatenkrimi böse lachen oder wütend weinen soll. Was für ein tragisches Elend, was für eine elende Tragik! Gewiß spricht es für Adorno, daß er 1962 seinen empfindlichen Freund Celan schützen wollte vor dem Ärger über eine Veröffentlichung der »Blutfuge« irgendeines Unbekannten aus dem fernen Osten. Aber wie barbarisch ist es zugleich, einem Menschen, der mit knapper Not sich aus der Shoa und aus dem GULAG mit seinen Versen endlich in ein freieres Land gerettet hatte, nun auf die Gurgel zu treten. Was für ein höllischer Empfang für einen Menschen, der aus zwei Höllen kam.

Etwa so, wie die allermeisten Celan-Kenner von Celan nur die berühmte »Todesfuge« kennen, so fällt den meisten höhergebildeten Ignoranten beim Namen Adorno nur dieser eine populär gewordene Satz ein: »Nach Auschwitz ein Gedicht zu schreiben, ist barbarisch.«

Wenn ich nun an das Schicksal des Dichters denke, der als junger Mann »Des Bauern Tod« schrieb, spüre ich doppelt die Substanzlosigkeit des fatalen Verdikts von Adorno. Menschenskind, das Gegenteil ist wahr! Wir sollten es besser barbarisch finden, wenn nach Auschwitz k e i n Gedicht über Auschwitz geschrieben wird.

Ganz ohne Zweifel war es ein Akt der Barbarei, als Adorno seinen Freund Celan beschützte, indem er den Autor der »Blutfuge« verstieß ins abermalige Schweigen. Sogar wenn Rosenkranz neben seinen starken guten Gedichten auch bukowinischen Kitsch und deutschtümelnden Schund geschrieben hätte, dann wäre es gerechter gewesen, diesem Dichter die womöglich kritische Erfahrung durch eine Veröffentlichung seiner Werke zu ermöglichen, im lebendigen Kontakt mit seinen Lesern. So aber kamen für Rosenkranz nach zwanzig Jahren hinter Stacheldraht gleich nochmal vierzig Jahre Einsamkeit als Nach-Schlag in der Demokratie.

So leben diese beiden Menschen nun hin: im hintersten Winkel des Schwarzwaldes, versteckt hinter Himmelreich und Höllental. Und das habe ich gesehen: sie sorgt dafür, daß es dem Dichter Rosenkranz, der durch die Höllen des 20. Jahrhunderts ging, jetzt endlich, wo es ihm auf dem allerletzten Wege immer schlechter geht, so himmlisch gutgehen kann.

Er hatte das erste Wort und soll in diesem Versuch das letzte haben. Tod ist ja das Thema, genauer: sehr verschiedene Tode. Ich fand dazu bei Moses Rosenkranz inzwischen ein Gedicht, zu dem ich auch eine Musik versuchen will.

Wie mußt du kostbar sein

Wie mußt du kostbar sein
Tod böser Edelstein
daß man
dich zu erkaufen
muß durch sein ganzes Leben laufen
daß man
dich zu erwerben
muß sterben
ja sterben

Arno Lustiger – mein Vater-Enkel

Lobrede auf Arno Lustiger in Görlitz
am 20. Oktober 2000

Lieber Arno, du kennst den Satz »de mortuis nihil nisi bene«. Wenn es aber wahr ist, daß man über Tote nichts als Gutes sagen soll, dann müßte ich im Umkehrschluß ja über dich nur Schlechtes reden dürfen, denn du bist lebendiger als die allermeisten hier.

Als ich der Stadt Görlitz zusagte, dir bei der Verleihung des Brücke-Preises die Lobrede zu halten, erinnerte ich mich daran, daß so eine eindimensionale Loberei immer auch eine Falle der Eitelkeit sein kann – oder wie der französische Moralist La Rochefoucauld mit kühler Treffsicherheit schrieb: »Gewöhnlich lobt man schlau auf Erden, um selbst gelobt zu werden.« Und weil das Lob eines engen Freundes womöglich auch seine Blindheiten und Fallen hat, hätte man vielleicht doch lieber irgendeinen Fremden die Laudatio halten lassen sollen, vielleicht sogar einen, der den zu Lobenden eigentlich nie so recht leiden mochte.

Aber es ist gar nicht leicht, heute in Deutschland einen veritablen Feind von Arno Lustiger aufzutreiben. Das war nicht immer so. Arno Lustiger war ja viele viele Jahre, ehrenamtlich, versteht sich, der Oberzionist vom Dienst in der Bundesrepublik Deutschland. Aber selbst die jungen linksalternaiven Antizionisten aus der achtundsechziger Zeit in Frankfurt am Main sind im Laufe der Jahre Arno Lustigers beknirschte Bewunderer geworden. Ja, so ein einstmals linksradikal jüdischer Judenfresser jener Jahre könnte womöglich heute und hier eine mit selbstkritischen Stacheln gespickte Streichelrede halten, damit auch drastisch sichtbar wird, wie die Zeiten sich ändern und mit ihnen die Menschen.

Diese Laudatio könnte aber auch ein verbohrter alter Zionist aus dem Kibbuz der Warschauer Ghettokämpfer »Lochamei Hagetaot« in Israel halten, der es bis vor zehn Jahren weder verstehen noch verwinden konnte, daß der polnische Jude Arno Lustiger nach dem Holocaust ausgerechnet in diesem verfluchten Deutschland blieb und hier, im Lande der Mörder, nach 1945 sein wiedergewonnenes Leben lebte. Auch in diesem Punkte gab es manche herzerfrischenden Sinneswandlungen. Und aus meiner Sicht ist es ein Glück für uns alle, daß es dir 1945 nicht gelang, in die USA auszuwandern. Grade hier in Deutschland braucht es Menschen, die durch ihr Beispiel dafür sorgen, daß wir nicht wie die geschichtslosen Eintagsfliegen im Wohlstand dahinvegetieren. Und werweiß, ob du irgendwo in New York oder LA dazu gekommen wärest, zum Beispiel dein erschütterndes Buch über das Schicksal der Juden in Stalins Sowjetunion zu schreiben. Wer weiß auch, wie du dich am anderen Ende der Welt gewandelt hättest. Und das Allerwichtigste: Wir hätten einander womöglich nie getroffen.

Ja, es ist das uralte Thema, das auch mich umtreibt: Wie schaffen Menschen es, sich immer gleich – also: sich treu zu bleiben, und wie bringen sie es fertig, den guten Bruch zu wagen, wie gelingt es ihnen, sich zugleich auch radikal zu ändern.

Arno Lustiger und ich trafen uns zum ersten Mal im letzten Jahr vor der Wende, als wir jedenfalls genau wußten, daß die DDR noch ewig hält, das heißt: zumindest länger als wir. Dann aber fiel die Mauer. Was für eine Freude! wenn man merkt, daß man sich dermaßen angenehm geirrt hatte. Lustigers erstes wichtiges Buch über die Juden im Spanischen Bürgerkrieg »Schalom libertad!« war grade frisch gedruckt. Ich ging zu seiner Lesung in der Heinrich-Heine-Buchhandlung in Hamburg, und wir freundeten uns an, so innig, als wären wir schon eh und je »mischpoche« – so nennen die Jidden die Familie.

Manches verband uns auch im privat sentimentalen Sinn. Mein Vater, der 1943 in Auschwitz als Jude ermordet wurde, also dort, wo Arno überlebt hat, hatte auf indirekte Art ja auch im Spanischen Bürgerkrieg gegen General Franco gekämpft. Mein Vater war nämlich 1937 vom Volksgerichtshof verurteilt worden, denn er hatte als Kommunist die Waffenschiffe sabotiert, die von Hamburg aus den Nachschub für Hitlers Legion Condor nach Franco-Spanien lieferten. Damen und Herrn – es war schnell klar, was meinen neuen Freund aus Frankfurt am Main am allermeisten an unserem grauenhaft großen Thema Holocaust umtrieb und was ihn dann auch antrieb, die zweite Hälfte seines Lebens als Historiker zu leben. Das war der Stachel in seiner Seele: Ihn ärgerte, quälte und beleidigte die etablierte Geschichtslüge, die behauptet, die Juden hätten sich alle abschlachten lassen wie eine Schafherde. Arno Lustiger wollte den Gegenbeweis antreten, daß es sehr wohl auch jüdischen Widerstand gab, einen bedeutenden Widerstand auf allen Ebenen und in allen Ländern, die in den mörderischen Schatten Nazideutschlands geraten waren.

So schrieb Arno Lustiger dann folgerichtig ein Buch über den jüdischen Widerstand im Europa der Nazizeit, und für dieses Buch brauchte er, als eines der Dokumente, das Finale eines Poems von Jizchak Katzenelson. Dieser polnische Jude aus dem Warschauer Ghetto hatte 1944 im Sonder-KZ Vittel, also am Fuße der Vogesen, ein großes Poem in jiddischer Sprache gedichtet und dort in drei Flaschen unter einem Baum vergraben. Danach wurde der Dichter über Drancy nach Auschwitz deportiert und ermordet. »Dos lied vunem ojsgehargetn jidischn volk« schildert in seinem Finale den Ghettoaufstand in Warschau. Mein neuer Freund Arno bat mich nun, ihm diese Verse in ein lebendiges Deutsch zu dichten, er wollte sie in sein Buch über den Widerstand der Juden einbaun.

Ich tat, wie mein Freund wollte, und lieferte ihm diesen letzten Teil des Katzenelson-Poems. Aber dann hatte ich Feuer gefangen und brachte in zwei langen Jahren das ganze Werk in mein Deutsch: »Großer Gesang vom ausgerotteten jüdischen Volk«. Bei dieser Arbeit verdiente sich Arno Lustiger schon unter uns Freunden einen kleinen literarischen Brücke-Preis, denn er transponierte mir das jiddische Original, das Katzenelson natürlich mit hebräischen Lettern geschrieben hatte, in die lateinische Lesart. Aber dann half er mir in der Folgezeit auch, besonders knifflige jiddische Worte richtig zu verstehen. Er gab mir, wie die Juden es nennen: »Eizes« über jiddische Literaten, die Katzenelson erwähnt, er transportierte mir die polnischen und russischen Sprachelemente des Jiddischen, er übersetzte mir die hebräischen Elemente des Textes, denn dieser Arno Lustiger ist halt nicht nur mit allen Wassern, sondern auch mit vielen Sprachen gewaschen.

Angesehene Preise und höchste Orden und offizielle Ehrungen sind in den letzten Jahren über Arno Lustiger gekommen wie eine späte reiche Ernte, und ich kenne persönlich keinen Menschen, dem ich diesen warmen Regen aus Liebe und Respekt so von Herzen wünsche. Warum? Weil ich immer, wenn wir uns treffen, auch den zum Skelett abgemagerten jungen polnischen Juden aus der Industriestadt Bendzin vor meinem inneren Auge sehe. Ich sehe Arno Lustiger immerzu doppelt. Ich kann diesen eleganten, gut erhaltenen älteren Herrn, der immer noch ein handfester Kerl ist, nicht anschaun, ohne zugleich solche Bilder wie aus einem alten Dokumentarfilm zu sehen: Arno, wie er in Auschwitz auf der Rampe bei der Selektion dem Tod in der Gaskammer entgeht, weil er so jung und noch kräftig ist. Ich sehe, wenn Arno mich in seinem Mercedes in Frankfurt am Main zum Bahnhof bringt, immer auch diesen anderen abgemagerten Arno, wie er nach dem Morgenappell vor der Baracke in der Kolonne zur Arbeit marschiert, im Takt der Marschmusik vom Häftlingsorchester. Ich sehe wie seinen Schatten neben dem elegant angezogenen Gentleman immer auch den elenden Arno, wie er im letzten Kriegswinter mit fünftausend Leidensgenossen im Inferno des Zusammenbruchs den Todesmarsch von Auschwitz bis nach Buchenwald antritt. Ich sehe Arno, wie er auf dem Wege einen erschöpften älteren deutschen Kameraden schleppt, der ihm, dem polnischen Judenjungen, von seinen Erlebnissen als Interbrigadist im Spanischen Bürgerkrieg erzählt. Und dann sehe ich Arno, wie er sich am Ende kaum selbst noch weiterschleppen kann und mit ansehn muß, daß ein Wachmann seinem geschwächten Leidensgenossen im Straßengraben gnadenlos den Gnadenschuß verpaßt.

Ich sah Arno Lustiger in meinem Katzenelson-Abend in der ersten Reihe im Hamburger Schauspielhaus sitzen und sah zugleich, wie er im KZ Buchenwald ankommt, einer von nur tausend Überlebenden. Und es zerreißt mir das Herz, wenn ich daran denke, daß mein lieber Freund damals nicht zu den privilegierten Häftlingen gehörte, die, wie der Hamburger Genosse meines Vaters, der Jude Rudi Neumann, bei seiner Ankunft gleich von den Genossen der KPD-Parteizelle des Lagers herausgefischt und versteckt und aufgepäppelt wurde.

Wir sitzen in Altona am Kamin und trinken ein Glas Rioja, aber ich sehe zugleich Arno, wie er halb erfroren im Winter '45 in das Lager Langenstein verfrachtet wurde, wo die Nazis ganz zuletzt noch die Produktion der V-Wunderwaffe in stillgelegten Bergwerken aufnehmen wollten. Dort unter Tage hatten die ausgemergelten Sklavenarbeiter eine durchschnittliche Überlebensfrist von zwei bis drei Wochen.

Bei dem schön anschaulichen Wort »Brücke-Preis« denke ich natürlich auch an den amerikanischen Song von Simon und Garfunkel. Ja, Arno Lustiger ist wirklich so eine »bridge over troubled waters« zwischen Juden und Polen, zwischen Juden und Katholiken, zwischen Juden und Juden, zwischen Linken und Rechten, zwischen Weltveränderern und Konservativen und natürlich eine Brücke auch zwischen Polen und Deutschland.

Damals als Häftling war er unfreiwillig eine Art Brücke, als er mit Holzpantinen im Schnee von Auschwitz nach Buchenwald marschierte. Er war damals allerdings eher eine troubled bridge over bloody waters. Daß er aber heute hier als ein freier Mann und deutscher Staatsbürger und Europäer an diese deutsch-polnische Grenze kommen kann, ist eine Genugtuung für uns alle.

Solch eine Grenze lob ich mir, die man überschreiten kann ohne Panzer, ohne Stahlhelm auf dem Schädel und ohne Knobelbecher an den Füßen – aber auch ohne kaputte Holzschuhe und dazu die blauweiß gestreiften Häftlingslumpen des KZniks.

Arno Lustiger wird ausgezeichnet für sein Wirken als Vermittler dieser beiden bedeutenden Unglücks-Völker, als der Menschen-Versöhner soll er gefeiert werden. Als Dolmetsch wird er gelobt, der die Sprachlosigkeiten zwischen den Kulturen überwindet.

Wir wollen also einem Mann einen kleinen Kuß in die Seele geben, der all die Stiefeltritte in die Seele tapfer ausgehalten und die Verwundungen verwunden hat, denn er ist ein Wissender, der inzwischen zu einem weisen Mann wurde. Für mich ist Arno ein richtiger, will sagen ein jüdischer Jude, in dem das Feuer der Vergangenheit keine kalte Asche ist. Die Juden sind nun mal das Volk des guten Gedächtnisses. Ich weiß aus unseren Gesprächen, daß er den Deutschen, wohl auch den Polen manches vergeben hat, aber nichts vergessen. Zudem ist Arno Lustiger insofern ein Gerechter, als er auch im Schmerz nie vergaß, daß viele Polen ihr Leben riskierten und verloren, um verfolgte Juden zu retten. Und mir imponiert, daß er die Deutschen auch im tiefsten Schmerz niemals als ganzes Volk verflucht hat. Er weiß aus eigener Erfahrung, daß es auch in der Zeit der großen brutalen Massenfeigheit immer auch humane Deutsche gab, die den Mut hatten, zu widerstehn.

Und so wußte Arno Lustiger immer – und hat es auch laut genug gesagt –, daß die Nachgeborenen des Nazivolkes wohl als Deutsche verantwortlich sind für ihr Land, aber daß diese Kinder und Kindeskinder der verdorbenen Generation dennoch keinen Hauch irgendeiner Schuld für Verbrechen haben, die ihre Väter und Mütter begingen.

Im Grunde sind dies banale Selbstverständlichkeiten, aber es versteht sich, daß solche Worte für rechtsradikale Jugendliche und für alle, die mit ihnen klammheimlich sympathisieren, keineswegs selbstverständlich sind. Im Verständnis vieler junger Deutscher, besonders auch in der ehemaligen DDR, geht da manches durcheinander. Junge Arbeitslose dösen mit Bierdosen dahin, gut alimentierte jugendliche Helden ohne Zukunft, ohne Lebenstraum, taumeln zwischen Resignation und Aggression.

Die Ossi-Twens sind in einer menschenverachtenden totalitären Gesellschaft aufgezogen worden. Als Kinder waren sie in den Jungen Pionieren, wurden militärisch kujoniert, von staatsdevoten Lehrern verdummt, von forschen Pionierleitern eingeschüchtert, gebrochen von Eltern, die selber gebrochen waren. So wächst eben der Nachwuchs für ein menschenverachtendes Regime heran.

Na und jetzt, zehn Jahre nach dem Zusammenbruch der DDR, da viele Unterdrückte von gestern sich selbst gering achten, wie sollen sie anderen Menschen Achtung entgegenbringen? Der totalitäre Druck des Realsozialismus ist weg, und nun blüht die falsche Freiheit der Unverantwortlichkeit. Und jeder gelernte Untertan spielt natürlich ganz automatisch Gott und formt seine Kinder nach seinem verwüsteten Ebenbild. Demoralisierte junge Menschen ohne Selbstwertgefühl greifen nach der zehnten Bierdose dann auch das Unwort von der Auschwitzkeule auf, sie sehen sich permanent am Pranger als eingeborene Nazibrut, fühlen sich ungerecht angegriffen. Jeden Film über den Völkermord an den Juden empfinden sie als persönlichen Vorwurf. Solche Unglücklichen lesen also Martin Walser nicht in dessen abgehobenen Büchern, sondern in den blut- und bodenständigen Schlagzeilen der Zeitung – und dann schlagen sie im Suff mit der Keule, die man schon nicht mehr Baseballschläger nennen kann, halt mal ein bißchen zu. Die einzige Chance, die ein sogenannter Fremder beim Ausländerklatschen in der »National befreiten Zone« irgendeiner Kleinstadt hat, ist die, daß seine rechtsradikalen Mörder so besoffen sind, daß sie auch mal danebenhaun.

Ein über siebzig Jahre alter Mann wie Arno Lustiger kann nicht mit einer Moralpredigt für Zivilcourage irgendwelchen prügelnden Skinheads in den Arm fallen. Aber das, was er uns vorlebt und was er uns an Büchern geliefert hat, ist genau die geistige Nahrung, die die Jüngeren brauchen, um Zivilcourage zu üben.

Lieber Arno, wenn ich am Ende meiner kleinen Rede nun das Lied »Nur wer sich ändert, bleibt sich treu« singe, das ja dir gehört, will ich denen, die dich jetzt als Brückenbauer feiern, noch schnell anvertrauen, wie unsere mischpacha-Familienbande geknüpft sind:

Im ersten Überschwang unserer frischen Freundschaft lag

es nahe, daß Arno Lustiger von da ab mein »Vater« wurde, weil er ja schließlich genau dort überlebt hatte, wo mein richtiger Vater, Dagobert Biermann, ermordet worden war. So weit – so gut. Es stellte sich aber schnell heraus, daß mein neuer Freund aus Frankfurt im Grunde viel, viel jünger ist als ich, ein melancholisch lebenslustiger Gesell, übermütig und todtraurig, ein lebensstarker Genußmensch, ein toller Kerl, der mancher schönen Frau gefällt, kurz: ein ewig junger Mann, sagen wir mal, im konstanten Alter von 19 Jahren. Also paßte seine Vaterrolle mir gegenüber nicht so ganz. Und so beschlossen wir kurzerhand, daß er nun zwar mein neuer Vater ist, ich aber bin zugleich sein alter Großvater. Das hat gelegentlich verwickelte Konsequenzen. Als Arno Lustiger vorgestern bei uns in Hamburg anrief, um zu fragen, ob das »Jingele Wolf« die Laudatio für ihn schon ordentlich aufgeschrieben habe, da sagte dieser freche jungsche Kerl, weil er auch meine junge Frau sprechen wollte: So, Wolf und jetzt gib mir mal meine Oma ans Telefon. Und dann sagte Pamela ihm: Lieber Arno, mach dir keine Sorgen, denn Dein »Sejde« Wolf schüttelt sowas aus dem Ärmel. Und außerdem: Dein »Jingele« Wolf hat alles ordentlich in den Computer getippt.

Nur wer sich ändert, bleibt sich treu
für Arno Lustiger

Ich schwamm durch Blut in das große Licht
Neugierig kam ich aus dem Bauch
Ich war ein Tier. Und ich war ein Mensch
Von Anfang an und lernte auch
Bei der Gestapo im Verhör
Soff ich am Busen ohne Scheu
Die Wahrheit mit der Muttermilch:
Nur wer sich ändert, bleibt sich treu

Von Hamburg bin ich dann abgehaun
Mit Sechzehn ins Gelobte Land
Da sind Millionen den gleichen Weg
Wie ich, bloß umgekehrt gerannt
Ich wollte von zuhause weg
Nach Haus! Die Reise ist nicht neu:
Wer jung ist, sucht ein Vaterland
Nur wer sich ändert, bleibt sich treu

So kam ich drüben an: ohne Arg
Und blindbegeistert wie ein Kind
Bald sah ich, daß rote Götter auch
Nur MenschenSchweineHunde sind
Mein Vater hat mich nicht gemacht
Damit ich Lügen wiederkäu
Drum schrie ich meine Wahrheit aus:
Nur wer sich ändert, bleibt sich treu

Heiß oder kalt, immer war da Krieg
Ich ging von West nach Ost nach West
Und hielt mich an meinen Waffen, die
Gitarre und am Bleistift fest
Ich bleibe was ich immer war
Halb Judenbalg und halb ein Goj
Eins aber weiß ich klipp und klar:
Nur wer sich ändert, bleibt sich treu

Mit Weibern habe ich nichts! als Glück
Gehabt. Ich war so grün und blind
Und wußt nur vorne im Hinterkopf
Daß auch die Weiber Menschen sind
Nun weiß ich bis ins kleinste Teil
Mit dem ich meine Frau erfreu:
Die Männerherrschaft stinkt mich an
Nur wer sich ändert, bleibt ein Mann

Ich war verzweifelt von Anfang an
Und immer hab ich neu gehofft
– so kann man leben. Bald kommt der Tod
Ich kenn Freund Hein, ich traf ihn oft
Er bleibt mein Feind, dem ich auch nicht
Zum Schluß gereimte Rosen streu
Mit letzter Puste krächze ich:
Nur wer sich ändert, bleibt sich treu

Joschka Fischer – komm mit angeln

Komm mit angeln! – sagte der Fischer zum Wurm ...
Zur Debatte über die Vergangenheit von Außenminister
Joschka Fischer, 2001

Der gefangene Terrorist Hans-Joachim Klein sitzt als über-
führter Terrorist im Gerichtssaal, die Tagesschau zeigt dem
wiedervereinigten Fernsehvolk sein verstörtes und zerstörtes
Knittergesicht, ein Häufchen Elend. Joschka Fischer aber, sein
einstmaliger Anführer und Kumpel aus den wilden Jahren des
Frankfurter Häuser- und Straßenkampfes, lächelt cool und
selbstsicher in die Kamera, der Außenminister steht im vollen
Saft der Macht.

So sieht es auf den ersten dummen Blick aus: der eine hat
bezahlt, der andere hat gewonnen. Der eine ist eine Ruine, der
andere ein gemachter Mann. Der eine ein gestrauchelter
Mensch, der andere ein hohes Tier.

Aber eins nach dem andern: Anfang der siebziger Jahre
standen die beiden am logischen Scheideweg. Der eine folgte
dem Ruf der RAF und wurde Terrorist, der andere befolgte
den Rat Rudi Dutschkes und machte sich auf den langen
Marsch durch die Institutionen. Und wer den hinter sich hat,
kommt auch als ein anderer und irgendwo anders an.

Die vertrackte Dialektik zwischen Weg und Ziel bewirkte,
daß mit den verschiedenen Wegen auch die Ziele nicht mehr
die gleichen blieben. So geraten einstmalige Weggenossen auseinander bis an den Abgrund der Feindschaft. Die Story
könnte in der Bibel stehn, denn die existentielle Konstellation
ist ja alt wie die Menschheit.

Fischer und Klein – beide waren vor dreißig Jahren ausgezo-
gen, um das Establishment der BRD aus den Angeln zu heben,

beide wollten nichts weniger als die Geschichtsheuchelei der Nazigeneration entlarven, den bourgeoisen Konsumterror gegen die ausgebeuteten Massen der Wohlstandsgesellschaft stoppen, sie wollten nebenbei auch die dritte Welt im schmerzempfindlichen Zentrum der ersten verteidigen, sie wollten den Vietnamkrieg mitten in Frankfurt am Main beenden, kurz: die Menschheit retten. Es klingt wie ein uraltes Politmärchen, ein Theaterstück auf den Brettern, die die Welt nicht etwa bedeuten, sondern: sind. Schlußszenerie: Der eine auf der Regierungsbank, der andere auf der Anklagebank. Ja, der Kampf um die Eroberung eines kommunistischen Paradieses, in dem alle Menschen Brüder sind und der Löwe Gras frißt, er begann wohl auch in der Frankfurter Hausbesetzerszene zwischen Fischer und Klein mit dem bösen Satz: »Komm mit angeln! – sagte der Fischer zum Wurm ...«

Das ist lange her und wird übermorgen wieder so sein. Was Wunder: Die abgewählten Christdemokraten wollen wieder an die Macht. Die CDU geht in die Offensive. Der Leit-Politiker Merz möchte die geistige Lufthoheit auch unten in der stinkenden Kanalisation erobern. Angela Merkel will dem Regierungschef Schröder mit der Brechstange nach sieben abgefaulten Ministern nun einen gesunden Zahn aus dem imponierenden Siegergebiß brechen.

Und die SPD will natürlich das Gegenteil: Schröder braucht endlich Ruhe im Regierungskarton. Die Grünen zittern um ihren mächtigsten Macher und stellvertretenden Bundeskanzler Joseph Martin Fischer. Und selbst Super-Realo Joschka Fischers schwärmerischen Feinden in der eigenen Partei ist der grüne Rock näher als das rote Hemd.

Der Leser merkt schon, worauf ich hinauswill: mir paßt die ganze Jagd auf Joschka Fischer gar nicht. Ich versuche – mal

sehn, was mir einfällt –, ein paar bedenkenswerte Gründe nie-
derzuschreiben:

Vorweg: Mein Herz freut es, wenn ein Mensch die Kraft
und den Mut hat, sich zu ändern. Erlauben Sie mir hier eine
Binsenweisheit: Das Nest, in dem es ausgebrütet wird, kann
sich ja kein Ei aussuchen.

Solange es um Prügelei, aber nicht um Mord und Totschlag
geht oder gar um Massenmord oder Völkermord und Kriegsverbrechen, sollte man die Taten und auch die Untaten eines
jungen Raben, eines jungen Suppenhuhns, sehr vorsichtig
beurteilen. Jean Paul Sartre formulierte mal in einer etwas dialektisch verquasten Philosophendiktion eine bedenkenswerte
Sentenz: »Wir beurteilen die Menschen nicht nach dem, was
aus ihnen gemacht wurde, sondern danach, was sie aus dem
gemacht haben, was aus ihnen gemacht wurde.«

Freilich läßt sich in Talkshows süffisant darüber streiten,
wann ein Mensch noch etwas Gemachtes ist, und von wann
ab er sich selbst gemacht hat und in diesem Sinne dann eben
auch verantwortlich ist für sich selber. Ich denke, die Alters-
grenze des Bürgerlichen Gesetzbuches für Volljährigkeit
müßte von Fall zu Fall in beiden Richtungen korrigiert werden. Für selbstverschuldete und für nicht-selbst-verschuldete
Unmündigkeit gibt es keine einfache Meßlatte.

Spätestens seit den Zeiten der sogenannten Wende haben wir
immerhin schärfer begriffen, daß die deutsche Sprache nicht
umsonst zwei verwandte Worte im Angebot hat: »sich wan-
deln« und »sich wenden« – sie liegen so verwirrend nahe beieinander, sind manchmal kaum zu unterscheiden, und dennoch liegen zwischen diesen beiden Buchstabenbündelchen
Welten. Wer sich nur wendet, ist ein Feigling und Opportu-
nist, ein Sich-Anschmierer, der sein Fähnchen nach dem
Winde dreht, der sich dummschlau anpaßt, der charakterlos

nach der jeweiligen Macht schielt, nach Privilegien oder Geld – also ein Lump und Schweinehund. Wer aber sich wandelt, wer wirklich ein anderer wird, wer den Mut hat, zu brechen mit verbrecherischen Kumpanen, wer unter dem Eindruck schmerzhafter Erfahrungen und schwer durchlittener Einsichten sich wirklich ändert, na, der kann und darf doch nicht von den gemütlichen Gutmenschen des goldenen Mittelweges aus der Menschheit ausgeschlossen werden!

Die allermeisten dieser professionellen Gutmenschen, das weiß doch auch jeder, der nicht Dantes »Göttliche Komödie« kennt, sind nur Leute, an denen der bittere Kelch vorüberging, Mucker, die sich immer rausgehalten haben, die nie Schwein waren, aber auch nie Mensch – die, wie Heine sagt: »weder Fleisch noch Fisch« sind und die bei Dante gerade deshalb in der Hölle schmoren müssen.

Aber ich will über Fischer reden. So ein lauer Weder-Noch ist er nicht, wohl aber ein Sowohl-als-auch. Fischer hat sich natürlich schuldig gemacht hat, wenn er einen uniformierten Vertreter des staatlichen Gewalt-Monopols mit Fäusten niederschlug, statt sich von ihm staatsbürgerlich korrekt niederknüppeln zu lassen. Das weiß der Leser auch ohne mich: Recht und Unrecht, gut und schlecht sind bei solchen politisch motivierten Demonstrationen nicht immer so sauber auseinanderzuhalten. Die Proteste der Studenten in Westberlin gegen den Staatsbesuch des verbrecherischen Schahs von Persien waren doch begründet! Der Streit wurde damals mit Wasserwerfern, Knüppeleinsätzen und berittener Polizei ausdiskutiert. Der Todesschuß eines durchgeknallten Polizisten auf den unbewaffneten und absolut gewaltfreien Studenten Benno Ohnesorg war dann der Anfang einer tragischen Eskalation. Verletzungen, die ein schwerbewaffneter Polizeibeamter im Handgemenge mit wütenden Demonstranten erleidet, sind gewiß keine Bagatelle. Aber auch bei Protesten gegen die

Politik einer demokratisch gewählten Regierung kann es schreckliche Überreaktionen auf beiden Seiten geben.

»Gewalt« kann auch ein Nebelwort sein, denn Gewalt ist keineswegs gleich Gewalt. Es ist nämlich ein »gewaltiger« Unterschied, ob unbewaffnete Demonstranten sich mit schwerbewaffneten Polizeikommandos in ein Handgemenge einlassen, oder ob rechtsradikale Schläger mit Baseballschlägern einzelne wehrlose Ausländer jagen, aufklatschen und gelegentlich totschlagen.

Das tief im Menschen verwurzelte Humanum: sich über sich selbst entsetzen zu können, sich schämen, sich beknirschen und ... sein Verhalten dann auch tatkräftig zu ändern, das ist die vielleicht kostbarste menschliche Substanz, die wir haben.

Unvollkommen ist jeder lebendige Mensch. Unser großer Ethiker Immanuel Kant schrieb 1798: »... aus so krummem Holze, als woraus der Mensch gemacht ist, kann nichts Gerades gezimmert werden.« Kant dachte dabei natürlich nicht an die gleichgerichteten graden Streichholzmenschen mit roten, grünen oder braunen Zündhütchen in ihrer Parteischachtel.

Wir feiern jedes Jahr ein extrem krummes Holz: ich meine den Widerstandskämpfer Claus Graf Schenk von Stauffenberg. Wir ehren ihn, obwohl er den völkermörderischen Raubkrieg Hitlers als Generalstabsoffizier und Stabschef einer Panzerdivision der Wehrmacht tatkräftig mitbetrieben hat. Die Massenmorde an den Juden hinter der Ostfront ließen ihn kalt. Erst als der Blitzkrieg in Stalingrad endgültig gescheitert war, erst als Hitlers Kriegsglück sich unaufhaltsam wendete, entschloß dieser Mörder sich zum Tyrannenmord. Ich kann ihn nicht lieben wie meinen Vater, der als Kommunist gegen die Nazis kämpfte und in Auschwitz ermordet wurde. Aber ich respektiere diesen deutschnationalen Adligen trotz alledem als einen jener tapferen Menschen, ohne die wir Deutschen noch weniger hätten, womit wir die Schande der Nazizeit abwaschen können.

Wir alle wissen, daß Richard Freiherr von Weizsäcker ein Offizier der Wehrmacht war. Er hat an der blutigen Ostfront Hitlers Eroberungskriege gegen Polen und die Sowjetunion mitgemacht. Er hat gleich nach dem verlorenen Krieg bei dem Nürnberger Prozeß gegen die höchsten Kriegsverbrecher als junger Jurist geholfen, seinen Vater Ernst Freiherr von Weizsäcker zu verteidigen, der dann 1948 zu sieben Jahren Haft verurteilt wurde. Ja und?! Dieser Mensch hat die bittere totalitäre Lektion gelernt und die demokratischen Konsequenzen gezogen und durch seine Haltung, durch das Beispiel seiner Wandlung die demokratische Kultur der Bundesrepublik mit einigen seiner Reden glänzend befördert. Also ist dieser Hitlersoldat von damals für mich dennoch ein anständiger Mensch, den ich gerne im Amt des Bundespräsidenten sah. Auch Helmut Schmidt war Wehrmachtsoffizier und hat nie von sich behauptet, ein Widerstandskämpfer gewesen zu sein. Aber er war blutjung. Viele Offiziere seiner Generation waren natürlich nicht nur uniformierte Täter, sondern zugleich auch Opfer des Hitlerregimes. Wie auch immer: Er hat sich korrigiert. Er ist im allerbesten Sinne ein rechter »Sozi« geworden, dessen sozial-demokratische Kanzlerschaft bis heute in aller Welt mit Bewunderung und Respekt gewürdigt wird.

Die Beispiele reichen. Selbst wenn die unglückliche Tochter der unglücklichen Ulrike Meinhoff demnächst noch ein altes Fischer-Foto mit einer Flasche voll Wein oder Benzin finden sollte, ändert das nichts an meiner Meinung. Soweit ich es überhaupt beurteilen kann, hat der Außenminister Fischer seinen sogenannten Job bisher mindestens so gut gemacht wie sein Kollege Innenminister. Im Vergleich zu dem Parteibürokraten Kinkel kommt Fischer mir sogar wie ein ganzer Kerl vor. Ein Mensch, der als Jüngling wenigstens mal Steine auf schwerbewaffnete Polizisten warf und der dann den Mut hatte, sich zu korrigieren, der als reifer Mann begriffen und öffentlich gemacht hat, daß das Gewaltmonopol des Staates eine fundamentale Errungenschaft der wehrhaften Demokratie ist, dem traue ich mehr als einem chronischen Parteipiesel. In manchen Gesellschaftsbränden führt eben durchs Feuer keine Furt. Einem gebrannten Kind wie Joschka Fischer traue ich eher zu, über den Einsatz einer KFOR-Truppe in Bosnien umsichtig zu entscheiden als einem parfümierten Parteiproporzer mit juristischem Musterexamen.

Aus politisch-hygienischen Gründen möchte ich anmerken: Persönlich kenne ich diesen Joschka Fischer gar nicht. Vielleicht ist er unter falschen Freunden ein sanftmütiges Ekel, ob in der Lederjacke des Revoluzzers oder im Nadelstreifen des Oberdiplomaten. Aber hier geht es nicht darum, ob er als Privatmensch zum Küssen oder zum Kotzen ist. Allein die Tatsache, daß ein einstmals linksalternaiver Militanter als reifer Mann für unser Land im Kosovo-Konflikt sich dermaßen nützlich machte, ist mal wieder ein ermutigendes Beispiel für die Kraft des Menschlichen im Menschen. Schade, daß ich meinen Freund Rudi nicht nach Fischer fragen kann. Dutschke war trotz aller Radikalität ein gradezu urchristlich-sanftmütiger Menschheitsretter und hatte eine feine Nase für den Gestank auch linksdrapierter Karrierelumpen. Da ich keine Insiderkenntnisse haben kann, muß ich mich auf mein politisches Gefühl verlassen – und da kommt mir dieser Außenminister fast so ausgeschlafen und aufrichtig vor wie sein alter Freund Daniel Cohn-Bendit.

Ausgerechnet die Zeitung DIE WELT sollte – zumindest nach meinem politischen Geschmack – sich nicht mit journalistischen Steinen aus dem Springer-Glashaus an der Steinigung Joschka Fischers beteiligen. Immerhin war es vor allem die Hetze in Springers BILD-Zeitung in den heißesten Zeiten des Kaltes Krieges, die damals in Westberlin eine Stimmung in der Bevölkerung aufheizte, ohne die der junge Nazi Bachmann wohl kaum seine drei Kugeln in den Kopf von Rudi Dutschke geschossen hätte.

Ich schrieb damals ein Lied, das die Spatzen von Ostberlin über die Mauer nach Westberlin trugen, wo es die Studenten sangen:

Drei Kugeln auf Rudi Dutschke
Ein blutiges Attentat
Wir haben genau gesehen
Wer da geschossen hat

   Ach, Deutschland, deine Mörder!
   Es ist das alte Lied
   Schon wieder Blut und Tränen
   Was gehst du denn mit denen
   Du weißt doch was Dir blüht!

Die Kugel Nummer Eins kam
Aus Springers Zeitungswald
Ihr habt dem Mann die Groschen
Auch noch dafür bezahlt

   Ach, Deutschland, deine Mörder! ...

Wer Joschka Fischer heute abkanzelt für seine Jugendsünden, der sollte ihn im selben Atemzug loben für seinen erwachsenen Mut zur Korrektur. Alles andere ist Heuchelei und populistischer Dummenfang und abgeschmackte Stimmenfängerei. Wie es in der Bibel steht: An ihren Früchten sollt ihr sie erkennen! Ich jedenfalls brauche derzeit keinen anderen Außenminister. Ich brauche ein Land mit einer globalen Leitkultur, die einen Politiker, der solchen Mut bewiesen hat, skeptisch kontrolliert, lachend ermutigt und als Menschen achtet.

Komm mit angeln! sagte der Fischer zum Wurm?

Nein nein! Das wohlfeile Wortspielchen mit seinem Namen führt in die Irre. Hans-Joachim Klein auf der Anklagebank ist kein Wurm. Und diesen Fischer auf der Regierungsbank halte ich für einen aufrichtigen Mann.

Deutschland, elf Jahre danach

Böse lachen oder wütend weinen –
Bilanz nach elf Jahren
2001

Was, bitte sehr! was soll man denn bloß machen ... will sagen: was können wir geprügelten und gedemütigten Menschenkinder tun – jedesmal nach dem Ende irgendeiner Tyrannei?

Wenn wo eine mörderische Diktatur endlich zusammenbrach oder sogar niedergekämpft wurde, dann steht das Gespenst der Rache am Horizont. Was nämlich soll, wenn der Despot endlich gestürzt wurde, geschehn mit all seinen verbrecherischen Kretins und Canaillen und Agents-provocateurs, für die wir in unserer derberen deutschen Sprache eine ganze Latte von treffenden Namen haben: Bonzen, Hofschranzen, Funktionäre, Postenjäger, Schergen, Häscher, Spitzel, Kerkermeister, Blutjuristen, Denunzianten, Massenmörder, willige Vollstrecker. Das geht vom dreckigen Büttel in Uniform bis hoch zum parfümierten Offizier in Zivil, vom analphabetischen Folterknecht bis zum hochgebildeten Schreibtischmörder, vom erbarmungslosen Schließer im Gefängnis bis zum beamteten Rechtsbeuger mit gebügelter Robe, vom Steißtrommler und Rückgratbrecher in den Schulen bis hinauf zum habilitierten Gehirnwäscher an den Universitäten.

Was also tun beim Untergang eines solchen totalitären Dreck-Regimes, erkämpft durch eine Revolution oder geschenkt, wie geschehn, nach einer Befreiung durch eine glückliche Niederlage im Krieg?

Das Beste wäre natürlich, das entmachtete Unterdrückerpack erstmal prophylaktisch umzubringen, denn eine Revolution ohne Revolutionäre führt womöglich zu einer Demokratie ohne Demokraten. Aber das ist ja leider nicht, wie es im

Neudeutsch heißt: »machbar«! Alle Täter zu töten geht zweitens nicht, weil es zu viele sind. Und erstens geht es schon gar nicht, weil wir nun an diesen Mördern ja nicht selbst auch noch zu Mördern werden dürfen. Zu dieser Erkenntnis brauche ich übrigens keine christliche Moral-Lehre und keinen Lieben Gott.

Nein, die siegreichen Opfer müssen immer wieder tapfer versuchen, den fatalen Kreislauf von Unrecht und Rache und neuem Unrecht und neuerlicher Rache zu durchbrechen, denn dieser Mut zum Verzeihen ist ja wohl, wenn überhaupt, unsere eigentliche Menschwerdung im Geschichtsprozeß.

Wir wissen also einigermaßen stumpf, daß wir solche entmachteten Menschenschinder nicht schinden dürfen. Aber deswegen wissen wir noch lange nicht scharf, was wir denn nun mit ihnen tun sollen. Einfach mit einem flotten Hoppla! zur gemütlichen Tagesordnung übergehn, das haut ja leider auch nicht hin. Die Untaten der Peiniger stinken zum Himmel, die Leiden der Gepeinigten schrein nach Strafe und Gerechtigkeit und Wiedergutmachung. Das Rechts-, will sagen: das Unrechtsbewußtsein der befreiten Menschen muß ja nach den Zeiten der Abstumpfung und Verrohung wiedergeboren werden. Was also tun? Ich sage es lieber gleich und kurz: Ich weiß es auch nicht.

Als junger Mann in der DDR machte ich mir auch schon manchen Vers auf diese vertrackte Frage. In Tausenden verbotenen Tonbandkopien verbreitete sich mein DDR-DraDra-Drachentöter-Lied:

Wenn endlich ein Despot
Erschlagen ist und tot
Dann muß man auch sofort
Sofort am selben Ort
Mit Nadel und mit Faden
Sein Arschloch fest verschnürn

Vernähen und verriegeln
Verklammern und heiß bügeln
Verrammeln ganz und gar
Vernieten und verlöten
Schön luft- und wasserdicht
Damit die ganze Schar
Damit all die Lakain
Die krochen da hinein
Für ewig drinnen bleiben ...

und zum Schluß, als meine wenig moralische Moral, krähte
ich dann:

Es solln auch mit den Herren
Die Knecht zugrunde gehn!

Ja ja, das ist eine herzerfrischend blutrünstig zusammenge-
reimte anal-rigoristische Drachentöter-Pose, die allerdings
höchstens in so einem poetischen Pasquill erträglich ist. Im
praktischen Alltag aber wäre solch ein bacchanales Blutbad
nichts als der nächste Kreis der Hölle. Heinrich Heine kannte
das unlösbare Problemchen offenbar auch. Er notierte in seinen sogenannten »Gedanken und Einfällen« eine hinreißend
ungehörige Sentenz, die ich schon seit Jahren, über meinem
Schreibtisch an die schräge Wand gepinnt, lesen kann:

»Ich habe die friedlichste Gesinnung. Meine Wünsche sind:
eine bescheidene Hütte, ein Strohdach, aber ein gutes Bett,
gutes Essen, Milch und Butter, sehr frisch, vor dem Fenster
Blumen, vor der Tür einige schöne Bäume, und wenn der liebe
Gott mich ganz glücklich machen will, läßt er mich die
Freude erleben, daß an diesen Bäumen etwa sechs bis sieben
meiner Feinde aufgehängt werden. Mit gerührtem Herzen
werde ich ihnen vor ihrem Tode alle Unbill verzeihen, die sie

mir im Leben zugefügt – – – ja, man muß seinen Feinden verzeihen, aber nicht früher, als bis sie gehenkt werden.«

Aber das ist halt nur eine political nicht korrekte witzige Sottise der Literatur. In der witzlosen Wirklichkeit funktioniert es, wie meine Kinder sagen würden: »in echt«, eben nicht mit der fröhlichen Aufhängerei all dieser Verbrecher. Wir können es ja nicht machen wie in dem mordslustigen Liedchen der Französischen Revolution, das mir in unserer Wendezeit, genau zweihundert Jahre später, immer auf den Lippen lag:

Ah! ça ira, ça ira, ça ira,
Les aristocrates à la lanterne!
Ah! ça ira, ça ira, ça ira,
Les aristocrates, on les pendra!

Daß mir in diesen Tagen grad solche Allerwelts-Gedanken verschärft durchs Gemüt gehen, hat – was Wunder! – einen Grund: Die Ostberliner SED will nun in Berlin, elf Jahre nach der Wiedervereinigung, die diese DDR-Erben nicht mit »i-e«, sondern mit einem kaltkurzen »i« schreiben, im Kostüm einer Partei des Demokratischen Sozialismus schon wieder auf das Pferd der politischen Macht steigen. Aus meiner Sicht ist der eigentliche Skandal dabei: die bankrotten sozialdemokratischen Apparatschiks halten den Erben der DDR-Nomenklatura dabei den Steigbügel, weil sie selber um jeden Preis Hoppe-Hoppe-Reiter spielen wollen. In welcher irrationalen Not sind also solche Partei-Erotiker, daß sie bei ihrem perversen Macht-Spiel sich mit totalitären Verwesern ins Koalitionsbett legen müssen, also mit SED- und MfS-Kadern, die das kaum getrocknete Blut ihrer Opfer noch am Ärmel haben. Ich kenne den Parteien-Klüngel in Berlin nicht genauer als normale Zeitungsleser, die ansonsten ihre Tagesarbeit machen. Die Hintergründe, die Kabalen und intriganten Macht-spiele und krummen Geschäfte, die Finessen der Korruption in den etablierten Partei-Eliten sind für mich nicht durch-schaubar. Aber daß manche machtverliebte Herrschaften mehr auf Pfründe aus sind als aufs Gemeinwohl der Stadt, das kann ich mir an einem Finger ausrechnen. Gerade in der Frontstadt Westberlin gab es in den Jahrzehnten des Kalten Krieges die Gefahr einer undemokratischen Verführung zur Bildung von politischen Erbhöfen, halbkriminellen Cliquen und profitgierigen Seilschaften.

Sechs Milliarden Mark fehlen also plötzlich in den Kassen der staatsnahen Berliner Bankgesellschaft. Daß die Berliner SPD-Bonzen in den zehn langen Jahren des gemeinsamen Regierens davon weniger wußten als ihre verfilzten CDU-Kumpane, können sie einem erzählen, der die Hose mit der Kneifzange anzieht. Wer sich aus solchen Kalamitäten nun in die Arme der PDS rettet, der ist in meinen Augen von allen guten demokratischen Geistern verlassen. Wir wissen es ja schon lange und zitieren deshalb gern den geistreichen und dennoch richtigen Satz von Winston Churchill, der mal sowas sagte wie: Die Demokratie ist eine unerträglich schlechte, eine chronisch unvollkommene Gesellschaftsform, aber von allen, die wir kennen, mit Abstand die allerbeste. Ja, auch ich habe dieses witzige Wort gelegentlich im Munde geführt, vor-zugsweise dann, wenn ich meine Demokratie-enttäuschten Freunde ent-enttäuschen wollte. Die Demokratie war nie und kann es auch nicht sein: das Paradies der Gerechtigkeit für alle Löwen und Schafe, die soziale Idylle, das Schlaraffenland für Starke und Schwache.

Jedes Kind weiß: Die PDS ist von Geburt an eine Nachge-burt des totalitären DDR-Regimes. Dennoch sagen viele echte und falsche Naivterkens: Tja, aber sie wird immerhin von vie-len Leuten in der Ex-DDR gewählt, also ist sie demokratisch legitimiert. Wenn ich solchen pseudoliberalen Husten höre, weiß ich nicht, ob ich böse lachen oder wütend weinen soll.

»Vox populi – vox Dei« – so habe ich das goldene Wort im Lateinunterricht gelernt: Volkes Stimme ist Gottes Stimme. Seneca schrieb: »Glaube mir: heilig ist des Volkes Rede.« Glauben will ich es dem spanischen Römer schon. Ich weiß aber mit der billigen Klugheit des Spätergeborenen, daß Adolf Hitler mit Hilfe der Stimmen des Volkes die Wahlen korrekt gewonnen hat und also nach demokratischen Spielregeln 1933 Reichskanzler wurde. Freilich mißbrauchte er dann seinen demokratischen Sieg gegen die junge deutsche Republik und errichtete im Herrenmensch-Jubel der Volksmassen seine Diktatur und brüstete sich mit dem kecken Wort, er habe mit Hilfe der Demokratie die Demokratie abgeschafft!

Wenige wissen es so konkret wie wir Deutschen, daß die Demokratie keine totale Sicherheit gegen den Absturz in den Totalitarismus sein kann. Es stimmt zwar, daß in der Regel die Stimmungen und die Stimmen des sogenannten Volkes weniger irre sind als der kriminelle Irrsinn eines machtbesoffenen Selbstherrschers, aber dennoch bleibe ich dabei: Auch viele Menschen können tief irren, auch eine Mehrheit kann sich ins Verderben wählen.

Eine wahrscheinlich unvermeidbare Schwachstelle jeder Demokratie ist zudem, daß die entschlossenen Macher mit Parteibuch unbedingt alle paar Jahre wieder Mehrheiten gewinnen müssen, um etwas zu bewegen im Land. Und darin liegt schon die Gefahr, daß sie dem Pack populistisch zum Munde reden, daß sie heiße Eisen nicht anpacken, daß sie Themen meiden, die Wählerstimmen kosten, daß sie schmerzhafte Reformen kriminell lange verschieben bis nach den übernächsten Wahlen ... und so machen sie sich halb schuldlos schuldig. Wenn dann irgendein wirklich kriminell krummes Ding wie bei der Spendenaffaire der CDU auffliegt, nun, seit Vetternwirtschaft, Ämterschacher und Pfründenkultur in ihrer Häßlichkeit zur Erscheinung kommen, sehen die Finsterlinge der SED-PDS schon wie demokratische Lichtgestalten aus. Das Gedächtnis vieler Wähler ist kurz, kurz für Untaten, aber auch für Taten. Diesem hochkarätigen Westimport Biedenkopf, das vermute ich, verdanken die Sachsen viel. Nun aber ist er auf seinen eigenen Spottnamen hereingefallen und hat sich selbst durch etliche König-Kurt-Allüren aufs Kreuz gelegt. Da muß er sich nicht wundern, wenn seine Konkurrenten mit Sichel und Hammer kommen und ihn wegen einiger lächerlicher Privilegchen festnageln – und zwar mit den drei Nägeln, die da heißen: Selbstgerechtigkeit, Heuchelei und Machtkalkül.

Werweiß – vielleicht wären aus der Ostrebellion mehr selbstbewußte Ossis, politische Führungspersönlichkeiten hervorgegangen, tja, wenn die Spaziergängerrevolution nicht so beruhigend sanft gewesen wäre. Aber da bin ich mir gar nicht sicher. Und deshalb sei es in klarer deutscher Prosa getrommelt und gepfiffen: Ich bin froh, daß keinem einzigen der verhaßten Verbrecher des DDR-Machtapparates auch nur ein Härchen gekrümmt wurde. Was Mielke und Krenz erlitten, erscheint mir wie eine zynische Lachnummer, gemessen an ihren Verbrechen. Es ist womöglich ein weltgeschichtlicher Glücksfall, es mag ein Beweis für die Würde und Lebenskraft des demokratischen Geistes sein, daß kein befreiter Untertan in der DDR sich an den verhaßten Bütteln der rotgetünchten Tyrannei in den Zeiten der Wende die Hände blutig gemacht hat. Die obersten Stacheldrahtsozialisten der DDR sollten denn auch nicht in ihre eigenen Folter-Gefängnisse gesperrt werden, nicht in das »Gelbe Elend« in Bautzen und nicht in das gefürchtete »U-Boot« im MfS-Knast Berlin-Hohenschönhausen, genannt »Haus zur ewigen Lampe«. Die hohen Parteisekretäre und Kaderleiter und Staatsfunktionäre und

Ideologen und MfS-Offiziere, die OIBEs und IMs sollen Sicherheitsfirmen, Immobiliengesellschaften und Steuerberaterbüros und lokale Baukonzerne mit dem geklauten Volkseigentum gründen, sie sollen als ehemalige Machtmonster den Talkshows höhere Einschaltquoten verschaffen und nun ihre hohen Beamten-Renten genießen. Aber wenn sie schon im Parlament heuchlerische Reden schwingen über Recht und Gerechtigkeit, möchte ich doch nicht von ihnen auch noch regiert werden.

Stinken meine Worte nach Rache? Viele Opfer des DDR-Regimes sind unheilbar kaputtgemacht worden. Schuldlose Menschen wurde ausgelöscht. Lebenspläne wurden vernichtet, Familien zerschlagen. Liebende wurden auseinandergerissen, Kinder verwaist und verstümmelt. Und dennoch kenne ich kein einziges Opfer des DDR-Regimes, das manifeste Rachegelüste hat. Mielke konnte nach seiner schnellen Entlassung unbehelligt im Ostberliner Supermarkt einkaufen gehen. Nach Rache schrein, wenn überhaupt, vornehmlich Leute, die sich zu lange geduckt haben und die grad das nicht wahr haben wollen.

Solche Bürgerrechtler aber, die sich tapfer gewehrt haben und deshalb im allerbesten Sinn eigentlich mehr Täter als Opfer sind, die können erstaunlich leicht verzeihen, manche sind gradezu grotesk versöhnungssüchtig. Bürgerrechtler wie mein Freund Robert Havemann, solche ungebrochenen Menschen wie Jürgen Fuchs und Roland Jahn und Reiner Kunze und Jurek Becker waren nie verbissene Hasser. Starke DDR-Frauen wie Bärbel Bohley und Freya Klier, wie Marianne Birthler und Ulrike Poppe und Melanie Weber und Mechthild Günther und Katja Havemann sind traurig und lustig und wütend und selbstironisch, aber sie reden niemals mit Schaum vor dem Mund oder mit Galle im Gehirn. Die Täter des DDR-Machtapparats aber, das haben wir in den elf Jahren nach dem Mauerfall verblüfft lernen müssen, sind offenbar dazu verflucht, daß sie ihre Opfer von damals auf ewig hassen müssen. Sie werden uns niemals verzeihn, was sie uns angetan haben. Aber das ist nur eine stinkende Fußnote der deutschen Geschichte.

Die sanfte Revolution von vor elf Jahren hat nebenbei auch die DDR-Nomenklatura befreit. Gysi und seine kapitalistelnden Genossen haben den Kalten Krieg wie fröhliche Sieger glücklich verloren. Die bürgerliche Demokratie hat auch diese verdorbenen Freiheitsfeinde befreit.

Biermanns Bilanzballade im elften Jahr

Der Moloch krepierte wie nebenbei
Stocknüchtern und treudeutsch vernünftig – so haben
Wir ohne Pogrome und Weltkrieg III
Den Kommunismus zu Grabe getragen
Ein lachender Racherausch war einst, mein Gott!
Der Sturm auf die Bastille dagegen
Da tanzte der Pöbel um das Schafott
Besoffen vom blutroten Frühlingsregen

Tyrannenmörder war Michel noch nie
Und seine Untaten warn keine Taten
Mir reicht eine mausgraue Demokratie
Schön bunt brauch ich nur unsre Demokraten
Die sanfte Spaziergänger-Revolution
Sie glückte zum Glück ohne Re-vo-lu-tio-näre
Werweiß, wenn bei unserer Ost-Rebellion
Das Blut in Strömen geflossen wäre

All meine treuen Todfeinde sind
Mit blauem Auge davongekommen
Die jungen Partei-Kader sind geschwind
In stinkenden Geldflüssen mitgeschwommen

IM »Sekretär« macht nun Mimikry
Als Landesvater in Brandenburg
IM »Notar« spielt Tartüff, führt Regie
Und macht noch dazu den Chefdramaturg

Genosse Major, mein Mielke-Knecht
Heißt heute Herr Reuter, ward Bundes-Spießer
Er ist nun nach bundesdeutschem Recht
Beamter im Ruhestand: Rente-Genießer
Der China-Fan Krenz macht auf tragischen Clown
Manch Menschenjäger spielt Mobbingopfer
Der Denunziant Dehm schreit nun Denunziation!
Das Wort führn ostalgische Sprücheklopfer

Sie haben Jahrzehnte gemordet, gehetzt
Nun fälschen sie ihre Vergangenheit
Die Erben der Nomenklatura schrein jetzt
Nach Demokratie und Gerechtigkeit
Die haben sich clever widervereint
Und machen den Reibach beim Wiedervereinen
Sie sühln sich im Bett mit dem Klassenfeind
Und lachen sich eins ins Fäustchen beim Weinen

Marxistisch verklart, ganz ohne Krampf
Im alten Jargon kann ich singen und sagen:
Das Volk, jawohl! hat im Klassenkampf
Historisch den Sieg davongetragen!
Im übrigen weiß ich: Kein Racheakt
Könnt Jürgen Fuchs mir lebendig machen
Ich lebe! und stehe nun splitternackt
Mal wieder am Anfang und weine beim Lachen

Ich Augenzeuge: Weltende am 11. September

2001

Dem Bürger fliegt vom spitzen Kopf der Hut,
In allen Lüften hallt es wie Geschrei.
Dachdecker stürzen ab und gehn entzwei
Und an den Küsten – liest man – steigt die Flut.

Der Sturm ist da, die wilden Meere hupfen
An Land, um dicke Dämme zu zerdrücken.
Die meisten Menschen haben einen Schnupfen.
Die Eisenbahnen fallen von den Brücken.

Sowas Verrücktes schrieb am Anfang des vorigen Jahrhunderts ein Berliner Jude, ein Hans Davidsohn. Aus den Buchstaben seines Namens bastelte er sich den Künstlernamen van Hoddis. Diese zwei mal vier Zeilen avancierten dann nach dem Weltkrieg zum prophetischen Hauptgedicht des Expressionismus. Der hellsichtige Dichter geriet 1933 in das Dunkel einer jüdischen Irrenanstalt. Von dort aus wurde er im Zuge einer Euthanasie-Aktion weggeschafft und ermordet.

Und ich bin Augenzeuge! Ja, ich habe am 11. September 2001 das expressionistische Weltende in New York mit eigenen Augen gesehn: am Fernsehapparat. Wahrscheinlich genauso entgeistert wie rund um den Erdball Milliarden Menschen starrte ich auf die bewegten, will sagen: bewegenden Bilder der Apokalypse, wie sie aus dem offenen Weltfenster meines Bildschirms über mich hereinbrachen. Aber was bewegte mich? Mitleid? Selbstmitleid? Sorge um die USA? Um uns in Europa? Am Ende um Israel? Um die Welt?

Ich starrte nun wohl schon an die fünfzig Mal auf die beiden fliegenden Boeing-Bomben, wie sie horizontal in die beiden babylonischen Türme des World Trade Centers in New York einschlagen. Ich muß immer wieder hinglotzen, meine Augen sollen mein Herz überreden, damit es langsam glaubt, was ich weiß. Wiederholung mit Andy-Warhol-Effekt. So werden aus Bildern mythische Zeichen.

Ja, alles passierte direkt vor meiner Nase. Unsere Welt ist – nun merkt es auch der letzte Dorftrottel in den Metropolen – wirklich ein Dorf geworden. Vor meiner Nase, am anderen Ufer des großen Teichs war plötzlich der Höllenschlund weit geöffnet. Nun muß ich fürchten, daß nicht ich die Angst, sondern, daß sie mich haben wird.

So durchn Wind bin ich: als ob ausgerechnet diese Frau mir helfen könnte, rufe ich wie ein kleiner Junge in Israel an. Die alte Ruth Adler wohnt in Ramat HaScharon im Norden von Tel Aviv. Sie saß als junges Mädchen mit dem Dichter Katzenelson hinter Stacheldraht im KZ Vittel am Fuße der Vogesen, er war 1943 dorthin aus dem Warschauer Ghetto geraten. Ich stottere: Ach Ruth ... ach! ach! ach! Weißt du schon? Hast du gesehn? Was sagt ihr in Israel zu diesem Weltende! – Sie lacht traurig und sagt: Das Foto von Jizchak hängt ohne Wackeln an meiner Wand. Er ist ja ein Dichter, er verzieht keine Miene, Wölfchen, da kannste was lernen.

Ich sage: Ruth, kennst du das arabische Sprichwort: Es gibt nichts Schlechtes, aus dem am Ende nicht doch irgend etwas Gutes kommt ...? Vielleicht wacht die Welt jetzt auf und begreift, daß sie ein Dorf geworden ist! daß wir Frieden machen müssen! – Und sie: Aus Schlechtem kann nie was Gutes kommen. Nun haben sie in New York im Großen, was wir jeden Tag im Kleinen erleben. Ist das etwa gut? An allem sind die Juden schuld. Das sagte schon Hitler. Halt die Kinderlach fest. Bleib mir gesund, Shalom!

Verwirrt entzifferte ich die ersten Sprechblasen, wie sie aus deutschen Politikerlippen platzten. Einer bubbelte es dem andern nach, und so formt sich der gemeinsame Nenner heraus: »Das war mehr als ein Terroranschlag. Das ist eine Kriegserklärung an unsere ganze freie, an die zivilisierte Welt.« Terrorkrieg heißt die treffende Wortschöpfung. Ja früher! In der guten alten schlechten Zeit gab es entweder korrekte Kriege oder es gab den Terrorismus. Nun sind diese beiden Worte innig verschmolzen. Nun erst hat das neue Jahrtausend wirklich begonnen.

Kriegserklärung? Ich verstehe: Ein Krieg ist also erklärt worden. Erklärt aber ist damit noch nichts – nicht einmal die kindliche Frage: Wer bitte hat ihn und: wem erklärt? Die Araber der freien Welt? Welche Araber? Gehört China zur freien Welt? Ist Putin mit seinem Krieg in Tschetschenien ein Völkermörder oder ein Verteidiger der Zivilisation gegen den Terrorismus? So viele Fragen: Waren es die Islamisten? Welche? Und welchem Amerika galt der Schlag? Der Demokratie? Der Freiheit? Dem Teufel? Dem Kapitalismus? Der Globalisierung? Dem Weltjudentum? Wurde den Helden des Golfkriegs im Pentagon aufs Haupt geschlagen? Oder wurden die Ballettmeister beim Tanz ums Goldene Kalb gesteinigt mit geflügelten Steinen? Galt der Anschlag den gottlosen Erbauern des Doppelturms im transatlantischen Babylon? Ist ausgerechnet der milliardenschwere Moslemfanatiker Bin Laden aus Saudi-Arabien des Christengottes strafende Hand, mit der ER seine abgefallenen Geschöpfe wegen ihres Raubbaus an der Schöpfung züchtigte und nun die mächtigsten Geldmanager der Spaßgesellschaft in den Abgrund riß?

Ich starre in die Augen der Überlebenden. Diese knapp Davongekommenen haben alle auf einen Schlag das Fürchten gelernt. Ein staunendes Grauen flackert in verwüsteten Gesichtern. Wenn die aus dem berstenden Bürobunker Fliehenden im Vorübertaumeln in irgendeines Kameramanns Mikrofon keuchen, dann kann der Fernseh-Reporter noch nicht wissen, daß er in drei Minuten selbst um sein Leben rennen muß mit den erstklassigen »life«-Aufnahmen im Kasten.

Ich schreibe mir die Kernworte auf, die in den deutschen Statements verwendet werden: Ohnmacht. Hilflosigkeit. Trauer. Angst. Fassungslosigkeit. Mitgefühl. Solidarität. Betroffenheit. Unsicherheit. Sorge. Angst. Mitleid. Schrecken. Entsetzen. Schock. Lähmung. Die Worte Zorn, Wut und Rache oder gar Vergeltung kommen nicht vor. Immerhin verspricht der amerikanische Präsident in einer improvisierten ersten Erklärung im Jägerjargon, er wolle die Schuldigen zur Strecke bringen. Und im Affekt rät er ihnen, nicht das zu machen, worauf er doch eigentlich hoffen muß: Die Terroristen, sagt er, sollten beim Versuch, sich der Strafe zu entziehen, besser keine Fehler machen. Beim Attentat mit den vier entführten Flugzeugen jedenfalls haben sie offenbar keinen einzigen Fehler gemacht. Und allein diese Perfektion spricht dagegen, daß Arafats chaotische Romantiker ihre Finger in diesem rational geplanten Spiel hatten.

Amerikanische, israelische und jüdische Einrichtungen werden nun in Deutschland noch schärfer bewacht als vordem. Man muß also kein Durchblicker sein, um zu wissen, daß auf das Herz von Amerika auch gezielt wurde, um damit den Staat der Juden zu treffen. Bei dieser Gelegenheit möchte ich den antizionistisch geschminkten Antisemiten in Deutschland ins grüne, rosa oder schwarze Gebetbuch schreiben: Die Amerikaner werden – das vermute ich – nicht so übervorsichtig reagieren wie die Israelis im Golfkrieg oder in den neunziger Jahren auf die verheerenden Selbstmordattentate der palästinensischen Terroristen. Die Vereinigten Staaten haben wenig Erfahrung damit, jetzt erst kommt der Krieg in ihr eigenes Land. Und sie haben auch nicht diese familiäre Nähe wie die Juden zu ihren arabischen Cousins. Die USA sind in solchen Konflikten grobianische Anfänger, das haben sie in Lateinamerika und in Vietnam schmerzhaft erfahren.

Von jetzt an könnte den Amis womöglich das Licht darüber aufgehn, daß echte und tiefe historische Konflikte nie eine Lösung haben, sondern immer nur eine Geschichte mit wechselnden Szenerien. Und sie müssen auch nicht so maßvoll sein bei der Abwehr terroristischer Kriegsakte, weil ihr Land dermaßen riesig und übermächtig ist. Ihre Stärke könnte sie sehr leicht in die Rolle des Kraftmeiers locken, der gegen das Böse kämpft, als demokratischer Engel gegen totalitäre Teufel.

Die geschichtsbewußten Juden in Israel aber wissen, daß im Heiligen Land berechtigte Interessen zweier Völker aufeinanderprallen, für die es nur sehr schwer und verlustreich für beide Seiten einen Ausgleich geben kann. In einer echten Tragödie haben eben immer beide Seiten »recht«. Sechs Kriege hatten die arabischen Staaten gegen Israel angezettelt – und haben sie alle verloren. Im Jom-Kippur-Krieg 1973 allerdings erlebten die Israelis um ein Haar ein ähnlich desaströses Versagen ihrer Geheimdienste wie jetzt die USA mit all ihren imponierenden Spionageapparaten.

So erging es Israel: Es gab zwar eine vage Warnung, aber die wurde damals von dem einzigen typischen Macho in Israels Regierung, von Golda Meir, großspurig mißachtet. So wurde der übermächtige Militärapparat des Judenstaates ohne die geringste Vorwarnung überrannt: Israel wurde damals fast vernichtet, es stand weniger als einen Schritt vor dem Abgrund.

Solch eine Ausrottung droht den USA nicht. Vielleicht kommt doch etwas Gutes aus all diesem Schlechten: Die Menschen der westlichen Welt könnten noch mal neu überdenken und überfühlen, in welch einer vertrackten Situation sich das Land der Juden befindet. Der Staat wurde von Zionisten nach dem Holocaust gegründet, damit die Juden endlich einen einzigen Ort auf der Welt haben, wo sie ungefährdet und normal leben können. Heute aber gibt es – böse Ironie der Geschichte – keinen Platz auf der Welt, wo Juden beim Einkaufen im Supermarkt mehr um ihr Leben fürchten müssen als in Israel.

Brecht kommt am Ende seines Stückes über die »Heilige Johanna der Schlachthöfe« zu dem Schluß, daß grundsätzlich nur Gewalt hilft, wo Gewalt herrscht. Gegen Hitlerdeutschland galt das allemal, denn ohne die alliierten Armeen würden die Deutschen womöglich heute noch Heil Hitler brüllen. Ohne die heldenhaften Opfer der Soldaten der Roten Armee, ohne die schrecklichen Verluste der US-Army und der britischen Armee würde einer wie ich nicht mehr leben. Ohne den Golfkrieg würden wir das Kuweit-Öl für unsere Raffinerien heute von Saddam Hussein kaufen und ihm die Milliarden liefern, die er braucht, um sich noch effektiver mit Atom- und bakteriologischen und chemischen Massenvernichtungswaffen auszurüsten, mit denen er die Kurden vollends ausrotten und sein eigenes Volk noch brutaler unterdrücken und uns noch effektiver erpressen könnte.

Aber natürlich hilft gegen Gewalt außer Gewalt auch Gewaltlosigkeit. Es hilft auch Gerechtigkeit, es helfen Liebe und Güte, womöglich Bildung, Verzeihen und selbstkritische Demut. Aber das bleibt für mich das humane Dilemma: Ohne entschlossene Gewalt gegen bis an die Zähne bewaffnete religiöse Fanatiker oder andere fundamentalistische Menschheitsretter haben wir Menschen nicht mal die Chance zu einem kleinen Streitgespräch über die letzten Dinge zwischen Himmel und Erde. »Wir« sage ich und muß natürlich verraten, wer denn in meinen Allerweltssack der sogenannten Guten rein gehört.

Immer mehr Kommentatoren erklären mir, daß hier kein Rassen-, kein Klassen- und kein Religionskrieg tobt, sondern ein Krieg der Kulturen. Die Welt des Islam scheint heute gegen die Werte des Abendlandes zu stehen. Ich aber sehe in diesem Konflikt zweier nicht kompatibler Kulturen ein Scheinproblem. Für mich gehören auch die Millionen Moslems zur sogenannten Zivilisation. Es sind Menschen mit einer altehrwürdigen geistigen Tradition. Geniale Baumeister, göttliche Handwerker, begnadete Dichter, weise Philosophen. Es sind Araber, die schon den Lauf der Sterne berechneten, als wir hier in den Wäldern Germaniens noch auf der Bärenhaut schnarchten.

Und schon gar nicht werde ich ein Feind der unterdrückten Araber sein, die heute in totalitären Militärdiktaturen, in gotteslästerlichen Gottesstaaten ohne Menschenrechte dahinvegetieren. Sogar die verblendeten und fanatisierten Intifada-Kids und die jubelnden Mütter und all die analphabetisierten Männer, wie sie jetzt in Westjordanland idiotische Freudentänze machten, kann ich nicht so einfach aus meiner Menschheit ausschließen. Diese indoktrinierten Fanatiker würden schnell wieder auf den Teppich der Vernunft kommen, wenn sie als Menschen geachtet werden, wenn sie sich von ihren arabischen Herren befreien und wenn sie sich dabei der entschlossenen, also auch einer militärischen Gewalt der demokratischen Staaten gegenübersehn. So wie wir es erlebt haben: US-Army und Marshallplan.

Die riesigen arabischen Länder rund um Israel mit ihren gewaltigen Ressourcen an fruchtbarem Land und Bodenschätzen und uralter Hoch-Kultur sollten ihre Ölmilliarden investieren, um diesen elendsten unter ihren Brüdern ein friedliches Leben zu ermöglichen, sei es in so zutiefst verschiedenen Ländern wie Palästina und Jordanien, in Syrien und Libanon oder in Ägypten, im Irak, in Lybien, Iran und Saudi-

Arabien und Kuweit. Immerhin hatten wir ja die lehrreiche Gelegenheit, diesen Prozeß in Deutschland zu erleben: Die große Masse der Heil-Hitler-Deutschen wurde, fast von heute auf morgen, wie aus einem bösen Zauber erlöst, zu lernwilligen Demokraten. Der Mensch hat eben viele Register. In der Weimarer Republik war Herr Müllermeierschulze Frisör, im Nazikrieg hat er Juden in die Grube geschossen, und nach fünfundvierzig hat er den Nachkriegs-Frauen ohne Ansehn der Haare oder der Hautfarbe wieder brav und hingebungsvoll Dauerwellen gelegt für Zwölfmarkfünfzig plus Trinkgeld.

Die humane Substanz des Islam ist der jüdischen und ist der christlichen Tradition und dem atheistischen Geiste der Aufklärung, ja sogar der kruden Wissenschaftsgläubigkeit verwandt. Die Herren Afghanistans und der Tyrann Saddam Hussein und das Söhnchen von Syriens Diktator, die feudalen Ölscheichs, die das Elend der Araber rundrum nicht wirklich interessiert – all diese Machthaber sind banale Menschenfeinde, mit und ohne Mohammed.

Wir sind nicht am Ende, wir sind am Anfang, im guten wie im schlechten Sinne. Und ein Weltende kommt nicht. Den Jüngsten Tag kann kein Terrorist herbeibomben. Wir können, will sagen: wir könnten alle leben in unserem Riesendorf. Und wir müssen ja leben, schon, damit wir uns überhaupt noch streiten können.

Salzig Salzig Salzig Salzig –
Tränen in Erez Israel
Juni 2002

Israel? Mit dem ersten Atemzug sei es offenbart: Ich kenne keinen Weg zum ewigen Frieden. Je mehr ich erfahre und je tiefer ich einsteige in diese Geschichte, um so untauglicher werde ich für naßforsche Ratschläge.

Abrahams Söhne

Blutwein der Vergelter
Tränen in der Kelter
Stahl und Steine fressen
    und nie nicht mehr kein Brot
Selbstmordmörder sterben
Heillos ohne Scherben
Auf den Augenlidern
    so schlafen sie sich tot

Gottesstreiter schlachten
Abrah'ms Söhne trachten
Nur danach, wie einer
    den anderen verdirbt
Teufelskreis der Rache
Weinen in der Lache
Blutwein muß ich saufen
    wo alle Hoffnung stirbt

Das breite Publikum in Deutschland sitzt in der Loge und glotzt mit dem kalten Glasauge selektiver Fernsehkameras ins heiße Getümmel da unten in der Arena. Die meisten von uns leben dabei rein emotional von der Hand in den Mund, vom tollen Schnappschuß direkt ins Herz. Im Kopf gähnt eine laue Wurschtigkeit. Die Kenntnis wenigstens der wichtigsten historischen Fakten, die man braucht, um sich ein Urteil über geschichtliche Prozesse zu bilden, ist kaum da. Viele Deutsche wissen nur dumpf: Ja ja! wir waren im tausendjährigen Reich nicht besonders nett zu den Juden, aber das ist blutiger Schnee vom vergangenen Jahr, wir wollen political correct sein und es niemals vergessen – aber unter uns: was geht's uns an. So gut wie gar nichts wissen die meisten von der Geschichte des Judenstaates, der 1948 gegründet wurde, nachdem die UNO beschlossen hatte, das britische Mandatsgebiet Palästina, auf dem es niemals irgendeinen palästinensischen Staat gab, in zwei souveräne kleine Staaten zu verwandeln, einen jüdischen und einen Staat der Palästinenser.

Die Juden haben damals sofort ihr Israel gegründet. Die Palästinenser aber gründeten nicht einen eigenen Staat, sondern eröffneten gemeinsam mit den fremden Armeen von fünf arabischen Staaten einen Krieg, um den jungen jüdischen Staat im Moment seiner Geburt zu vernichten.

Den Arabern war im UN-Teilungsplan das größere Stück vom Kuchen zugesprochen worden. Aber weil sie den antijüdischen Krieg machten, um alles zu kriegen, kriegten sie erstmal gar nichts.

Es gibt eine hübsche Geschichte aus der griechischen Mythologie: Der antike Held Herakles erwürgte als frischgeborenes Baby in der Wiege gleich mal zwei Schlangen, die ihm die eifersüchtige Frau des Zeus, die Göttin der Erde, Hera, gesandt hatte, um das außereheliche Wechselbalg ihres untreuen Gatten vorsorglich zu töten. Und genauso haben die Juden sich damals in einem Kampf auf Leben und Tod verteidigt. Unter großen Opfern und primitiv bewaffnet, gelang es ihnen, die arabischen Armeen zurückzuschlagen. Dabei starben Tausende Männer und Frauen aus Europa, die grade die Vernichtungslager der

Nazis überlebt, die sich dann mit letzter Kraft bis nach Israel geschleppt hatten und die dann, schlecht ausgebildet, schlecht bewaffnet, körperlich und seelisch geschwächt, sich in diese wütendverzweifelte Abwehrschlacht warfen.

Der nächste Krieg allerdings war kein Ruhmesblatt für Israel. 1956 hatten die Engländer und die Franzosen den Suezkanal nicht zurückgeben wollen, der Jahrhundertvertrag mit Ägypten war abgelaufen. Da ließ sich Israel in den Krieg gegen das riesige Nachbarland hineinziehn, weil es bei dieser Gelegenheit gleich die kleinen palästinensischen Terrorgruppen aus dem Gaza, die Fidaijun, platt machen wollte, die immer wieder Überfälle auf Kibbuzim im Negev gemacht hatten. Es wurde, wie man weiß, für Franzosen und Engländer eine schmerzhafte Niederlage. Die Israelis waren zwar militärisch erfolgreich im ägyptisch beherrschten Gaza. Aber der Präsident der USA, General Eisenhower, stellte den ungleichen Aggressoren ein wütendes Ultimatum, und sie kuschten alle drei. Ägypten eroberte also die Hoheitsrechte über den Suezkanal. Und das junge Israel galt seit dieser Zeit, aus arabischer Sicht, als eine Hure der europäischen Kolonialherren. Als die arabischen Länder der Region aber dann 1967, so wie 1948 in den ersten, nun in den nächsten Waffengang gerieten, in einen Aggressionskrieg gegen Israel, da versuchten sie also zum zweiten Mal, den jungen jüdischen Staat endgültig zu vernichten. Ihr erklärtes Ziel: sie wollten die Juden, wie es brutalpoetisch hieß: alle ins Meer werfen und ersäufen. Daraufhin schlugen die Israelis nicht nur zurück, sondern besetzten im sogenannten Sechstagekrieg das Westjordanland und den Gazastreifen und die ganze Halbinsel Sinai.

Den riesigen Sinai hielten sie in den folgenden Jahren besetzt, gerieten aber dabei in einen permanenten halbheißen Zermürbungskrieg, der so teuer wurde, daß sie die riesige Halbinsel kleinlaut wieder räumten.

Nur sechs Jahre später, 1973, überfielen die Ägypter mit nachgelieferten sowjetischen Waffen in einem gelungenen Überraschungsangriff Israel erneut und vernichteten fast ganz die überlegene Luftwaffe der Juden mit neuentwickelten sowjetischen Flugabwehrraketen, die ein Soldat von der Schulter aus abfeuern konnte. Dieser ägyptische Blitzkrieg begann am hohen jüdischen Feiertag Jom Kippur. Israel war total überrumpelt und geriet hart an den Rand einer vernichtenden Niederlage. Riesige Verluste an Menschen und Material. Vielleicht muß man einige deutsche Stammtischstrategen daran erinnern, daß für die Israelis sich die großrussische Kriegs-Strategie nicht eignet. Die funktionierte gegen Napoleon und gegen Hitler: Den Okkupanten erstmal tief mit seinen Truppen ins Land eindringen lassen und dann warten, bis der grausame »General Winter« kommt.

Es fielen in der ersten Tagen des Sechstagekrieges 5000 israelische Soldaten. Dann aber setzte der junge General Scharon mit seinen Truppen unter großen Opfern über den Suezkanal und drehte also in letzter Minute den Spieß um. Nun gerieten die Ägypter an den Rand des Desasters. Es waren abermals die USA und nun auch die UNO, die Ägypten damals durch Interventionen retteten. Dann aber passierte ein Wunder: Der geschlagene ägyptische Präsident Sadat brachte den Mut auf und hatte eine politische Geistesgegenwart wie keiner vorher: Er verblüffte die Israelis mit einem Besuch in der Höhle des Löwen. Er reiste als ziviler Staatsmann zu den Juden nach Jerusalem. Es kam zum Friedensvertrag, und der abermals jüdisch eroberte Sinai gehörte von da ab wieder ganz und gar zu Ägypten.

Die anderen Gebiete aber, das Westjordanland und der Gaza-Streifen, sie blieben leider besetzt. Und das dauert bis heute.

Die Ägypter waren realistischer und souveräner und weitsichtiger. Sie haben eben eine jahrtausendealte Staatserfahrung. Mit dem Neuling Arafat aber ist es auch für die eigenen weltoffenen Leute zum Wahnsinnigwerden. Der arabische Schriftsteller Emil Habibi sagte mal unter vier Augen zu seinem Freund, dem israelischen Dichter Nathan Zach, ein bitterböses Wort: »Es gibt keine echte Chance, die wir idiotischen Palästinenser in diesem Konflikt bisher nicht zuverlässig verpaßt haben.« Und weil Habibi inzwischen gestorben ist, kann ihm kein fundamentalistischer Eiferer mehr aus dieser sarkastischen Wahrheit einen Strick drehn. Schärfer formulierte dasselbe der ehemalige Außenminister Israels Abba Eban: »The Palestinians have never missed a chance to miss a chance.«

Aber die Juden profitieren nicht von dieser wachsenden Kurzsichtigkeit ihrer Feinde. Wer erstmal in die Rolle der Besatzungsmacht gerät, egal aus welchen Gründen der Selbstverteidigung, der stinkt schnell nach Unterdrückerei, weil er ja auch wirklich solch ein Land unter dem Stiefel halten muß. Besatzer sind eben Besatzer, und das heißt: sie geraten automatisch und immer tiefer ins Unrecht.

Heute weiß es jeder Israeli, vorausgesetzt er lebt nicht grade finanziell oder religiös davon, daß er nix wissen will. Jedermann kann es mit bloßem Auge sehn, daß die dauerhafte Besetzung vor nun 35 Jahren noch schlimmer als ein Verbrechen, nämlich: ein Fehler war. Und der kommt jeden Tag alle Menschen auf beiden Seiten immer nur noch teurer zu stehn.

Ein Teufelskreis hat sich verfestigt, der kaum noch zu durchbrechen ist. Jeder israelische Rückzug, jedes Nachgeben, jedes Entgegenkommen wird von Arafat und seinen Kreaturen als Schwäche und als israelische Niederlage interpretiert und stachelt nur immer neue Vernichtungsphantasien an, die in die blutige Tat umgesetzt werden wollen.

Kein Kämpfer kommt da mit sauberen Händen davon. Warum? Allein schon, weil ja die allermeisten sogenannten einfachen, die normalen Menschen auch auf seiten der Palästinenser freundliche kleine Leute sind, die eigentlich nichts anderes wollen, als ihr kleines Menschenleben einigermaßen friedlich zu Ende leben, wie wir alle.

Prosaische Kriegs-Ballade mit der Vorwahl 00972

Im Krieg mit den nichtkompatiblen Waffen
in Djenin, 'ne Stadt im Westjordanland
(das hatte ich mehr noch gehofft als gerochen)
da wurde von der Armee des Staates
der Juden, direkt unter'n Augen von Gott
nun dieses Massaker dort ...
doch nicht verbrochen!
– nicht, wie's PLO-Propagandaheuler
behauptet hatten und wie es die falschen
die Friedensfreunde hier kolportiert
und flott indigniert schon gefeiert haben
Inzwischen sind die Beweise erdrückend
so sehr, daß nicht mal der Lügenlippler
vor Kameras diese Legende noch länger
auf seiner Zitterlippe riskiert

Ab hier will ich geizen mit giftigen Bildern
und mit dem aufreizenden Luxus der Reime
denn als die Gerüchte in meiner Glotze
zum Himmel stanken, da hielt ich mir
erschrocken die Nase zu mit meiner Linken,
und mit der Rechten wählte ich ganz
prosaisch Null-Null-Neun-Sieben-Zwei,
dann Tel Aviv, dazu noch die Drei
und hatte Glück, ich erwischte den Freund
den greisen, den versebetrunkenen Dichter

Der kreischte, als ich nun von Massaker sprach
verzweifelt wütend ins Telefon:

Mensch, leider! ach, leider!! Ich weiß es genau:
Es war kein Massaker!! Massaker ... Massaker ...
Was bist du naiv! was für'n Blödian!
Es gab kein Massaker in diesem Djenin!
Ja, hätten wir bloß all die Waffenfabriken
in diesem nur hundert mal siebzig Meter
Terrain aus der Luft erst mal bombardiert!
Unsre Artillerie hätte alles da
gleich platt machen sollen, genau so wie
die Amerikaner Afghanistan

Dabei wärn womöglich paar Zivilisten
ermordet worden, nicht aber zwanzig!
von unseren Kindern in Uniform!
Ach! Unsere hatten idiotisch die Pflicht:
Sie sollten von Tür zu Tür die Gebäude
eins nach dem andern besetzen, so Raum
nach Raum, Katakomben und Keller
Man gab den Befehl zum Häuserkampf
sie sollten Fabriken finden, in denen
die Arafatkinder sich Selbstmörderbomben
und diese Raketen zusammenbaun

Mein Enkelsohn Isaak ... – wütete dann
der alte Mann am Ende der Leitung –
... der Junge hat den Gehorsam im Fight
genau diesen Tag in Djenin verweigert
Der Kerl ist ein Kriegsheld, echt Sohn meiner Tochter
Und das nenn' ich Tapferkeit vor dem Freund
Mein Jizchak erklärte sei'm Offizier:
»Ja, kämpfen will ich, und werde auch sterben ...
wenns sein muß. Doch diesen Schwachsinn hier
– nein, ohne mich! Ich bin doch nicht dämlich.
Mit Lautsprechern von unsren Panzern aus
sind die Bewohner arabisch dreimal
gewarnt worden: Raus alle! Raus hier, es knallt!
Ich tapp doch nicht in diese Fallen rein

Ich latsch doch nicht in die verminten Häuser!
Ich will doch nicht wissen ob taubstumm noch
'ne Großmutter in ihrer Küche was kocht,
ob'n Kerl mit Kalaschnikow auf mich wartet
im Treppenhaus – wenn ich das endlich weiß
bin ich schon ein toter Mann!«

Der junge Soldat sitzt nun im Arrest
in Herzls famosem Judenstaat
und die ihn bewachen, die denken genau
wie er, der diesen feigen Befehl
so tapfer verweigert hat
Darüber kannst Du, Wolf Biermann, in Ruhe
so brüllte es durch die Fernsprechleitung
da kannst du nach Auschwitz barbarisch dir
ein tolles Gedicht in Reime bringen
da haste für deine Deutschen dann
was Schönes zu singen!

Und ich schrie zurück in sein Telefon
Besten Dank für die Eizes! Ich brauche sie nicht
Der Wahnsinn in Prosa ist grandios!!
Nichts muß man da groß zusammendichten
Das dichtet sich schon
ohne Rhythmus und Reim
von alleine
Dann stammelte er: Ballade!
ja, eine ... Ballade ...
'ne wunderbare Ballade
Und schluchzte los.

Nicht der totalitäre Arafat mit seinem Terrorkrieg, sondern
das demokratische Israel steht inzwischen am europäischen
Pranger. Die Völker im Abendland haben eben alle ein gradezu intimes Schuld- und Schandeverhältnis zu den Juden.
Irgendwann mal abgeschlachtet, ein bißchen ausgerottet, ver-

jagt, ausgeraubt, diskriminiert und ausgeliefert haben sie ihre jüdischen Mitbürger ja fast alle. Bei näherem Hinsehn natürlich jedes Mal sehr verschieden. Aber der gemeinsame Nenner ist doch ein dumpfes Mißbehagen, ein ordinär parfümiertes Gemisch aus schlechtem Gewissen, aus Verleugnung, intellektuellem Neid und gutmenschelndem Selbstmitleid. Und das macht alles noch heilloser: Seit eh und je lastet nun mal dieser unentrinnbare Fluch auf all den verschiedenen Tätern: Was sie an ihnen verbrochen haben, das wollen und können sie ihren Opfern niemals verzeihn. Und schlimmer noch: An dieser schwelenden Schuld tragen dann auch noch die schuldlosen Kinder der Kindeskinder. Egal: dumpf oder luzide – sie bleiben den Juden treu verbunden im Haß. Die Moden wechseln dabei. Manchmal raufen die Antisemiten im zeitgeistlichen Auf und Ab der Generationen sich auch die Haare aus und tragen die Schuld ihrer Vorväter dann im härenen Gewand einer evangelisch gestylten Philosemitelei.

Die US-Amerikaner sind da fein raus. Bei ihnen liegen andere Leichen im historischen Keller, jüdische aber nicht. Sogar die liberalen Engländer haben vor ein paar hundert Jahren sämtliche Juden auf den britischen Inseln ausgerottet oder von dort verjagt. Die Spanier zwangen grad vorgestern ihre Diaspora-Juden in die abermalige Diaspora, das war im Jahr des Columbus 1492. Spaniens Juden mußten unter Ferdinand von Aragon und Isabella von Kastilien zum Katholizismus konvertieren oder aber im Königreich alles stehn und liegen lassen auf der Flucht in andere Länder.

Viele sephardische Juden flohen damals in die Provence, nach Italien und sogar bis in die Türkei. Andre kamen über Frankreich nach Holland und etliche weiter hoch bis nach Hamburg Altona. Immerhin: nur 450 Jahre später überlebten einige solcher Juden auf der Flucht vor den Nazis ausgerechnet unter dem faschistischen General Franco in eben diesem

Spanien sicherer als etwa in der benachbarten Zone Libre unter dem Quislingregime des Generals Petain im Süden Frankreichs.

Ach, und Hitlers Endlösung der Judenfrage kam etlichen der okkupierten slawischen Völker sogar gelegen. Viele Ukrainer wurden die am meisten gefürchteten und verachteten Hiwis der SS bei der Endlösung der Judenfrage. Viele der noblen Polen rechnen es noch heute den Nazis klammheimlich hoch an, daß Polen bei dieser günstigen Gelegenheit so gut wie judenfrei gemacht wurde. Aber das ist die Kehrseite der polnischen Medaille: In keinem europäischen Land gab es so viele Gojim wie in Polen, die ihr eigenes Leben aufs Spiel setzten, um wenigstens einzelne Juden vor der Vernichtung zu retten. In der zentralen israelischen Gedenkstätte Yad Vashem wurden für diese tapferen Menschen Bäume gepflanzt, die am Wege zum Museum wachsen. Die Kollaborateure in Norwegen und in Ungarn und in den baltischen Staaten sind eine ewige Schande. Ach, und unter dem Stiefel der Deutschen haben sogar die meisten der weltoffenen und chronisch netten Niederländer ihre Juden im Stich gelassen, sie haben für die deutschen Besatzer, schon bevor Amsterdam besetzt worden war, in vorauseilender Willfährigkeit die jüdischen Einwohnerlisten zusammengestellt für die Todestransporte nach Osten. Länder wie Dänemark und Bulgarien und viele Menschen in Belgien bilden eine rühmliche Ausnahme von der Regel.

Was mit den Juden in der Sowjetunion unter Stalin geschah, ist eine grauenvolle Geschichte, die kaum einer auch nur vom Hörensagen kennt. Vorzugsweise verfolgt und diskriminiert und getötet wurden die Juden in der Sowjetunion, seit Stalin an die Macht kam. Aber wer weiß schon in Deutschland, daß dieser Josef Stalin kurz vor seinem Tode allen Ernstes die sowjetische Lösung der Judenfrage organisierte. Nur des Dik-

tators Tod im Jahre 1953 rettete damals die Juden der Sowjetunion vor der realsozialistischen Deportation ins sibirische
Berobidshan. Wer all sowas aber gar nicht weiß – wie soll er
ermessen können, was die Gründung des Staates Israel für die
Überlebenden der Shoa und der stalinistischen Verfolgungen
bedeutet.

Und wie viele deutsche Nazis und deren um- und abermals
umerzogene Nachkommen es unter uns gibt, die den Juden
bis heute Auschwitz nicht verzeihen konnten, das sieht man,
anschaulich wie im Bilderbuch, tagtäglich an unseren Medien.
Auch ich beobachte dieser Tage die Eskapaden im Wahlkampf
der Parteien. Möllemann walsert, und Walser möllemännelt.
Das eröffnet nach sechzig Jahren nun eine schon zynisch zivilisierte Verwertungsphase: damals die Kleider, die Schuhe, die
Haare und die Goldzähne – jetzt erbeutete Wählerstimmen
und verkaufte Bücher.

Das Neue an solchen postmodern parfümierten Antisemiten ist die Tatsache, daß sie nicht mal echte stinkende
Antisemiten sind. Gott bewahre! Sie spekulieren nur auf den
antisemitischen Dreck in der deutschen Gesellschaft, den sie
verwerten wollen.

Wir merken es seit dem 11. September und seit dem Afgha-
nistan-Krieg ja auch an den eigenen Kindern, wenn sie am
Küchentisch aus der Schule plaudern. Besonders seit Arafat
die zweite Intifada in einen systematischen Terrorkrieg mit
der hochmodernen Primitivwaffe der Selbstmordmörder wei-
terentwickelt hat, machen viele Lehrer, vornehmlich die
Grauköpfe der 68er Generation, aus ihrer antisemitischen
Mördergrube kein alternaives Herz mehr. In pazifistelnder
Pose denunzieren viele dieser beamteten Friedensfreunde im
Schulunterricht den jüdischen Staat als einen militaristischen
Nazi-Staat: Mit tartüffischer Gebärde entlarven sie Scharon

als Hitlers Wiedergänger. Motto: Die Juden haben immer noch nix gelernt aus der Lektion, die wir ihnen in Auschwitz erteilt haben! Das wäre eine modernere Endlösung der Judenfrage: Saddam Hussein befördert demnächst mit nordkoreanischen Raketen drei Sprengköpfe über die paar hundert Kilometerchen nach Israel, Atombomben, die ihm arbeitslos gewordene Kernphysiker aus der Sowjetunion in unterirdischen Fabriken im Irak gebaut haben.

Drei mittelstarke Bomben reichen für Tel Aviv und Haifa und Jerusalem. Nach solch einem Vernichtungsschlag hätte Israel womöglich in Deutschland eine etwas bessere Presse.

Aber nicht einmal das ist mehr sicher. Der linksgetünchte Rechts-Anwalt Ströbele würde uns mal wieder in der Tagesschau seine buschigen Augenbrauen hochziehn und dann wahrscheinlich diesen Grabspruch liefern: Selber schuld! Denn schuld am Elend der Welt und also auch am eigenen Verderben waren und sind und bleiben die Juden sowieso.

»Die Juden sind unser Unglück!« stand in Nazideutschland an mancher Wand. Und im jüdischen Witz darüber murmelt der kleine Jude auf dem Ku'damm: »Hoffentlich!« Die Witze über Möllemann und Walser können nicht mehr dermaßen simpel gestrickt sein.

So bin ich reingeraten, in den Schlamassel mit dem Gelobten Land Erez Israel: Vor zehn – elf Jahren, direkt nach dem Golfkrieg, als ich das Land der Juden so gut wie gar nicht kannte, da hatte ich noch gut reden. Ich besuchte bei Gelegenheit meiner ersten Konzerte die drei großen Städte. Der flüchtige Besucher kriegt dort erstmal diese Faustregel verpaßt: In Haifa wird gearbeitet, gelebt wird in Tel Aviv, und in Jerusalem wird gebetet.

Ich lieferte damals auch Konzerte in dem avantgardistischen Khan-Theater, mitten in der umstrittenen Hauptstadt.

Danach lud der Romancier Amos Oz mich ein. Ich besuchte den populären Schriftsteller und Aktivisten der Friedensbewegung in der kleinen Wüstenstadt Arad, nur eine halbe Autostunde westlich vom Toten Meer. Ich bewunderte sein blühendes Gärtchen am Haus, bestaunte seine elektronisch geregelte und schön sparsame Bewässerungsanlage. Ich inspizierte den massiven Festungsbau seiner hohen Bücherwände. Ich beobachtete, wenn ich schon nichts verstehen konnte, des Mannes Körpersprache, wenn er mit seiner schönen Frau Nili über irgendwelchen weltlichen Alltagskram in der uralten Hochsprache des jüdischen Gottes redete.

Als wir dann zu zweit bei einem Spaziergang am Rande von Arad in die endlose Wüste gerieten, lieferte Amos Oz mir einen ersten Schnellkurs für Anfänger über den Staat Israel: Ein schreckliches Land! Unregierbar! You know: Andere Demokratien haben einen Regierungschef. Wir verrückten Juden in Israel aber, wir haben hier vielleicht drei Millionen von der Sorte. Wir haben, egal wie die Wahlen ausfallen, immerzu und überall diese selbsternannten Ministerpräsidenten. Das sind nervige Eiferer, die alles besser wissen, Nörgler, die alles anders haben wollen, Angeber, die natürlich vernünftiger regieren könnten als jede Regierung. So klagte mir Amos Oz. Und nicht ohne selbstironischen Stolz fügte er hinzu: Unter all diesen Klugscheißern gebe es wiederum anstrengend viele, die alles andere als Dummbeutel sind. Aber wir Israelis schmeißen uns unsere Klugheiten gegenseitig rechthaberisch vor die Füße. Wir sind eben das grobe Gegenteil vom Typ des ängstlichen Ghetto-Juden aus dem galizischen Schtetl. Wir sind hier so aufgeregt, so stolz, so jung, so bedroht. Alles in Israel riecht nach brennender Ungeduld und stinkt nach Intoleranz.

Solch ein Land sei unregierbar. Kurz: Jeder Jude mischt sich ein in alles.

Ich wollte natürlich mithalten beim patriotischen Klagen über das eigene Land und hielt dagegen: In meinem wieder-vereinigten Deutschland sei es noch schlimmer! Ausgerech-net viele der befreiten Untertanen der SED-Diktatur sehnen sich zurück nach den Fleischtöpfen Ägyptens. Katzenjammer in der unbequemen Freiheit. Keiner mischt sich leidenschaft-lich ein. Ausgerechnet in der Ex-DDR gehen immer weniger zur Wahl. Es wimmelt von wohlgenährten Sauertöpfen im privaten Mauseloch! Kein Hunger nach Veränderung. Kein Aas interessiert sich fürs Ganze. Wir Deutschen kümmern uns nur noch ums Wetter und um die Vorruhestandsrente! Amos Oz schüttelte den Kopf. Und ich dachte: In der Fremde vor staunenden Fremden kann man solche trefflichen Pau-schalurteile übers eigene Vaterland angenehm unwiderspro-chen raushaun.

So hatte also jeder mit geübter Gebärde erst mal sein Leiden am eigenen Vaterland vorgezeigt: Wunden wie Orden. Dann aber redeten wir endlich, wie die Juden sagen, Tachles, und das heißt, wir kamen zur Sache: wir schwiegen. Stillschwei-gen in solch einer biblischen Landschaft – da kommen aus der tiefsten Tiefe die archaischen Geschichten hoch.

Nun zeigte mir Amos Oz den Trick, wie man in solcher Lautlosigkeit auf die stark abgeschwächten Echos der Echos der Echos horcht. Wir lauschten dem Nachklang vom Gebrüll und Gezeter aus biblischen Urzeiten. Mir wuchsen riesige Elefantenohren. Und so hörte ich das dreitausend Jahre alte Echo vom Familienstreit, wie er im Buch der Bücher geschildert wird: Abraham hört auf seine Frau Sarah, die nicht will, daß ihr Sohn Isaak um sein Erbe gebracht wird. Der Alte verstößt daraufhin sein Kebsweib, die ägyptische Magd Hagar und ihren Sohn Ismael, der dann Erzvater aller Araber wurde, also auch Urahne dieser Palästinenser.

Es ist doch ein Unterschied, ob man solch ein herzzerrei-
ßendes Drama mit dem Finger in Luthers Bibelübersetzung
nachtastet oder ob man mit den Füßen in die Aura des Ersten
Buches Mose hineingerät.

Im sechzehnten Kapitel findet sich die Erzählung über
Abraham, dessen ordentliche Ehefrau Sarai ja nicht schwanger wurde. Das greise Familienoberhaupt nahm sich daraufhin eine junge Magd aus Ägypten als Kebsweib, er beging diesen Ehebruch ganz legal auf Anraten seiner eigenen Frau.
Und diese Hagar gebar ihm einen Sohn, genannt Ismael.

Als der aber dreizehn Jahre alt geworden war, kam unerwar-
tet ein Bote des Herrn und eröffnete der unfruchtbaren Ehefrau, daß sie nun doch noch schwanger werden wird. Und
weil diese Sarai, die von nun an Sarah heißen sollte, zu dieser
Zeit schon fast hundert Jahre alt geworden war, lachte sie
ungläubig. Gott aber verstand in dieser frühen Zeit noch
wenig Spaß mit Zweiflern an seinen Verkündigungen. Solche
lachende Ungläubigkeit war schon dem Moses schlecht
bekommen, als der sich nach der Flucht aus der ägyptischen
Sklaverei darüber mokiert hatte, daß er mit einem Holzstab
Wasser für die durstenden Hebräer in der Wüste Sinai aus dem
Felsen hatte schlagen sollen. So wurde der extrem spät Gebä-
renden nun bestimmt, daß sie ihren Sohn, der da kommen
würde, Isaak nennen sollte. (Und Jizchak, das heißt zu
deutsch: Er wird lachen.) Lachen jedenfalls konnte die greise
Frau dann dankbarglücklich darüber, daß solch ein altes Weib
doch noch ins Wochenbett kommt.

Ismael und der kleine Isaak wuchsen auf unter Abrahams
Dach. Es gab dann allerdings wenig zu lachen. Sarah giftete
gegen das Kebsweib. Die Gattin hatte Angst, daß dieser außereheliche Ismael dem rechtmäßigen Sohn Isaak dermaleinst
das Erbe streitig machen könnte. So gehorchte der Ehemann
seiner Gattin, zumal Gott es ihm so befohlen hatte. Abraham

warf das Kebsweib Hagar mit dem Sohn Ismael aus dem Hause, und das bedeutete: ins Verderben. Es gab damals keine staatliche Alimentenregelung, kein Sozialamt, keine Stütze. Er drückte dieser ägyptischen Magd kaltherzlich einen Kanten Brot und einen Krug Wasser in die Hand und jagte sie und den halbwüchsigen Ismael unerbittlich in die Wüste, also in den sicheren Tod. Wasser und Brot sollten wohl nur bewirken, daß die beiden nicht gleich in penetranter Nähe des Hauses verdursten und verhungern.

Aber Gott, der ja sowieso alles wohlweislich eingefädelt hatte, lieferte den beiden Ausgestoßenen dann draußen in der Wüste Speise und Trank, und so kamen sie durch.

Solche ollen Kamellen zu kennen wird uns wenig nützen bei der Suche nach einem Weg zum Frieden heute. Aber das Samenkörnchen, aus dem dann dieser mächtige Menschheitsbaum in Jahrtausenden heraufwuchs, an dessen starken Ästen so viele Leichen baumeln, soll uns daran erinnern, daß die Geschichte länger ist als unsere paar Jahrzehnte hier auf Erden.

So erlebte ich vor zwölf Jahren meine erste romantische Begegnung mit dem Land der Bibel. Seitdem lockte es mich jedes Jahr zurück in den Judenstaat, zum Singen auf der Bühne, zum Reden in Stadtwohnungen und Kibbuzim. Und wenn ich das Glück hatte, geriet ich gelegentlich mit Amos Oz ins wortreiche Schweigen am Rande der Wüste. Inzwischen begreife ich das Gelobte Land schon besser und merke: Je mehr ich da sah und lernte und begriff, um so zögerlicher und zager werde ich in meiner Urteilskraft.

Aber das spüre ich deutlich genug: Die menschliche Atmosphäre in Israel hat sich in dieser kurzen Zeitspanne seit dem Golfkrieg radikal geändert.

In den ersten Jahren hatte der Friedensprozeß bei den Israelis große Erwartungen zum Blühen gebracht. Den übertriebenen Hoffnungen folgte bald die vielleicht übertriebene Hoffnungslosigkeit. Der Grund ist klar: Je besser es an den Verhandlungstischen in den USA, in Scham-El-Scheich oder in Oslo voranging, desto schlechter wurde alles im tagtäglichen Leben.

Die Terroranschläge gegen die Juden häuften sich. Je näher den familiären Todfeinden ein Friedensvertrag kam, desto brutaler eskalierte der Bruderkrieg. Die jüdischen Mütter mußten immer größere Ängste haben, ihre Kinder in den Schulbus zu setzen. Die sogenannten einfachen Leute, quer durch alle sozialen Schichten und politischen Blöcke, sagten dasselbe: Wenn immer mehr Juden in diesem falschen Friedensprozeß ermordet werden, dann wollen wir lieber einen richtigen Krieg ertragen als diesen faulen Frieden. Also wie das deutsche Sprichwort wissen will: Lieber ein Ende mit Schrecken als ein Schrecken ohne Ende!

So ging es Schlag auf Schlag. Rabin, der Mann der Versöhnung, war umgebracht worden, weil er den Palästinern die Preisgabe jüdischer Siedlungen im Westjordanland angeboten hatte. Der coole Hardliner Netanjahu wurde daraufhin zum Ministerpräsidenten gewählt. Als auch der nur immer tiefer in den mörderischen Schlamassel führte, wählten die Israelis gegen ihn einen Mann der Versöhnung: Barak. Als dann aber dessen Angebot auf dem Verhandlungstisch lag, fast das ganze Westjordanland zu räumen, jüdische Siedlungen aufzulösen und die arabischen Außenbezirke Jerusalems den Palästinensern zurückzugeben – und zwar als Hauptstadt eines souveränen Staates Palästina, da lehnte Arafat dieses Angebot schroff ab, aus begründeter Todesangst vor seinen eigenen Leuten. Die jüdischen Siedler im Westjordanland machten Freudentänze. So verstärkten sich abermals die Terroranschläge. Daraufhin wählten dann die brutal desillusionierten Israelis – nun schon im panischen Reflex – scharf rechts. General Scharon kam aus der Versenkung wieder hoch. Und seit der nun mit Panzern und Flugzeugen gegen die verschiedenen konkurrierenden Terrorgruppen vorgeht, wurden die Selbstmördermorde ein totalitär demokratischer Volkssport, und alles wird nur noch immer schlimmer.

Abermals steht nun das Land an einem Scheidewege. Das nächste Mal werden die Wähler in Israel zu entscheiden haben, ob der Judenstaat demnächst lieber den Fehler machen soll, starke Schwäche zu zeigen oder den passenden Gegenfehler: schwache Stärke.

Und weil in solch einer Tragödie ja jede Entscheidung nur falsch sein kann, herrscht in dem Gelobten Winz-Land inzwischen eine irrationale Ratlosigkeit quer durch die ganze jüdische Bevölkerung.

Auch diese Schraube dreht sich noch immer weiter ins auserlesene Fleisch des Judenvolkes: Eine lähmende Hoffnungslosigkeit hat die Menschen überwältigt. Gab es vor paar Jahren noch drei Millionen – so gibt es heute gar keinen Ministerpräsidenten mehr in diesem kleinen Judenstaat. Es gibt wirklich keinen einzigen, denn der offizielle Mann in der Funktion des Regierungschefs ist nur ein erprobter Militär. Doch leider, so kommt es mir vor, ist Scharon kein Mensch mit schöpferischen politischen Visionen.

Dabei halte ich ihn keineswegs für das blutrünstige Militärmaschinenmonster, als das ihn die falschen und echten Feinde Israels gern karikieren.

Scharon, das ist leider wahr, hatte 1982 als General im Libanonkrieg den schändlichen Fehler gemacht, zwei Massaker der christlichen arabischen Milizen an Palästinensern in den Flüchtlingslagern Schatila und Sabra nicht zu verhindern. Er ist vor nun zwanzig Jahren dafür beschimpft, entlassen und bestraft worden.

Fast alle meine sehr verschiedenen Freunde in Israel eint, daß sie diesen chronischen Kriegshelden zum Kotzen finden. Aber um so deutlicher will ich sagen, daß sie alle etwas wissen, was heute im freien Westeuropa nur wenige wahrhaben wollen: Dieser gutgehaßte verfettete alte Haudegen ist eine demokratisch kontrollierte, eine moralische Lichtgestalt im Vergleich zu seinem Kontrahenten Arafat und anderen arabischen Selbstherrschern.

Jeder könnte es wissen: Die Israelis haben 1967 die arabischen Gebiete okkupiert, damit sie endlich ein Faustpfand haben, das sie bei Verhandlungen für einen soliden Friedensvertrag wieder rausrücken können. Dieses Faustpfand explodiert ihnen jetzt in der nackten Faust. Also wollen sie es so schnell wie nur irgend möglich loswerden. Die Finger der jüdischen Faust sind zusammengekrampft und blutig. Nur eine Minderheit verbohrter Groß-Israel-Fanatiker und ein paar verbrannte religiöse Extremisten in Erez Israel brauchen womöglich solch eine Ermahnung, daß die Juden, wie mir eine Pastorin aus der früheren DDR schrieb: »... nun endlich mal einen demokratischen palästinensischen Staat tolerieren ...«

Wenn ich sowas lese, muß ich böse lachen. Die Israelis würden sich schon dankbar bescheiden mit einer stinknormalen palästinensischen Militärdiktatur, wenn diese in Ruhe ihr eigenes Volk brutal unterdrückt, aber wenigstens das Existenzrecht des Judenstaates respektiert.

Trotz all der Rückschläge und leeren Versprechungen und der immer massiveren Mordanschläge sind sogar heute noch 54% der Israelis für die sofortige Gründung eines palästinensischen Staates ohne Wenn und Aber. Sie können aber nur die Existenz eines Palästinenserstaates hinnehmen, der das Existenzrecht Israels in Worten und Taten, in Verträgen und gleichberechtigten Beziehungen – hoffnungsfroh oder zähneknirschend, egal! – anerkennt. Es geht nicht um eine rührselige Verbrüderung, schon gar nicht um Liebe, es geht um ein Mindestmaß an haßvernünftiger Toleranz unter tief verfeindeten Brüdern. Frieden kann man – logisch auch für gewiefte Dialektiker! – nun mal nur mit Feinden schließen, nicht mit Freunden. Genau solch einen bitteren Frieden aber kann der sieche Arafat am Tropf seiner arabischen Geldgeber und Machtgeber und aus Angst vor den Un-Geistern, die er rief, offenbar nicht schließen.

Sobald aber Arafat seinen souveränen Staat haben wird, und das wird hoffentlich bald sein, werden die reichen arabischen Staaten, von den Militärdiktatoren à la Saddam Hussein in Bagdad und von Assads Söhnchen in Damaskus, von den reaktionären Feudalscheichs in Saudi-Arabien bis zu den islamischen Fundamentalisten im Iran, ihn alimentieren. Und mit den Dollarmassen, die er seinem verelendeten Volk vorenthält, würde ein Machtmensch wie Arafat direkt oder indirekt all die A- und B- und C-Waffensysteme besorgen, die nötig sind, um die Eliminierung der Juden im Nahen Osten endlich zu vollenden.

Dabei haben palästinensische Kampforganisationen wie Hamas und Islamischer Dshihad, bezahlt und instrumentalisiert vom Iran, von Syrien und vom Irak, dem Friedensnobelpreisträger Arafat längst schon mehr als die Hälfte seines Einflusses entrissen. Das kenne ich aus der deutschen Geschichte: In einer Demokratie kann man mit einer Stimme Mehrheit im Parlament regieren. Das Leben aber in der DDR hat mich gelehrt: Totalitäre Macht, die nicht mehr total ist, zerbröselt und schlägt dabei um so brutaler um sich.

So steht es in der Bibel: »Alles hat seine Zeit . . .«, doch Arafat hat in den Jahren, als Rabin noch am Ruder des jüdischen

Staates stand, den Zeitpunkt verpaßt. Damals war seine reaktionäre Macht wenigstens noch Allmacht. Damals hätte er mit dem despotischen Mittel uneingeschränkter Willkür von oben herab seinem Volk einen Frieden mit Israel verordnen können.

Ich halte den Mann übrigens für noch viel schlimmer als korrupt, er ist im schäbigsten Sinne ein Idealist. Korrupt sind Arafats Hofschranzen, mit denen läßt sich womöglich handeln. Sich einen historischen Namen machen und Machtgier – das ist sein lebenslängliches Elixier. Und sogar wenn er es plötzlich aus schlaudummer Altersweisheit wollte – er würde bei einem radikalen Neuanfang zugunsten eines wirklichen Friedens wahrscheinlich keinen Tag unter seinesgleichen überleben.

Ist es in Deutschland bekannt, daß Arafat in der PLO und in seinem kleinen palästinensischen Fast-schon-Staat mehr als ein Dutzend verschiedene Geheimdienste eingerichtet hat? Den logistischen und militärtechnischen Grundstein dazu legte ihm auch das MfS zu DDR-Zeiten, in brüderlicher Hilfe. Giftgaskurse, Sprengstofflehre, Umgang mit chemischen und bakteriologischen Waffen, die Methode von verdeckten Morden und trickreichen Anschlägen mit simpler Technik. Die palästinensischen Kader wurden in der DDR trainiert. Und sie haben dann ihrerseits die RAF-Kämpfer im Nahen Osten ausgebildet.

Die EU liefert ihm seit Jahren Millionensummen zur freien Verfügung und möchte ihm liebend gern noch mehr geben, wenn er in Palästina endlich einigermaßen kontrollierbare Projekte des zivilen Aufbaus in Gang bringen würde. Seine eigenen Leute hält er kurz und im Würgeeisen. Niemand im Nahen Osten wird so brutal kontrolliert, so eingeschüchtert, so aufgehetzt und in den Schulen chauvinistisch verblödet wie von Arafats Unterdrückungsapparaten sein eigenes Volk. Und Andersdenkende oder gar Widersprecher, geschweige denn Oppositionelle? Sie wurden bisher immer und ohne langen Prozeß liquidiert.

Der militante Yasser Arafat trägt seine Uniform wie eine zweite Haut. Er ist ein morgenländischer Apparatschik, ein Schwadroneur, der schon sein Leben lang mit anderer Leute Arsch durchs Feuer reitet. Jetzt, als früh gealterter Tattergreis, schickt er gesunde junge Männer und aufblühende Mädchen bombenumgürtet in den eingebildeten Märtyrertod. Er forciert diese Methode des Menschenopfers, während seine eigene hübsche blonde Ehegattin mit ihrer entzückenden Tochter ein feudales und parasitäres Luxusleben in Frankreich führt. Auch das zahlt die EU mit meinen Steuergroschen.

Ich würde diese private Nebensache mit keinem Wort erwähnen, wenn eben diese Madame Suha Arafat in Paris nicht vor kurzem ein Statement der Weltpresse geliefert hätte, in dem sie heldenmütterlich bedauert, daß sie von Arafat keinen Sohn hat, den sie mit einer Bauchbombe in den Heiligen Dshihad gegen Israel schicken kann.

Wir haben eine Freundin in Tel Aviv, Ilana B. Sie wohnt ein paar Meter vom Dizingoff-Center, wo immer wieder an Bushaltestellen und in Geschäften und Lokalen die Bomben explodieren.

Die Tochter dieser Frau hat dieser Tage aus radikal pazifistischen Skrupeln den Militärdienst in der israelischen Armee verweigert. Ihre Erklärung dazu war so einleuchtend und wahrhaftig, daß sie nicht mal in dieser angespannten Situation wegen Verweigerung der Wehrpflicht bestraft wurde.

Die Mutter dieses blühenden Sabra-Mädchens wütete vor ein paar Tagen am Telefon: Man muß dieser Frau von Arafat in Paris unbedingt verklickern, daß neuerdings auch Mädchen als Selbstmordmörder großzügig akzeptiert werden. Soll Frau Arafat doch ihre eigene Tochter schicken, nein, besser: soll sie selbst doch sich den Bombengürtel umschnallen und aus Schusseligkeit schon zuhaus im Salon zünden! Junge Frauen kommen mit ihrem tödlichen Sprengstoff-Gürtel leichter in Autobusse und trotz der Kontrollen in israelische Supermärkte rein.

Der echte Wahnsinn in diesem sehr weltlichen Religionskrieg wird immer noch surrealer: Die einzige vernehmbare Stimme gegen den Einsatz der weiblichen Todesengel kam aus dem Mund eines besonders strengen Moslem-Geistlichen im Gaza-Streifen, Scheich Jassin. Dieser fundamentalistische Hamas-Prediger wetterte mit seiner wohlbekannten Fistelstimme: Es sei nicht vereinbar mit dem Koran, daß ein jungfräuliches Dshihad-Mädchen bei solch einem gottgefälligen Terrorattentat dermaßen unsittlich ohne männliche Begleitung ihres Vaters oder Bruders auf die Straße in Haifa oder Tel Aviv oder Jerusalem geht. Immerhin tadelte er nun den Mord an israelischen Zivilisten als Verbrechen, auch nach den Regeln des Islam.

Arafat hat, das wissen wenige in Deutschland, einen Familienhintergrund, der – wie könnte es anders sein – auch eine Rolle spielt. Der Bremer Historiker Klaus von Münchhausen überraschte uns schon 1990 mit dem Ergebnis seiner Nachforschungen: Yasser Arafat ist – mütterlicherseits – der wohlerzogene Großneffe seines Onkels, des berüchtigten Großmufti von Jerusalem aus der Nazizeit.

Dieser höchste moslemische Würdenträger war ein grauenhaft weltlicher Mann: ein Bewunderer Himmlers und ein treuer Verbündeter Hitlers. Dieser mächtige Großonkel Hadsch Amin el Husseini (1896–1974) hat seinem Freund Adolf drei eigene SS-Divisionen im Zweiten Weltkrieg aufgestellt und im kalten Rußland verheizen lassen. Die Dreizehnte, die arabische »Waffen-SS-Gebirgsdivision Handscher«, war spezialisiert auf die Partisanenbekämpfung. Und dieses

familiäre Vorbild des jungen Arafat hat mit Hitlers Außenminister Ribbentrop am 28. April 1942 vertraglich eine Ver-
einbarung darüber getroffen, daß im Falle des erwarteten
Sieges der Rommel-Armee die »Beseitigung der jüdisch-
nationalen Heimstätte in Palästina« realisiert wird. Darüber
hinaus hat dieser Großmufti von Jerusalem in Spezialver-
handlungen mit dem Dritten Reich dafür gesorgt, daß über
100 000 Juden, zumeist Kinder, slowakische, rumänische,
bulgarische und polnische, auch ungarische und französische und südamerikanische, mit ihrer Ausreiseerlaubnis des
Internationalen Roten Kreuzes dann doch nicht in die Freiheit gelangten, sondern auch noch durch den Schornstein
geschickt wurden.

Dabei wissen wir ja alle: Kein Ei kann sich das Nest aussuchen, in dem es ausgebrütet wird. Insofern darf man keinem
Menschen seine Familie vorwerfen. Aber von einem bestimm-
ten Alter an ist der Mensch nicht nur gemacht, er hat die Freiheit, sich mehr und mehr auch selber zu »machen«. Arafat hat
dieses Alter schon vor vielleicht vierzig Jahren erreicht, von
dem ab man verantwortlich ist für sein Gesicht im Spiegel des
Lebens.

Mir fällt siedendheiß ein, daß ich womöglich den personen-
kultischen Fehler mache, immer nur über diesen einen Menschen zu reden. Aber das hat – Kunststück! – einen guten
schlechten Grund: Arafat läßt ja keine anderen Köpfe neben
sich zur Erscheinung kommen. Da spreizten sich ja unter Stalin und Hitler vergleichsweise mehr politische personae dra-
matis im Scheinwerferlicht auf den Bühnenbrettern, die die
Welt sind.

Wie könnte es anders sein – es gibt hinter den Kulissen
natürlich auch andere Akteure, bessere Leute. Ich Hamburger
Fischkopf kenne sogar ein paar solcher Palästinenser, kluge
und tapfere Menschen, souveräne Charaktere, autarke Köpfe,

wie es sie in jedem Volk gibt. Aber solche menschlich-allzu-menschlichen Exemplare finden in all den islamischen Staaten kaum eine Chance. Sie bleiben im Dunkel.

Die Araber werden kaltlächelnd von ihren diversen Terror-organisationen in den einigenden Krieg gegen das kleine starke Israel gehetzt. Der Diktator Saddam Hussein zahlt jeder arabischen Familie in Palästina, die einen so genannten Märtyrer aufgezogen hat, pro Leiche einen Stückpreis von 25 000 Dollar. Und Arafat zahlt, wie aus einer Privatschatulle, die ihm die Europäer zur Beschwichtigung füllen, solchen tragisch mißbrauchten Helden-Eltern monatlich eine Ehren-Rente von durchschnittlich tausend Dollar. So sind die Preise in diesem Laden.

Es ist leider wahr: Die arabischen Staatsbürger Israels wurden jahrelang von der israelischen Obrigkeit als Menschen zweiter Klasse diskriminiert. Zugleich aber gibt es kein einziges arabisches Land, in dem Araber solche demokratischen Rechte und Freiheiten genießen wie im gehaßten Israel. Kein arabischer Israeli käme auf die Idee, lieber in irgendeinem der arabischen Bruder-Länder zu leben, die den Staat Israel vernichten möchten.

In Syrien wurden im Jahre 1982 auf einen Schlag 20 000 Bewohner der Stadt Hama von syrischen Sicherheitskräften abgeschlachtet, weil es dort zu islamistischen Protesten gegen den mit der Sowjetunion verbündeten Militärdiktator Assad in Damaskus gekommen war. Die Familie des Diktators von Syrien gehört der Alawiten-Konfession an, die nicht einmal 10 Prozent der syrischen Bevölkerung ausmacht, aber fast 100 Prozent der Machtpositionen im Staat, in der Armee und in der national-sozialistischen BA'ATH-Partei besetzt hält. Unbotmäßige Landeskinder schmachten auch heute noch unter Assads Sohn, einem in London ausgebildeten Arzt, in syrischen Konzentrationslagern.

Der Vater des jungen Königs von Jordanien hat im Jahre 1970 mit seinen Beduinen-Soldaten Hunderte, die Arafat-Leute behaupten: dreißigtausend Palästinenser abgeschlachtet, weil sie einen Staatsstreich versucht hatten. 60 Prozent seiner Untertanen sind aber heute trotz alledem Palästinenser. Weitere 20 Prozent in den Flüchtlingslagern: Palästinenser ohne jordanischen Paß. Nach diesen Massakern des »Schwarzen September« flohen Tausende Kämpfer der PLO in den Libanon, von wo sie dann zwölf Jahre später General Scharon vertrieb. So schließt sich ein blutiger Kreis.

Solange das Volk von Palästina nur mit der Zunge von Arafat öffentlich redet, kann es nicht mal einen kleinen kurzen Frieden im Nahen Osten geben.

Die Auslöschung des jüdischen Lebens im Nahen Osten war und blieb das eigentliche und sogar das einzige Ziel aller Angriffskriege von Arafat & Co. Der General Ariel Scharon ist die rein militärische Antwort des Judenstaates auf diese arabische Politik ohne Politik.

Insofern passen Arafat und Scharon ideal zusammen, sie sind zwei Seiten einer Münze. Beide müssen weg. Der entscheidende Unterschied ist nur: In Israel gibt es alle paar Jahre demokratische Wahlen.

Es ist ja so viel leichter, eine Bombe zu basteln und halbe Kinder damit ins Paradies abzukommandieren, als am Leben zu bleiben und die kommunale Müllabfuhr zu organisieren. Es ist für einen jungen Märtyrer bequemer, im Paradies Allahs die versprochenen siebzig Jungfrauen zu deflorieren, als eine einzige richtige junge Frau hier auf Erden glücklich zu machen und mit ihr drei gesunde und kluge und friedensfähige Kinder aufzuziehn.

Bei dieser frivolen Gelegenheit sei angemerkt, daß die Monsterzahl 70 eines der abendländischen Mißverständnisse über den Islam ist. In der beliebten 55. Sure »Der Erbarmer« des

Korans werden dem gottgefälligen Gläubigen, der »seines Herren Rang gefürchtet«, nämlich im Vers Nummer 56 »keuschblickende Mädchen« und im Vers 72 (!) eine allerdings unbestimmte Zahl jungfräulicher »Huris, verschlossen in Zelten« versprochen. Die ominöse Zahl 72 – oder abgerundet: siebzig Jungfrauen kommt aber wohl kaum aus einer primitiven Verwechslung der Nummer des Verses 72 mit 72 Nummern im Bett einer jedesmal neu herangeschafften Jungfrau.

Die Zahl 72 ist im Islam, genau wie im Judentum, eine magische Zahl: Die Welt wird aufgeteilt in 72 Nationen. Und der Name Gottes besteht im Islam, wie auch im Judentum, aus genau 72 Buchstaben. Die Paradieslegende von den 72 Jungfrauen stammt, so habe ich Laie es nun aufgeschnappt, aus der Hadith, das ist eine mündliche islamische Lehre, die dem Talmud der Juden entspricht.

Wie auch immer: Sieben, siebzig oder zweiundsiebzig – soll mir egal sein. In Israel kursiert jetzt ein schwarzhumoriger Witz: »Weiste warum se im Moslemparadies seit all den Selbstmordmörder-Anschlägen nur noch schwule Märtyrer aufnehmen? – Na, weil bei dem neuesten Andrang da oben die Jungfraun knapp geworden sind.« Und ganz besonders wütende Witzbolde fügen hinzu: »Und grade deshalb hat Arafat jedenfalls seinen Platz im Paradies schön sicher!«

Aber solch eine blasphemische Mißdeutung durch vorlaute Spötter müssen sich sogar hier im Abendland ja auch tiefgläubige Christen gefallen lassen. Dabei kann es studierten Katholiken und Protestanten natürlich gar nicht gefallen, wenn schnodderschnäuzige Kabarettisten und gottlose Religionskritiker sich darüber mokieren, daß Maria, die Mutter des Messias, auch nach Christi Geburt, eine unberührte Jungfrau gewesen sein soll, eine verheiratete Frau also, die neun Monate vor der Szene in Bethlehems Stall ihren Ehemann Joseph mit einem fremden Herrn – sein Deckname: Heiliger

Geist – betrogen hat. Daß wir hier in Europa über solch eine ketzerische Vulgär-Gynäkologie unaufgeklärt lachen können, das verdanken wir den Philosophen Kant und Voltaire, also dem Zeitalter der Aufklärung.

Viel viel interessanter an dieser Sure für uns aber ist, daß im Koran kein einziges Wort steht, nicht einmal eine Andeutung, über selbstmordmörderische Attentäter, ja nicht einmal ein Wort über irgendwelche gottgefälligen Mord-Märtyrer des wahren Glaubens. Das bedeutet: Arafats religiös verbrämte Terroristen in Palästina sind, auch aus islamischer Sicht, nichts anderes als ordinäre Totschläger, sie verstoßen gegen die humane Substanz des Korans und kriegen also kein freies Entréebillet für das Moslem-Paradies.

Vielleicht gibt es ja doch unerkannte Hoffnungsträger im Nahen Osten, tapfere Nachfahren des Urvaters Ismael im palästinensischen Untergrund, die eines Tages den Streit gegen ihre wirklichen Unterdrücker und Ausbeuter und Verderber wagen. Ja, in meinem hoffenden Herzen denke ich unbeirrt, daß es nicht nur diverse Terroristen wie Bin Ladens Alkaida-Schläfer in Hamburg-Harburg gibt, sondern auch ein paar arabische Freiheitskämpfer, die für ein demokratisches Palästina als Schläfer in Hebron oder Nablus oder Jerusalem auf ihre Stunde warten.

Es scheint gar keine Rebellen zu geben, keine kühne Frau, keinen tapferen Mann. Mag sein, es gibt sie, aber ich kenne leider kein Symbol der Hoffnung unter den Palästinensern, nicht mal irgendeinen populären Schriftsteller, keinen Künstler, Wissenschaftler oder gar einen Rivalen von Arafat. Nicht mal irgendeine Art Protest-Sänger kann ich erkennen, keinen arabischen Bob Dylan oder Mikis Theodorakis oder Bulat Okudshava oder Wyssodski oder Daniel Viglietti oder Violetta Para oder Victor Jara, der für Frieden, Demokratie und Menschlichkeit seine Stimme erhebt.

Das ist doch längst klar und ist auch oft genug gesagt worden und unbestreitbar: Beide Völker, also die Nachkommen von Abrahams Söhnen Ismael und Isaak, haben ihr gleiches Recht auf ein selbstbestimmtes Leben in diesem kleinen Land. So habe ich es scharf im Kopf. Aber das Herz schlägt und zittert in einer solchen tragischen Konstellation natürlich für die Menschen, die man persönlich besser kennt. Hätte ich einen geliebten Freund in Nablus, würde ich dort jeden zweiten Tag anrufen, um gewiß zu sein, daß er noch lebt.

So aber vertelefonieren meine Frau und ich Unsummen für manchmal verzweifelte Angst-Gespräche mit Freunden in Tel Aviv oder zum Kibbuz Schefaim, wo die große Familie des Dichters Jizchak Katzenelson wohnt: Rochele, Jizchak, Jaél, Chaim und Judithi – alles Menschen mit einem Gesicht, das mir lebendig vor Augen steht. Bei meinem Fellow Professor Gabi Warburg, dem Islamwissenschaftler in Haifa, rufe ich schon gar nicht mehr an, wie auch bei meinem Freund Schmuel »Tommy« Huppert, dem Radioliteraten von Kol Israel. Wir wählen hilflos und ratlos die Nummer vom Kibbuz Hazorea im Emek Jeesrael, wo die altgewordene deutsche Jekke-Jüdin Elisheva Tamir sich tief grämt über ihren verdüsterten Lebensabend im Gelobten Land. Ich e-maile in den Kibbuz der Warschauer Ghettokämpfer »Lochamei Hagetaot« zu meinem alten Freund Uri Aloni. Ich habe Scheu, nach Revivim im südlichen Negev anzurufen, wenn ich wissen will, ob Jonath Sened noch am Leben ist, die als Kind im Keller des Warschauer Ghettos beim Dichter Katzenelson deutsche Gedichte von Heine lernte. Mit zitterndem Herzen rufe ich in Ramat HaScharon an, wo Ruth Adler wohnt, die Dresdener Jüdin, die als junge Frau 1944 im sogenannten Vorzugs-KZ Vittel in Frankreich den Dichter Katzenelson traf und die sein Poem »Dos lied vunem ojsgehargtn jidischn volk« mitten im Krieg durch sieben Grenzen bis nach Palästina schmuggelte.

Ich quassel eine Stunde lang mit meinem Freund Nathan Zach am Rabin-Platz in Tel Aviv, der als Sechsjähriger mit seinen Eltern aus Berlin floh und ein großer Dichter in der hebräischen Sprache wurde. Besorgt wähle ich die Nummer meiner Freundin Naomi Kaplanski, die den Kongreß »Heine in Jerusalem« im Mischkenot Shaananim so einfallsreich organisierte.

Wenns nur als dramatische Dichtung auf den Brettern, die die Welt bedeuten, passiert, vielleicht in einem Shakespeare-Stück, dann leuchtet es uns ein: Tragödie! Also: keine Lösung! kein Happy-End! Alle Kontrahenten haben aus ihrer Sicht recht. Alle haben nur die Wahl, ob sie lieber diesen oder einen anderen Fehler machen, wenn sie sich immer tiefer ins Verderben reinmetzeln. Und dann gilt das grausame Grundgesetz der griechischen Tragödie: Die Menschen führen ihr Schicksal herbei, indem sie danach trachten, es abzuwenden.

Wenn solch ein blutiges Stück aber im richtigen Leben sich abspielt, egal, ob wir dabei mehr Mitspieler oder mehr Zuschauer sind, dann wollen wir diese fatale Ausweglosigkeit nicht wahrhaben. Auch ich.

Wenn die Sonne eine Stunde
   später zu mir kommt am Morgen
      westwärts bis nach Altona
Auf dem Weg von Israel, dann
   liег ich wach und warte schon auf
      ihre News und Totenklagen

Steine, Pizzeria, Panzer
In Jerushalajm Al-Aksa
Hamas, Libanon, Hisbolla
Sederabend in Netanya
Tel Aviv. Tod in der Disco
Haifa, Bethlehem und Jaffa

Siehste: Ick brauch jar keene Zeitung
Tagesschau, die doppelt quält
Meine Sonne hat mir schon alles
Hier in Deutschland über alles
Viel wahrhaftiger erzählt

Schlimmer als am Bauch die Bomben
    schlimmer als in Knabenhänden
        die Kalaschnikow, die Steine da
Schlimmer noch ist dieser blinde
    Haß von klein auf eingefüttert
        in die mörderische Brut da, ja ...

Paradiesisch siebzig Jungfraun
Winken jedem Selbstmordmörder
Ruhm und Rente winken irdisch
Der Familie solcher Opfer
Denn wo Gott so übergroß wird,
Schrumpfen seine Menschenkinder

Und blutjunge Juden stiefeln
    angstvoll, von der Welt geächtet
        als Besatzer durch die Westbank da
Rache wird gerächt mit Rache
    keiner kommt mit saubren Händen
        aus dem Bruderkrieg am Jordan

Ob die Palästina-Fahne
Überm Sarg liegt, ob der blaue
Davidstern auf weißem Laken
Ach! bei dem Begräbnis sind auf
Beiden Seiten Müttertränen
Salzig salzig salzig salzig

Und warum male ich das so schwarz, wie es leider ist, an die Wand? Na, weil ich hinter dem eigenen Rücken doch hoffe, daß die Menschen findig genug sind, mit dem Mut der Verzweiflung und ihr eigenes Verderben schön klar vor Augen, eine doch irgendwie lebbare Lösung zu finden. Aber sogar wenn das gelänge, dann gilt immer noch die alles übergreifende Grundwahrheit: Solche tiefen Konflikte der Menschheit können niemals eine endgültige Lösung haben, sie haben immer nur – eine Geschichte.

Appell an die demokratisch gewählten Länderfürsten der Bundesrepublik

2002

Das Stasi-Unterlagengesetz soll in diesen Tagen, wo wir alle mehr an Fußball und schon an die Sommerferien denken, aus den Angeln gehoben werden. Die Ministerpräsidenten der Länder haben dabei ein gewichtiges Wort mitzureden. An sie wende ich mich.

Die gute Nachricht zuerst: Unsere Wiedervereinigung hat sich nach 12 Jahren vollendet. By the way: zufällig genauso lange brauchte Hitler für die Vollendung seines Lebenswerkes. Die schlechte Nachricht: Vollendet hat sich unsere Einheit allerdings in diesem zynischen Sinn: Es eint Opfer und Täter, es eint die gegeneinander antretenden Hauptakteure wie auch die Zuschauer im östlichen Parkett und in den westlichen Logen, daß uns alle das Drama mit dem Titel »Stasiakten« schon lange langweilt. Uns trennen allerdings bei dieser Einmütigkeit im Überdruß tiefer denn je die Motive für unseren Wunsch, dieses blutige Schmierenstück mit dem Untertitel »Die MfS-Zersetzer« von der deutschen Bühne endlich abzusetzen.

Daß der IM Notar und der IM Sekretär, daß der letzte Innenminister der DDR Diestel und andere wasserdichte Prachtexemplare des DDR-Regimes sämtliche Stasi-Akten am liebsten nach Westen in die berüchtigte Müllverbrennungsanlage von Köln schmeißen möchten, wundert mich nicht. In diesen kölschen Korruptions-Orkus würden diese schmutzigen Dokumente auch gut passen.

Und daß Ex-Kanzler Kohl nun so schamlos mit den Kadern der DDR-Nomenklatura in die gleiche Kerbe haut, wundert mich inzwischen auch nicht mehr.

Ich hatte es schon wieder halb vergessen: Bei seinem Amts-
abtritt wurden – im scharf abgesicherten Zentrum des Rechtsstaates – massenhaft belastende Akten von unbekannten
Tätern aus dem Bundeskanzleramt geklaut und offenbar vernichtet. Daß dieser ehemalige Kanzler nun das bedrohliche
Stasiunterlagengesetz canceln möchte, das hat, wie wir schon
dunkel ahnen, mal wieder weniger ethische und mehr handfeste Macht- und materielle Interessen zur Ursache.

Wenn ich nur an den unaufgeklärten Skandal um die
Schmiergeldmillionen beim Verkauf der VEB-Leuna-Werke
an den französischen ELF-Konzern denke – das passierte in
den wildwest-wildöstlichen Tagen nach der Wende – na, dann
ahne ich abermals dunkel, daß es nicht um den Schutz der Pri-
vatsphäre im Leben eines demokratisch abgewählten Politi-
kers geht.

Wenn nun aber in diesem Gangsterstück Helmut Kohl als
einziger wirklich eine reine Weste hat, was ich diesem ver-
dienstvollen Wiedervereiner immer noch zutraue und uns
wünsche, dann sollte gerade er sich freuen darüber, daß es
womöglich MfS-Dokumente gibt, die alle Anwürfe gegen ihn
als üble Nachrede, Verleumdung, als miese Neidattacken von
Konkurrenten im politischen Tagesgeschäft entlarven.

Aus dem Studium meiner Akten konnte ich jedenfalls
erkennen, daß Mielkes Mannen beim Aktenanlegen zwar als
unsere zuverlässigen Todfeinde fast alles anders bewerteten als
wir, aber sie waren weder dumm, noch haben sie beim Mate-
rialsammeln sich in die eigene Tasche gelogen. Abgesehen von
unwesentlichen Fehlern, kleinen Eitelkeiten, die es immer
gibt, sind die Fakten in den Stasi-Akten eine solide deutsche
Beamtenproduktion – wie übrigens auch die Gestapo-Akten.
Über den nationalsozialistischen Hochverratsprozeß gegen
meinen Vater fand ich nun ausgerechnet in einem Archiv des
sozialistischen Staatssicherheitsdienstes im Dorf Hoppegar-

ten im Osten von Berlin die originalen Gestapo-Akten von 1937 mit aufschlußreichen Informationen.

Ich selbst habe die Stasidebatten auch längst satt. Mein Grund mag von Interesse sein: Wir sind da in eine vertrackte Falle gelaufen. Es mußte ja fürs breite Publikum, besonders im Westen, der Eindruck entstehen, als ob es nur und nur das Ministerium für Staatssicherheit gewesen war, vulgo: Stasi, das in der totalitären DDR die Macht hatte. Alle Kenner aber wissen, daß die Stasi nur eine korrekte Dienstleistungs-Firma für Verbrechen gegen die Menschlichkeit war. Das stalinistische Prinzip von der »Führenden Rolle der Partei« wurde vom MfS niemals ernsthaft angetastet.

Dabei gab es in der ganzen DDR weniger Rechtsanwälte als in Köln am Rhein. Insofern ist die Tatsache, daß zum Beispiel der Genosse Gregor Gysi vor dem Zusammenbruch des totalitären DDR-Regimes die einflußreichste, die Position des SED-Parteisekretärs des Rechtsanwälte-Kollegiums bei Hofe in Ostberlin innehatte, gravierend. Das! ist viel bedeutender als die läppische Frage, ob der mysteriöse IM mit dem Decknamen »Notar« denn nun identisch sei mit dem jungen ehrgeizigen Rechtsanwalt Dr. Gysi, der dem staatlich anerkannten Staatsfeind Nummer eins, meinem besten Freund in der DDR, Professor Robert Havemann, als dessen Rechtsbeistand aufs Auge gedrückt wurde.

Diskutiert wurde also bis zum Überdruß die eitle Frage, ob Gysi damals bei dieser Gelegenheit als Havemanns offiziöser Anwalt alle Grundnormen der bürgerlich-westlichen Rechtsanwalts-Ethik brach, so wie etwa ein Arzt den Eid des Hyppokrates.

Gysi behauptet ja irrsinnig unbeirrt, dieser mysteriöse IM Notar sei nur eine fiktive Person der MfS-Bürokraten in den Akten. Dieses Phantom der Stasi-Oper hat allerdings, das befand nach jahrelangen Untersuchungen der Immunitätsaus-

schuß des Deutschen Bundestages, systematisch meinen tod-
kranken Freund Havemann im Auftrage des MfS verraten
und verkauft. Dieser juristische Schweinehund an Mielkes
Kette sei identisch mit dem späteren Talkshow-Löwen.
Robert Havemann saß damals, nach all den dissidentischen
Turbulenzen um meine Ausbürgerung 1976, im Hausarrest in
Grünheide am Möllensee. Dieser eine alte und todkranke
Mann wurde jahrelang rund um die Uhr bewacht und schika-
niert von etwa 200 (in Worten: zweihundert) Stasi-Männern.

Inzwischen wissen wir allerdings zweifelsfrei, daß Dr. Gysi
und der IM »Notar« tatsächlich zwei Identitäten sind, die
absolut nichts miteinander zu tun haben. Wir sind uns dessen
todsicher, seit Havemanns Sohn Florian dem bedrängten
Obergenossen der PDS ein wasserdichtes Beglaubigungs-
schreiben ausstellte, das Gysi vor seinen bedrohlichen Verfol-
gern schützen sollte. Zugunsten von Gysi verbürgte sich also
»Flori Have«, das lange und dünne, das abgefallene faule
Früchtchen vom Havemann-Baum, dafür, daß Gregor, die
kleine reife Frucht, ordentlich gepflückt vom Baume des dog-
matischen DDR-Kulturapparatschiks Klaus Gysi, niemals die
Interessen seines Mandanten Robert Havemann im Auftrage
der Firma verraten habe.

Es sei angemerkt, daß Florian, als sein Vater von Gysi
rechtsanwaltlich betreut wurde, schon lange nach Westen abgehaun war. Er konnte also in bezug auf das Verhältnis zwischen dem Dissidenten Havemann und dem Genossen
Rechtsanwalt Gysi nicht Gutes und nichts Schlechtes erlebt
haben und also bezeugen können. Sein Verhältnis zum ver-
folgten Vater war überdies vergiftet in genau diesen Jahren.
Florian Havemann schrieb damals von Westberlin aus für den
SPIEGEL einen Artikel, in dem er der Menschheit mitttteilte,
daß sein verfolgter Vater ein chronischer Faulpelz, ein Dummkopf, ein Parasit und ein Sexmonster sei, ja, und daß er davon

träume, seinem Vater das Gesicht mit Stiefeln zu zertreten. Es war eine widerliche, eine ödipale Skinhead-Phantasie. Und es lohnt sich, die freundlichen Kollegen von der Dokumentation beim SPIEGEL in Hamburg (040-3007-0) anzurufen und von ihnen ein Faksimile dieses lehrreichen Dokuments zu erbitten.

Warum dieser abgeschmackte Fall heute überhaupt noch erwähnenswert ist? Weil genau dieser geistarme Florian H., ein Berliner, nach den bevorstehenden Bundestagswahlen 2002 mit an Sicherheit grenzender Wahrscheinlichkeit als ein so genannt parteiloser Freigeist auf einem sicheren sächsischen Listenplatz-Esel der PDS in das Deutsche Parlament einreiten wird. Dort wird er dann wohl als Abgeordneter Gutes tun für seine Wohltäter. Mit diesem Coup konnten die umgetauften Kader der SED-Nomenklatura den guten Namen ihres radikalsten Gegners spottbillig für einen PR-Gag – nämlich auf Kosten der Steuerzahler – einkaufen.

All diese Lichtgestalten müssen naturgemäß ein brennendes Interesse daran haben, daß die Akten endlich »verkollert« werden oder sonstwie im Dunkel eines rechtsstaatlich verrammelten Bundesbunkers vermodern.

Das MfS nannte sich selbst mit einer poetischen Metapher so: »Schwert und Schild der Partei«. Und das war nun mal keine ideologische Lüge! In diesem Sinne waren Mielkes Mitarbeiter in der Regel zuverlässige und sogar bescheidene Beamte, die beim Spitzeln, beim Zersetzen, beim Foltern und Morden sehr genau darauf achteten, daß es die Partei ist und bleibt, die das Schwert führt und die also bestimmt, wen es und wann zerschmettert.

Bei näherem Hinsehn wiederum führte freilich nicht »Die Partei«, sondern es war die Parteiführung. Und wenn man den wahrhaftigen Lügen der Mitglieder des Politbüros der SED glauben wollte, waren es auch nicht die verdorbenen

Greise im Politbüro, die zu bestimmen hatten, wen das Schwert trifft. Es führte nur die Führung innerhalb der Führung: Ulbricht, Mielke, Honecker und Krenz. Krenz, Kurt Hager und Konsorten versuchten, uns nach ihrem Sturz darüber aufzuklären, daß wiederum sie dem Großen Bruder in Moskau zu gehorchen hatten. Viele Parteikader sehen sich also mehr als Opfer. Und in einem raffinierteren Sinne sind sie es ja auch, ihre Lebenslüge ist also eine halbe Wahrheit. Ach, und nach dem Zusammenbruch jeder Diktatur wimmelt es immer von selbsternannten Widerständlern – nach dem Motto: Wenige waren wir – und viele sind übriggeblieben.

Wie auch immer – die etwa insgesamt dreihunderttausend Genossen des riesigen Stasiapparates, die Generäle und Führungsoffiziere und die Inoffiziellen Mitarbeiter, genannt IM (im Volksmund: Spitzel oder auch Denunziant) – sie alle haben durch den Streit um die Stasiakten den wahren Machthabern, den Parteisekretären, den Kaderleitern, vielen Industrie-, Gefängnis-, Instituts- und Schuldirektoren und anderen staatlichen Leitern einen letzten großen Dienst erwiesen. Sie haben sich, wie es von einem guten Bodyguard erwartet wird, mit dem eigenen Körper in den Kugelregen vor den Boß geworfen. Das MfS wird immer mit der Schande leben müssen, daß es durch seinen brutalen Spitzel- und Unterdrückungsapparat den Untergang der DDR nicht verhindern konnte, also das viele Geld nicht wert war. Aber nach dem Zusammenbruch der DDR hat sich die Investition dann doch noch ausgezahlt: Die Mitarbeiter des MfS haben den untergegangenen Bonzen der Machtelite nach der historischen Niederlage unfreiwillig heldenhaft das Wohlleben auch im siegreichen Kapitalismus gerettet. So verrückt, wie der vernünftige Hegel es uns lehrte, verläuft nun mal Weltgeschichte.

In den Jahren nach dem Mauerfall, als uns alle das Stasi-Thema noch interessierte, machte ich eine verblüffende Entdeckung: Die Staatssicherheit hatte pro Kopf der zu betreuenden Bevölkerung zwanzig mal mehr Mitarbeiter als die GESTAPO in der Nazizeit. Das sah auf den ersten naiven Blick schrecklich aus. Dann aber dämmerte mir, daß dieses hypertrophe Mißverhältnis nicht etwa gegen, sondern – ohne einen Hauch von Ironie – eher für die Menschen in der DDR spricht. Im ersten Schreck sagt man natürlich: grauenhaft! So viele Schweinehunde! In Wahrheit aber zeigt uns die Existenz dieses Riesenapparates zur Unterdrückung, daß es in der DDR offensichtlich entsprechend viele Menschen gab, die bespitzelt, die eingeschüchtert und verfolgt werden mußten, weil sie in tausendfältigen Formen Widerstand gegen das totalitäre Regime geleistet haben.

Im Umkehrschluß: Es spricht gar nicht für die Deutschen der Nazizeit, daß Herr Hitler mit einem vergleichsweise kleinen Aufwand an politischer Geheimpolizei seine Macht behaupten konnte. Der Führer hat den Völkermord an Juden und Zigeunern, die Verfolgung Andersdenkender mit minimalem Aufwand durchziehn können. Hitler wurde eben – trotz oder wegen all seiner Verbrechen – geliebt und bewundert von der überwältigenden Mehrheit. Da mußte man also nicht dermaßen viel Geld rausschmeißen und Menschenmaterial abzweigen für einen gegen das Nazivolk gerichteten Unterdrückungsapparat.

Ich habe nicht alle 80 000 Seiten meiner Stasiakten studieren können. Aber soviel ist mir klar geworden: Sie sind ein durchweg solides Dokument dafür, daß es noch viel mehr tapfere Menschen gab in der DDR, als ich damals wissen konnte. Insofern sind die Akten der Staatssicherheit ein für das deutsche Selbstbewußtsein kostbares Beweisstück für Zivilcourage in einer totalitären Gesellschaft. Und nicht zu vergessen: Es gehörte zum System der DDR, daß die meisten politischen Opfer kein Stück Papier als Beweismittel in der Hand haben.

Für Westmenschen unvorstellbar, aber wahr: Häftlinge, die nach Jahren aus dem VEB-Knast entlassen wurden, kriegten nicht mal einen offiziellen Wisch in die Hand, auf dem dokumentiert wurde, warum sie gesessen haben. Viele können nicht mal beweisen, daß sie gesessen haben. Für diese Menschen sind die Akten oft die einzige Chance, ihre Ansprüche auf irgendeine Wiedergutmachung geltend zu machen.

Es ist kein Wunder, daß manche bekümmerte Bürger in der ehemaligen DDR, aber auch etliche gewachsene Wessis das Wort Widervereinigung heute statt mit »ie« lieber mit einem kurzkalten »i« schreiben. Viele entmachtete Kader des SED-Herrschaftsapparates greinen nun genußvoll den guten alten Zeiten ihrer stalinistischen Allmacht nach. Die Funktionäre des zusammengebrochenen Regimes genießen nämlich ihre historische Niederlage als einen Sieg. Mit mürrischer Unverfrorenheit pflücken sie nun die Früchte der bürgerlichen Freiheiten und kassieren dazu als Bundesrentner die sozialen Leistungen des kapitalistischen Rechtsstaates. Will sagen: Deren Luxus-Leiden leuchten mir ein. Auch auf der westlichen Seite des Eisernen Vorhangs hatten sich viele Mitglieder der Machtelite sehr bequem in den Schützengräben des Kalten Krieges eingerichtet. Es ergaben sich natürlich vielfältige wirtschaftliche und politische Beziehungen mit der Machtelite der DDR. Solche gefährlichen Liebschaften pflegten nicht nur die Genossen der SPD mit ihren falschen SED-Genossen, sondern auf ihre Art auch die CDU, die CSU, die FDP. Und die Gewerkschaften hatten östliche Interessen und Affairen, nicht weniger als ihre Gegenspieler auf der Arbeitgeberseite.

Trotz unvermeidbarer Widrigkeiten: In zwölf Jahren wurde wahr, was der politpoetische Willy Brandt in den Tagen der Wende feierlich formulierte: »Jetzt wächst zusammen, was zusammen gehört.« Aber was da und wie es im Alltag dann zusammenwuchs, wer da mit wem im ersten freudigen Schreck, als die verfluchte Mauer fiel, zusammengewachsen ist, das wird uns Deutsche noch lange schmerzen.

Nicht nur für die Parteibonzen der SED, auch für die Unterdrückten in der DDR war der Abschied von der egalitär getünchten Gesellschaft gar nicht so leicht, wie man simpel denken sollte. Jede Art der Sklaverei hat auch für viele der Ausgebeuteten und Unterdrückten ihre verführerischen Bequemlichkeiten. Das Problem ist offenbar alt wie die Menschheit: Als die Juden nämlich nach der glücklich gelungenen Flucht durch das Rote Meer die folgenden vierzig Jahre lang durstig und hungrig auf der Suche nach dem Gelobten Land durch die Sinai-Wüste irrten, da sehnte die demoralisierte Mehrheit der Befreiten sich kleinmütig zurück nach den immerhin gefüllten Fleischtöpfen der Sklaverei in Ägypten. Was Wunder also: Die endliche Vereinigung unseres Vaterlandes ist für viele Deutsche ein komplikationsreicher Heilungsprozeß, der mindestens eine Generation lang dauern wird. Paradox, aber wahr: Jetzt, wo die Vereinigung endlich gute Fortschritte macht, tut die Wunde dem Patienten Deutschland manchmal mehr weh, als in den finsteren Zeiten vorher. So geht es in unserem Land vielen subjektiv schlechter als in den Zeiten, als es ihnen objektiv viel viel schlechter ging. Die Motive für dieses Unbehagen, seit wir wieder ein Volk sein dürfen, sind also vielfältig und verworren. Und so kommen die gleichen negativen Befindlichkeiten oft aus geradezu entgegengesetzten Perspektiven und Interessenlagen.

Das alles ist nunmal so und soll nicht bejammert und schon gar nicht hysterisch aufgebauscht werden. Im Vergleich zu dem, was wir Deutschen mit anderen Völkern und mit uns selbst seit der Nazizeit angerichtet haben, sind wir alles in allem und trotzalledem heute die großen Glückspilze der Weltgeschichte, das vielleicht freieste und reichste Land der Erde.

All unsere großen und kleinen Widrigkeiten werden uns noch lange beschäftigen und aufregen und sogar streiten lassen. Aber daß nun aus einer geradezu perversen Interessensübereinstimmung von bürgerlichen Politikern der alten Bundesrepublik und den verbrecherischen Erben der DDR-Nomenklatura die historische Aufarbeitung der MfS-Akten behindert, nein: verhindert, nein: vernichtet werden soll, das ist – frei nach Talleyrand – mal wieder schlimmer als ein Verbrechen, es ist ein Fehler. Ich halte die faktische Schließung der MfS-Akten für eine Dummheit von historischem Format. Keiner hat in Deutschland seit der Öffnung der Stasi-Archive dem anderen die Nase abgebissen. Es gab keine Racheaktionen, weder private noch staatliche. Die geschundenen Völker des Ostblocks, vor allem die Polen und die Russen, bewundern und beneiden uns Deutsche um die kluge und gelassene und vor allem rechtsstaatliche Weise, wie wir das totalitäre Unrecht aus den Zeiten der DDR aufarbeiten.

Die andern wissen so gut wie wir, daß es ohne ein ehrliches und vor allem kenntnisreiches Verhältnis zur eigenen Vergangenheit keine bessere Zukunft für ein Volk geben kann. Das Stasi-Unterlagengesetz der Bundesrepublik hat sich bewährt, es ist ein zivilisatorisches Vorbild für alle Menschen, die sich aus dem Elend unterdrückerischer Gesellschaftsstrukturen mühsam und tapfer herausarbeiten.

Viele Worte für ein einfaches Wort: Lassen Sie die Schande nicht zu, daß die Birthler-Behörde in Berlin paralysiert wird!

Im schönen Banyuls

Mit klingendem Holzschwert hab ich den Drachen
Im Osten bekämpft, oft auch Esel gekämmt
Mein Wolfsgeheul heulte ich nie ohne Lachen
Oft saß ich im Schnee ohne Hose und Hemd
Ich wollt mich verdrücken und doch widerstehen
Ins Mauseloch kroch ich am Müggelsee
Beim Einmarsch der Warschauer-Pakt-Armeen
Da dacht ich: Mein Leben – nun isses passé
    Ich hab große Lust, mich mal auszuruhn
      im Languedoc in den Tag zu leben
        Die Menschheit erretten, ist sicherlich
          ein Haschen nach Wind und ein eitler Wahn
    Doch gar nix mehr tun
      und klein beizugeben
        ist leichter für mich
          gesagt als getan

Dann schlugen die Welln über mir zusammen
Der Preußische Ikarus war durch'n Wind
Ich holte mir Beulen im Westen und Schrammen
Und wurde nur mühsam ein Weltenkind
Mir fehlten die Freunde die Feinde, die echten
Herrn Honecker linken – war einfacher als
Mit alter-naivelnden Westlinken rechten
IMs hatt' ich dann auch in Hamburg am Hals
    Ich hab große Lust, mich mal auszuruhn ...

Mir wird bei dem Streit um die Akten kotzübel
Geschichtslügner haben nun doch's letzte Wort
Verschlossen hat Kohl mit sei'm Hintern den Kübel
Voll DDR-Unrecht, voll Willkür und Mord
Den Opfern geht's elend – die Täter frohlocken
Die Göttin der Freiheit verhüllt ihr Gesicht
Frau Wahrheit macht sich tief enttäuscht auf die Socken
Verwelkt ist ihr Kränzchen Vergißmeinnicht!
    Ich hab große Lust, mich mal auszuruhn ...

Ich hab unsre Feinde im Freiheitskrieg immer
Verspottet, zersungen mit Liebe und Haß
Dabei quält Freund Amor mich stärker und schlimmer
Je älter ich werde, doch das macht mir Spaß
Im schönen Banyuls wachsen göttliche Weine
Bloß Brot backt man besser in Deutschland dafür
Die Weisheit des Alters – pardon, ich brauch keine:
Ich schaff' es auch so durch die letzte Tür
    Bald komm ich bestimmt in den Himmel rinn
       die Hölle erleb ich ja hier, schon auf Erden
        So'n Leben als Engel wird sicherlich
           auch Haschen nach Wind und ein eitler Wahn
    Doch gar nix mehr tun
      ein Englein zu werden
        ist leichter für mich
          gesagt als getan

Ich werde als Engel dann Hölle und Himmel
Bewegen, bis endlich der Erz-Faulpelz Gott
Sich nicht mehr besäuft an dem Glöckchengebimmel
Komm, Alter! zur Arbeit und endlich zu Pott!
Wie kann man schon nach einer einzigen Woche
Die Brocken hinschmeißen! Wie asozial!
Lebendiges Leben bleibt immer Maloche
Los! mach Deine Schöpfung gefälligst noch mal!
    Nur dann haste Recht, dich mal auszuruhn
       im Languedoc in den Tag zu leben
        Die Menschheit erretten, bleibt sicherlich
           ein Haschen nach Wind und ein eitler Wahn
    Doch gar nix mehr tun
      und klein beizugeben
        das gilt auch für dich:
          Es steht uns nicht an!

Quellenangaben

Heinrich Heine – Zuckererbsen für jedermann
Eröffnungsrede beim Heinrich-Heine-Kongreß in Düsseldorf am 25. Mai 1997
Berliner Zeitung vom 31. 5 1997 unter dem Titel: Heine und die Zuckererbsen

Wolf Biermann – Verräter in Wildbad Kreuth
Der Spiegel vom 12. 1. 1998 unter dem Titel: CSU: Wolf Biermann über seine Erlebnisse in Wildbad Kreuth

Wenn die Kultur geht, kommt die Gewalt
Rede in Unna, 1996

Robert Havemann – Freispruch als Schuldspruch
Der Spiegel vom 6. 10. 1997 unter dem Titel: Freispruch als Schuldspruch – Wolf Biermann zum Urteil gegen Robert Havemanns Richter

Um Deutschland ist mir gar nicht bang
Focus vom 30. 10. 1999 unter dem Titel: Um Deutschland ist mir gar nicht bang: Zehn Jahre Wende

Freiheitliche Deutsche Leit-Kultur
Die Welt vom 8. 11. 2000 unter dem Titel: Das Kind sitzt nackt im Schneematsch

Armin Müller-Stahl – Menschlicher Gottesbeweis
Die Welt vom 16. 12. 2000 unter dem Titel: Menschlicher Gottesbeweis

Jurek Becker – eine Erinnerung
2002; unveröffentlicht

Heiner Müller – die Müllermaschine ist tot
Der Spiegel vom 8. 1. 1996 unter dem Titel: Die Müllermaschine: Wolf
Biermann zum Tod des Dramatikers Heiner Müller

Bertolt Brecht – wichtige Nichtigkeiten
Für eine Umfrage der Berliner Zeitung 1997

Moses Rosenkranz – vier Fußnoten zu einem Gedicht
Teil I in Die Welt vom 23. 3. 2002 unter dem Titel: Harter Brocken – wei-
cher Stein

Arno Lustiger – mein Vater-Enkel
Laudatio in Görlitz zum Brücke-Preis, 2000

Joschka Fischer – komm mit angeln
Die Welt vom 19. 1. 2001 unter dem Titel: Komm mit angeln …

Deutschland, elf Jahre danach
Die Welt vom 16. 6. 2001 unter dem Titel: Böse lachen – wütend weinen

Ich Augenzeuge: Weltende am 11. September 2001
Die Welt vom 15. 9. 2001 unter dem Titel: Weltende

Salzig Salzig Salzig Salzig – Tränen in Erez Israel
Der Spiegel vom 10. 6. 2002 unter dem Titel: Salzig Salzig Salzig – Wolf
Biermann über das Verhältnis der Deutschen zu Israel

Appell an die demokratisch gewählten Länderfürsten der
Bundesrepublik
Die Welt vom 3. 7. 2002

Bücher

Die Drahtharfe (1965) · Mit Marx- und Engelszungen (1968) ·
Deutschland, ein Wintermärchen (1972) · Für meine Genossen · Berichte des Julij Daniel aus dem sozialistischen Lager
(1972) · Das Märchen vom kleinen Herrn Moritz (1973) · Die
große Drachentöterschau: Der Dra-Dra (1974) · Nachlaß 1
(1977) · Der preußische Ikarus (1978) · Verdrehte Welt, das seh
ich gerne (1982) · Das Märchen von dem Mädchen mit dem
Holzbein (1984) · Affenfels und Barrikade (1986) · Klartexte im
Getümmel (1989) · Der Sturz des Dädalus (1992) · Großer
Gesang des Jizchak Katzenelson vom ausgerotteten jüdischen
Volk (1994) · Alle Gedichte (1995) · Wie man Verse macht und
Lieder – eine Poetik in acht Gängen (1997) · Paradies uff Erden
(1999)

(früher: Wagenbach, Berlin, seit 1976 Kiepenheuer & Witsch,
Köln)

Schallplatten / CDs

Wolf Biermann (Ost) zu Gast bei Wolfgang Neuß (West) (1965) · Vier neue Lieder (1968) · Chausseestraße 131 (1969) · Warte nicht auf beßre Zeiten (1973) · aah-ja! (1974) · Liebeslieder (1975) · Es gibt ein Leben vor dem Tod (1976) · Das geht sein' sozialistischen Gang (Doppel CD: Live das Kölner Konzert zur Ausbürgerung, 1977) · Des Friedensclown (Kinderlieder) (1977) · Trotz alledem! (1978) · Hälfte des Lebens (1979) · Eins in die Fresse, mein Herzblatt (Doppel CD, 1980) · Wir müssen vor Hoffnung verrückt sein (1982) · Im Hamburger Federbett (1983) · Die Welt ist schön (1985) · Seelengeld (Doppel CD, 1986) · VEB-volkseigener Biermann (1988) · Gut Kirschenessen (1990) · Nur wer sich ändert, bleibt sich treu (1991) · Süßes Leben – saures Leben (1996) · Brecht, deine Nachgeborenen (Doppel CD, 1999) · Paradies uff Erden – ein Berliner Bilderbogen (1999)

(alle erhältlich bei Zweitausendeins im Versand: Postfach D-60381 Frankfurt/Main, Tel.: 069/420 800-0)

Außerdem ist über BMG-Ariola im Internet eine Doppel-CD mit 36 Liedern erhältlich:

»Lieder vom Preußischen Ikarus« – The Best of Biermann – (das sind 18 Lieder aus Biermanns Ost- und 18 Lieder aus seiner West-Zeit)

Wolf Biermann
Alle Gedichte

Gebunden

Größe des Menschen

Nimm nur die Berge, die abträgt der Regen
und schwemmt sie flußwärts ins Meer wie nichts

Oder das Meer selber, das schiffemordende
in der Sturmflut, wie es die Inseln wegleckt

Oder wenn, aufbrechen die Wunden der Erde
in Vulkanen, städtebegrabenden Massen

Oder auch, von denen wir wieder hörten:
den länderzertrümmernden Erdbeben

– sie alle übertrifft der Mensch
in seiner Zerstörungskraft.

Alle Gedichte von Wolf Biermann bis 1995

www.kiwi-koeln.de VERLAG KIEPENHEUER & WITSCH

Wolf Biermann
Paradies uff Erden

Ein Berliner Bilderbogen
Gebunden

In Liebe und Zorn beobachtet, erzählt, kommentiert und
streitet der Dichter. In wild-schönen, kräftig-deftigen
Balladen und Moritaten, Liebesliedern und Spottversen
entwirft er ein »Paradies uff Erden«, das auch mancherlei
höllische Züge trägt.
Und in seinen vielen Tonarten zeichnet er das quirlige
Sittenbild einer Stadt, die in Umbruch und Aufbruch lebt.

www.kiwi-koeln.de VERLAG KIEPENHEUER & WITSCH

Wolf Biermann
Wie man Verse macht und Lieder

Eine Poetik in acht Gängen
Broschur

Dieses Buch gestattet den scharfen essayistischen Blick in die Werkstatt des Poeten, des Komponisten und Liedersängers Biermann, auch des »Transportarbeiters«, der seit über dreißig Jahren Gedichte und Lieder aus allerhand Sprachen in sein Deutsch bringt.

Die brillanten Analysen und aphoristischen Pasquille weiten den Blick, so öffnen Biermanns blindwissende Zornesausbrüche und hellsichtige Liebeserklärungen dem neugierigen Leser die Augen. Nebenbei liefert Biermann Materialien für eine wahrhaftige Literaturgeschichte der DDR: Brecht, Becher, Hermlin, Müller u.a. Der weltgeistliche Hegel ist immer mit von der Partie, denn er hat in Biermann einen gelehrigen Schüler ...

www.kiwi-koeln.de VERLAG KIEPENHEUER & WITSCH